図解 即 戦力

豊富な図解と丁寧な解説で、
知識0でもわかりやすい！

# 貿易実務 が

## しっかりわかる

これ
1冊で

### 教科書

JM025870

技術評論社

ご注意：ご購入・ご利用の前に必ずお読みください

　国内だけでビジネスが完結することは、今やほとんどなくなりました。ビジネスに携わる人は誰でも、国境を跨ぐ取引を避けることが難しい状況となっています。国益を守る保護主義の動きも見られますが、ビジネスのグローバル化の流れは止まりません。複合化する国際ビジネスの中に、貿易実務は不可欠の要素として組み込まれています。

　貿易実務にはさまざまな手続きがあり、そのつどさまざまな書類が行き交います。それに纏わる似通った表記の専門用語がいくつも登場し、多くの書類は英文で書かれています。そんなイメージの貿易実務に、関わりたくない仕事という印象をもつ人がいるかもしれません。

　でも貿易実務の知識を身に付けることは、思うほど難しくはありません。輸出者がいて輸入者がいる。その間に、国境を越えるモノの売り買いがある。実務の構図は、このようにシンプルです。その基本構図にさまざまなプロセスが付着するので難しく見えますが、貿易実務はおおむね反復作業なので、何度も繰り返すうちに、比較的短期間で業務を習得することができます。

　貿易実務の仕事を大別すると、取引を作り上げる契約までの実務と、契約に従い取引を実行する受け渡しの実務があります。前者には人間関係の構築と戦略性が求められ、後者はルーティン化された仕事ながら、頻繁に派生する応用問題への迅速な対応が求められます。貿易実務の担当者には、両方必要です。


　本書は、貿易実務に関わる業務全般と、それに纏わる関連知識をほぼカバーしています。初心者が抵抗なく読み進めることができるように、わかりやすい言葉で丁寧に解説することを心掛けました。貿易実務に必要な言葉の英訳も揃えたので、仕事の現場に置いて、テキストとしても利用できます。

　世界の貿易実務を取り巻く状況は、刻々と変化しています。世界の情勢にアンテナを張り、本書を日々の仕事に絡めて読み返しながら、貿易実務の知識を磨いてください。


布施克彦

## chapter 3 取引・交渉
# 輸出入における交渉

## chapter 4 取引・交渉
# インコタームズと契約書の内容

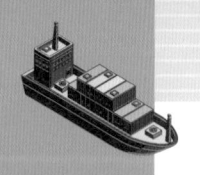

# chapter 5 輸出実務

## 輸出実務① 輸出準備

# chapter 6 　輸出実務

## 輸出実務② 輸出手続き

# chapter 7 　輸出実務

## 輸出実務③ 代金決済手続き

## chapter 8 輸入実務

# 輸入実務① 商品の受け取り

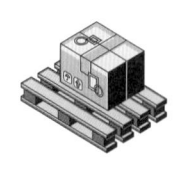

# chapter 9 輸入実務

## 輸入実務② 輸入申告と関税

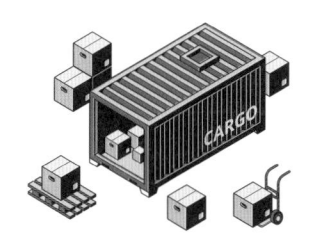

# chapter 10 書類
# 貿易書類の書き方・読み方

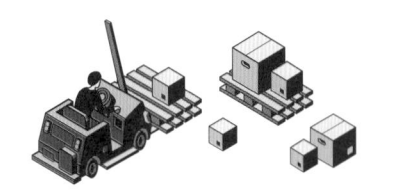

# chapter 1

基礎知識 **貿易の基礎知識**

貿易にはどのような人たちが関係し、どのような仕事があるのか。そして、国内取引と何が違うのか。まずは、貿易実務に関する最も基本的なところから解説します。

基礎知識

# 貿易とは何か
# 輸出入者とは誰か把握する

Point! ☑ 輸出者とは外国に商品を売りたい者
☑ 輸入者とは外国から商品を買いたい者

## ▶ 輸出者とは誰？

**貿易とは、外国との売買取引のことです。**外国へ売ることを輸出、外国から買うことを輸入といいます。外国に商品を売りたい者を**輸出者**といい、商品を自ら作っている企業や個人が直接、輸出者の立場になります。この場合を、**直接輸出**といいます。

しかし輸出取引を実現するためには、外国にいる輸入者と、直接取引交渉をしなくてはいけません。情報化時代ゆえ、外国の人や組織と接触することが簡単にできるようになりましたが、外国語でのコミュニケーションの問題などあり、さまざまな他業種の協力を仰ぐ必要もあります。

組織の中に貿易専門の部局のあるような大きな会社であれば、直接輸出は可能ですが、そうでない組織や個人などの場合は、商社などの輸出専門の業者を経由して輸出取引を行い、これを**間接輸出**といいます。

## ▶ 輸入者とは誰？

一方、外国から商品を買いたい者が**輸入者**です。輸入した商品を、何らかの目的に自ら利用したい組織や個人です。このように、商品の実需者が輸入者となる場合が**直接輸入**です。

しかし輸入の場合でも、他業種の協力を得ながら、自らがすべての輸入実務を取り仕切るためには、専門の輸入業務部隊を持つ必要があります。そのような機能を持たない場合は、輸出の場合と同じように、専門の輸入業者に頼ることになります。これを**間接輸入**といいます。

# ❶取引当事者が直接輸出入実務を行う

商品供給者(商品需要者)が直接取引する場合を直接輸出(直接輸入)という

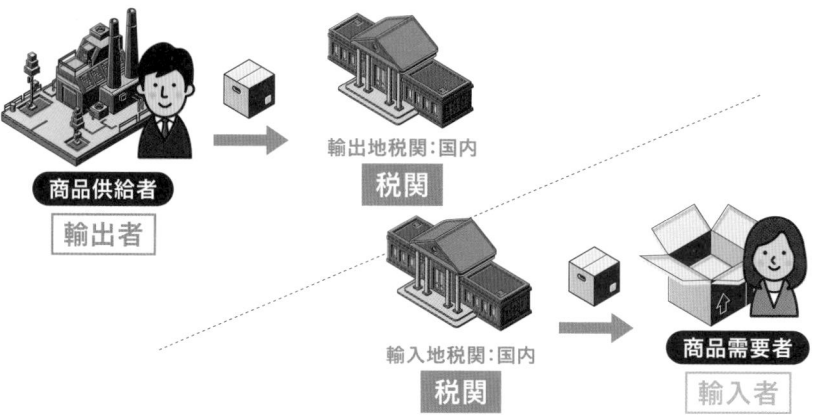

# ❷商品供給者が専門業者を経由して輸出する

商品供給者が専門業者(商社)を経由して輸出する場合を間接輸出という

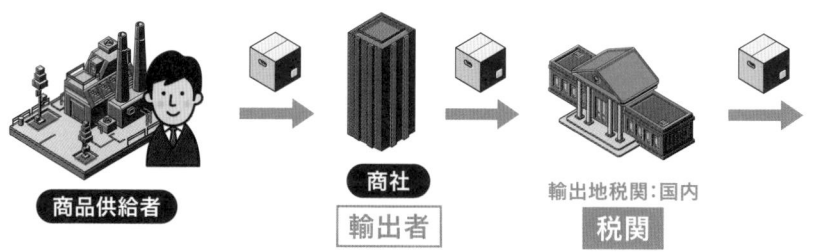

# ❸商品需要者が専門業者を経由して輸入する

商品需要者が専門業者(商社)を経由して輸入する場合を間接輸入という

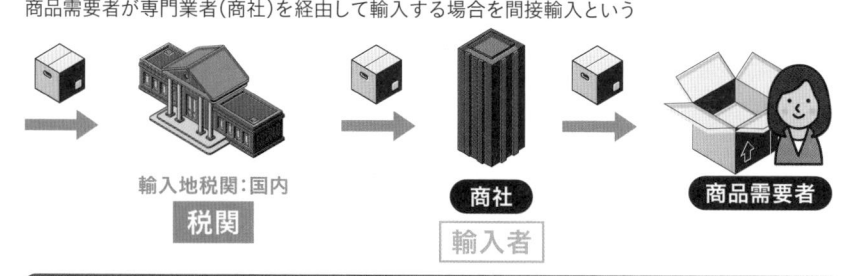

## 自社に貿易実務を取り仕切る部署がない場合は専門業者に依頼する

基礎知識

# 貿易実務の三要素と流れを把握する

(Point!) ☑ 貿易実務の基本的な三要素は商品、カネ、書類
☑ 実務の核となるのは、商品とカネの流れ

## ▶ 実務を組み立てる三要素を知る

　貿易実務を構成する三要素は、**商品**、**カネ**、そして**書類**です。まずは輸出者と輸入者が交渉し、契約をまとめます。その各段階で、書類の交換が行われます。その核となるのが**契約書**で、その契約におけるさまざまな取り決めが、書かれています。

　やむを得ぬ事情で取り決めの逸脱行為を避けられない場合は、相手の了解を取り付けるための再交渉が必要になります。貿易は、価値観や文化の違う外国人との取引なので、誤解を避けるため、書類を交わして相互確認をすることが不可欠です。

## ▶ 商品の流れとカネの流れ

　貿易実務の仕事は、商品の流れと、カネの流れに沿って進められます。輸出者は、契約で定められた商品を準備し、契約に定められた時間内に、輸入者に商品を渡す必要があります。**商品の準備**、輸入者に渡す地点までの**輸送と保険の手配**、そして国境を越える**通関手続き**それぞれの場面で、それらを確認する書類が必要です。

　商品の流れと逆行するのが、カネの流れです。輸入者は輸出者に対して、商品の代金を払う必要があります。代金決済手段はさまざまですが、普通は銀行経由となるため、そのつど必要な書類が出てきます。

　貿易の仕事は、逆行する商品と、カネの流れがあり、それぞれの過程に必ず書類が付随することを、まずは把握しましょう。

▶貿易実務を構成する三要素

# ❶貿易実務の基本は商品、カネ、書類の流れ

| 商品 | カネ | 書類 |

貿易実務の仕事は、商品、カネ、書類の基本三要素の
流れに沿って進められる

# ❷貿易実務は基本三要素の流れに沿って進む

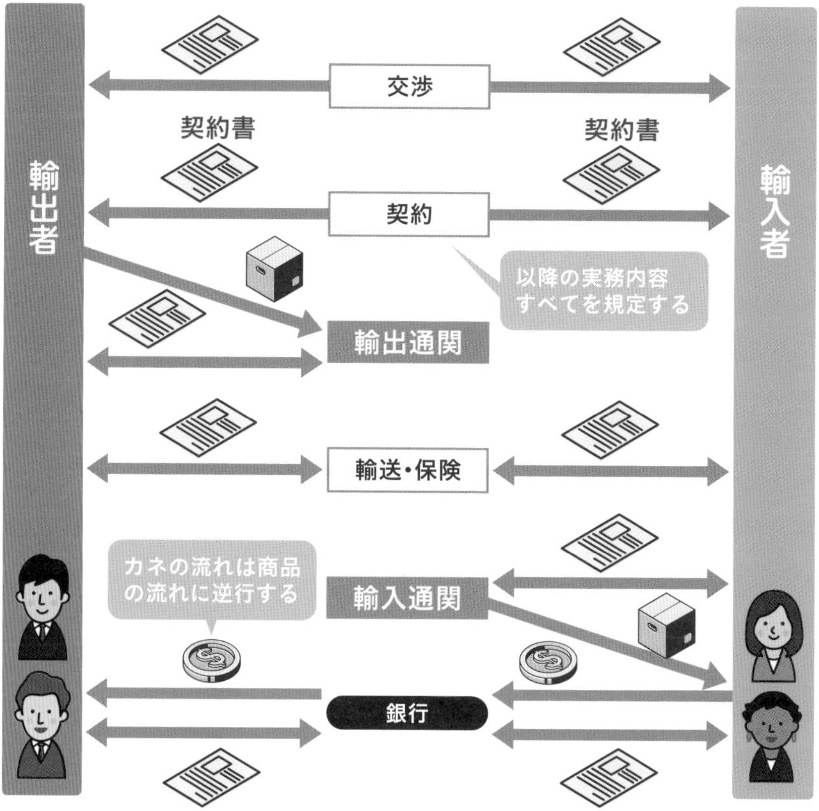

輸出者　　　　　　　　　　　　　　　　　　　　　　　輸入者

交渉

契約書　　　　　　　　　契約書

契約

以降の実務内容
すべてを規定する

輸出通関

輸送・保険

カネの流れは商品
の流れに逆行する

輸入通関

銀行

15

# chapter1 03

# 通関業務における
# 商品とカネの動き

Point! ☑ 通関とは輸出入時に税関を通ること
☑ 通関業務は通常、通関業者が行う

## ▶ 輸出通関と輸入通関

貿易実務で欠かせないのが、**通関**です。国際港湾や国際空港などにおいて、商品が日本を離れるポイントで行われるのが輸出通関になります。**税関**に対して**輸出申告**が行われ、税関が許可を出せば、商品は外国へと運ばれて行きます。輸出申告は通常、輸出者が行いますが、輸入者が行う条件のものもあります。

輸入国に到着した商品は、最初にその国に到着したポイントで輸入通関が行われます。商品についての**輸入申告**が行われ、ここでも税関の許可が求められます。輸入ポイントでは通常、**関税**などの税金の支払いも求められます。輸入申告、納税手続きが終われば、商品は輸入国に持ち込まれます。輸入申告は通常輸入者が行いますが、輸出者の行う条件もあります。

## ▶ 通関業務を誰が行うか

**通関を行う当事者は輸出者あるいは輸入者ですが、実際の業務は、専門の業者が代行します。**輸出入者に代わって通関業務を行う業者を、**通関業者（フォワーダー）**といいます。現在は通関業務以外に、陸上輸送、倉庫、内航海運、港湾荷役などを兼業する会社が主流となっています。

さらには、海・陸・空の棲み分けが崩れた物流業界の構造変化や、情報技術の進化によって、輸出者の戸口から輸入者の戸口まで通しで輸送を請け負う**国際複合一貫物流業者**が登場することで、通関業務は、それら業者の複合サービスの一環と位置付けられるようにもなりました。

# ❶輸出通関をフォワーダーが代行する

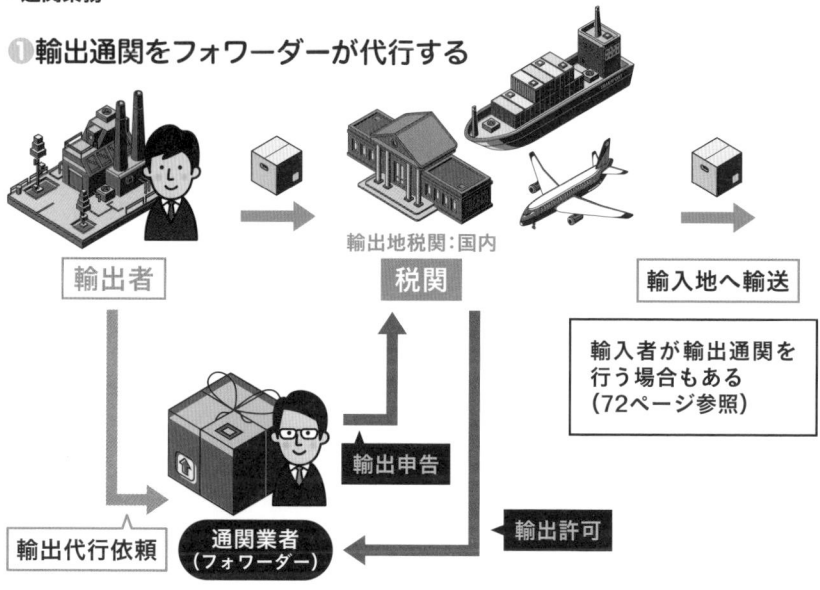

輸出地税関：国内

輸出者 → 税関 → 輸入地へ輸送

輸入者が輸出通関を
行う場合もある
（72ページ参照）

輸出申告

輸出許可

輸出代行依頼 → 通関業者
（フォワーダー）

# ❷輸入通関をフォワーダーが代行する

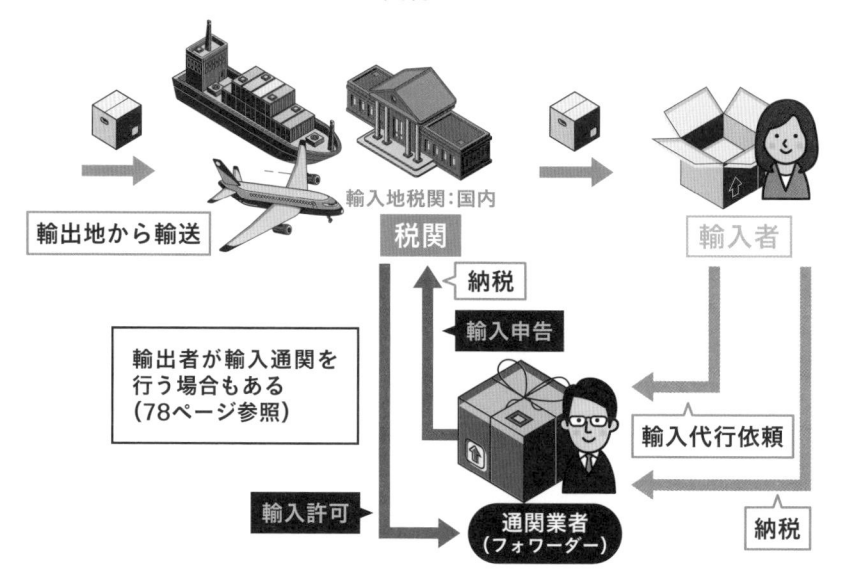

輸入地税関：国内

輸出地から輸送 → 税関 → 輸入者

納税

輸入申告

輸出者が輸入通関を
行う場合もある
（78ページ参照）

輸入許可 → 通関業者
（フォワーダー）

輸入代行依頼

納税

基礎知識

# 貿易実務に関わる
# さまざまな業種

**Point!** ☑ 商品を輸入者に引き渡すまでにさまざまな業種が関わる
☑ 輸出者への貿易代金の支払いは銀行を通して行われる

## ▶ 商品をどうやって渡すのか

　貿易取引で売買する商品を、輸出入者間で、どうやって引き渡すのかが問題となります。輸出者と輸入者がどこかで待ち合わせて、代金と交換に引き渡せば済むのですが、相手は外国にいるので、そう簡単にはいきません。商品を飛行機や船に乗せて、外国に運ぶのが普通です。そこで、**航空会社**や**船会社**の協力が必要になってきます。陸続きの国同士の貿易の場合は、鉄道会社や陸送会社を使う場合も出てくるでしょう。

　商品を外国に運ぶわけですから、道中は長く、途中で何が起こるかわかりません。大切な商品が損傷したり、盗難に遭ったりしたら大変です。その**リスクを防ぐために、商品に保険を掛ける必要があります**。したがって、**保険会社**の協力も必要になります。

## ▶ 貿易代金の支払いはどうするか

　輸出者は商品を売って、代金を受け取ります。輸入者は、その代金を支払う必要があります。輸出者と輸入者が落ち合って、直接代金の授受が行われる場合も考えられますが、実際そのようなケースはあまりありません。代金を送金したり、152ページで詳しく説明しますが、輸出者が**荷為替手形**を作成して輸入者に代金を請求したり、外国通貨取引の場合には、**外国為替**に関する実務もあります。

　代金の授受や外国為替の手続きは、**銀行**を通じて行われるので、貿易取引には金融機関の協力も必要になってきます。

▶貿易に関わる業種

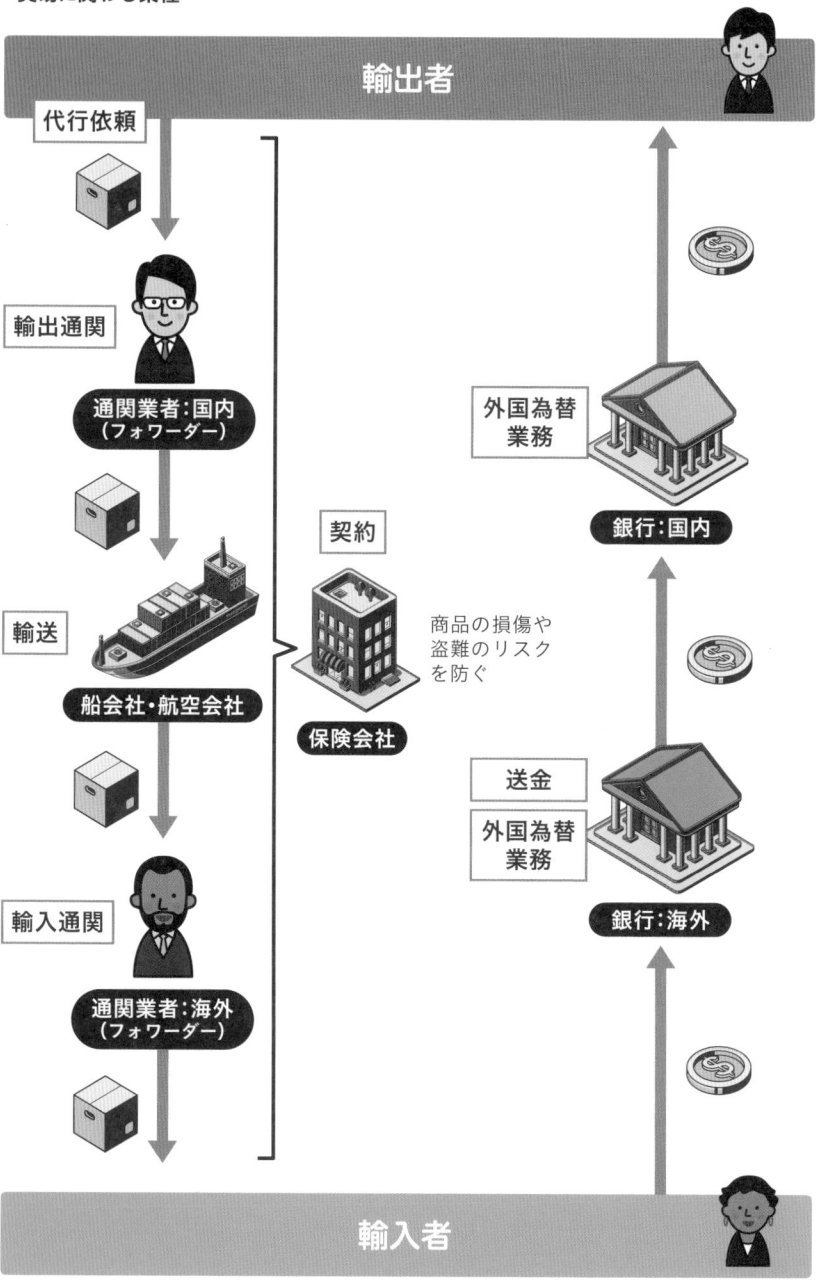

商品の損傷や
盗難のリスク
を防ぐ

# 商社と海外代理店は
# どう違うか

Point! ☑ 商社は間接輸出入を担う専門業者
　　　 ☑ 海外代理店は有期契約で特定商品を扱う

## ▶ 商社の機能とは

　間接輸出入を担う専門業者を**商社**といいます。商社といえば、多機能を備えた大手総合商社のイメージがあるかもかもしれません。現在の総合商社の業務において、間接貿易を担う輸出入の代行業務の比重は大きくありません。しかしこの業務は、商社の原点ともいえる機能です。

　**商社機能の強みは、地球規模の情報力と資金力です。**ある商品を外国に売りたい輸出者や、外国から商品を買いたい輸入者に対して、外国のどこに商品の買い手や売り手がいるかを、商社が探し出してくれます。

　外国の買い手から代金が入る前に、商社が支払ってくれることもあれば、外国の売り手が要求する前金を、商社が融資してくれる場合もあるでしょう。商社は、輸出入手続きに精通しているので、18ページに書いたさまざまな業種への実務遂行に必要な手配も進めてくれます。

## ▶ 海外代理店とは何か

　自ら直接輸出入を行うことのできる組織であれば、商社を使う必要はありません。大手のメーカーなどが、それに該当します。

　それらの企業は、本社に貿易専門部局を置き、そこを核として海外各地に支店や代理店を張り巡らしています。海外支店は社内組織ですが、**海外代理店は社外の組織で、特定商品に関わる契約を結びます。契約には、特定商品の輸出入業務や、現地での集荷や販売、さらには、それらに付随するさまざまな条件が盛り込まれ、一定期間ごとに更新されます。**

▸ 商社と海外代理店の機能

# ❶ 商社は輸出入業務を代行する

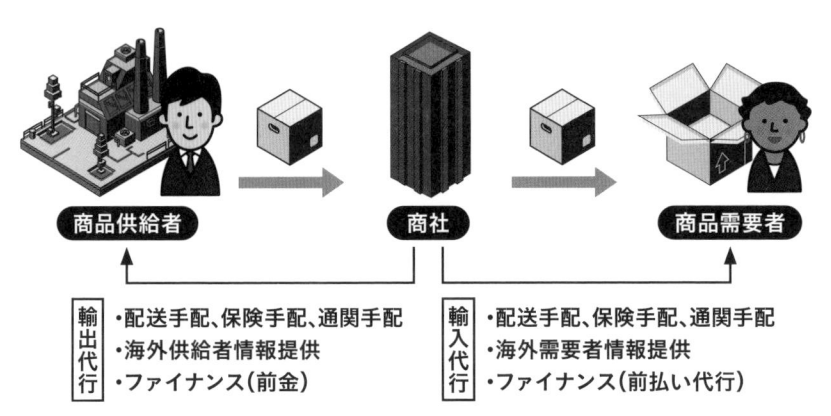

| 商品供給者 | 商社 | 商品需要者 |

| 輸出代行 | ・配送手配、保険手配、通関手配<br>・海外供給者情報提供<br>・ファイナンス（前金） |
| 輸入代行 | ・配送手配、保険手配、通関手配<br>・海外需要者情報提供<br>・ファイナンス（前払い代行） |

# ❷ 海外代理店は特定商品に関する貿易実務を担う

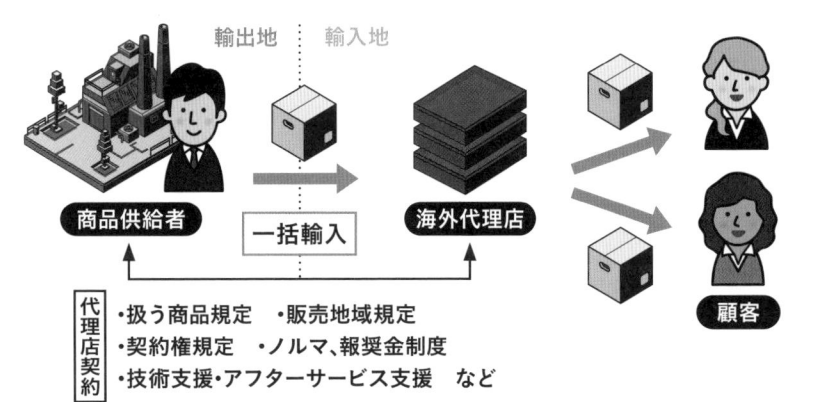

輸出地　　輸入地

| 商品供給者 | 一括輸入 | 海外代理店 | 顧客 |

| 代理店契約 | ・扱う商品規定　・販売地域規定<br>・契約権規定　・ノルマ、報奨金制度<br>・技術支援・アフターサービス支援　など |

---

## CHECK! 商社、海外代理店の立場

貿易において、商社は上図のように商品の供給者、需要者に代わって輸出者、輸入者として機能するだけではありません。単に取引を仲介するブローカーとして機能する場合があります。

また、海外代理店においても、上図は海外代理店が輸入者になる場合ですが、逆に複数の供給者から集荷して一括輸出する、輸出者としての機能もあります。

基礎知識

# どのようなモノが
# 貿易の対象となるのか

Point! ☑ 貿易で扱われるモノには液体や気体も含まれる
☑ サービス貿易と電子商取引は関税がかからない貿易

## ▶ モノの貿易について

通常貿易といえば、モノの貿易を考えます。モノといっても、姿や形のあるモノだけに限りません。液体や気体も貿易の対象となります。**実行関税率表**という冊子があり、貿易を営む多くの国が共有しています。税率などの内容は国によって違いますが、貿易の対象となるモノの分類や整理の方法は共通化されています。実行関税率表に記載されていないモノは、空気、火、そして人間の遺体だけといわれます。

モノの貿易には、それを運ぶための輸送と、輸送途中のリスクを回避するための保険、さらには国境通過のための通関が必要となります。本書で扱う貿易は、モノの貿易に限定しています。

## ▶ サービス貿易と電子商取引

目に見えないさまざまなサービスが、国境を越えて売買されるのが**サービス貿易**です。モノの貿易に付随する、輸送、金融、保険などのほかに、技術、通信、観光なども、サービス貿易の範疇に含まれます。

近年の情報技術の進化によって、インターネットを利用した**電子商取引**が急拡大しています。海外のサイトにあるソフトウェアをダウンロードして金銭を海外に払うことも、新型の貿易取引と見なされます。

電子商取引に関わる国際的なルールは、いまだに確立していません。通関業務が生じないので、基本的には関税がかかりませんが、現在**世界貿易機関（WTO）**で、そのルールづくりが検討されています。

▶ 多様な貿易概念

# ❶貿易の対象は3種類に大別される

[モノの貿易]

個体、液体、気体、生物

輸出者 ➡ 輸入者

物流

[サービスの貿易]

モノの貿易に付随
（輸送、金融、保険など）

独立したサービス貿易
（技術、通信、観光など）

[電子商取引]

インターネットを介した
財の国際取引

# ❷実行関税率表

税関のホームページ。貿易の対象となるモノが21部97類で分類されている
(https://www.customs.go.jp/tariff/2020_1/index.htm)

# 貿易と国内取引は
# 何が違うのか

(Point!) ☑ 貿易に関わる日本の法律や国際ルールがある
☑ 貿易取引は平等な国際取引

## ▶ 貿易に関わる法律やルール

　貿易では、ありとあらゆるモノが扱われると書きましたが、国際的な諸事情から、さまざまな輸出入の制限が課されます。それらを規定するのが、**外国為替及び外国貿易法（外為法）**で、その下に輸出入それぞれの細則を定めた**管理令**があります。輸出入通関を司る**関税法**も、貿易実務で知るべき法律です。

　以上は日本の法律ですが、国際間の協定も知る必要があります。世界貿易機関（WTO）に加盟している日本は、その定めるさまざまなルールを尊重する必要があります。また、貿易取引の基準となる**インコタームズ**（chapter4参照）という国際統一規準があり、貿易実務に携わるうえで不可欠です。

## ▶ 国内取引からの意識の切り替え

　日本国内の商取引においては、長年の伝統の中で培われた独特の慣行や価値観があります。外国との取引である貿易においては、今まで身に付けてきたさまざまな日本の流儀が、通用しないことがあるので注意が要ります。

　まず意識すべきは、貿易は国際的に平等な取引であるということです。相手国の経済発展度合いや、取引先の規模、人種、民族、性別、年齢などによっても、態度を変えてはいけません。

　加えて、取引相手の文化や価値観が違い、外国語で商談を進めることも多いので、双方でよく誤解が生じます。それを避けるために、取り決めごとは必ず書面化して、確認を取り合うことも大切です。

# ❶輸出入に際して制限が課される

［法律］

## ・外国為替及び外国貿易法 （所管：経済産業省）

```
├─ 輸出貿易管理令
└─ 輸入貿易管理令
```
外国との資金、モノ、サービスの移動、取引及び居住者間の
外貨建て取引に適応される法律

## ・関税三法 （所管：財務省）

```
├─ 関税法(関税に関する法律)
├─ 関税定率法(税率に関する法律)
└─ 関税暫定措置法(暫定、追加措置などを規定する法律)
```

［ルール］

## ・インコタームズ

国際商業会議所(ICC)が定める世界的に統一された
貿易取引(受け渡し条件)のルール

# ❷国内での価値観は海外に通用しない

国内業者

国内における
商取引の慣行や
価値観が
通用しないこと
がある

海外業者

取り決めごとは必ず書面化して確認を取る

# デジタル化が進む
# 貿易実務のシステム

(Point!) ☑ NACCSは貿易の諸手続きをするためのシステム
☑ デジタル化により、正確で迅速な貿易統計の作成が可能

## ▶ デジタル化が進む輸出入の実務

　貿易実務を担当する場合、財務省の管轄する**NACCS**というシステムの取り扱いが不可欠になります。現在の輸出入申告の手続きは、このシステムを通してほぼオンライン化されています。輸出入を代行するフォワーダーとのやりとりや、輸出入地の**保税地域**内での諸手続き、船会社や航空会社など貨物の輸送を担う各社との連絡、納税に関わる金融機関とのやりとりなど、多くがNACCSの中でオンライン化されています。

　また、特殊な輸出入の許認可手続き、動植物や食物輸入に関わる**検疫**手続き、港湾利用に関する諸手続きなどは、ほかの官庁の管轄する別システムで管理されていますが、これらのシステムとNACCSは、**府省共通ポータル**を窓口として、連携、シングルウインドウ化されています。

## ▶ デジタル化が貿易実務にもたらしたもの

　貿易実務の多くがオンライン化されたことで、過去の実務がデータとして積み重ねられるようになりました。その結果、正確で迅速な貿易統計の作成が可能になり、輸出入の不正申告摘発などにも役立っています。

　貿易取引が、核兵器の拡散やテロ活動の浸透に利用されるケースが目立つ中、**AEO**と称する優良輸出入者の情報を国際間で共有して手続きを優遇する一方、AEO以外の輸出入者に対しては、手続きや取り締まりを強化するといった、メリハリをつけた輸出入管理が、貿易実務のデジタル化によって促進されています。

▶貿易システムのデジタル化

# ❶輸出入の申告はNACCSを通して行われる

NACCS＝輸出入・港湾関連情報処理システム

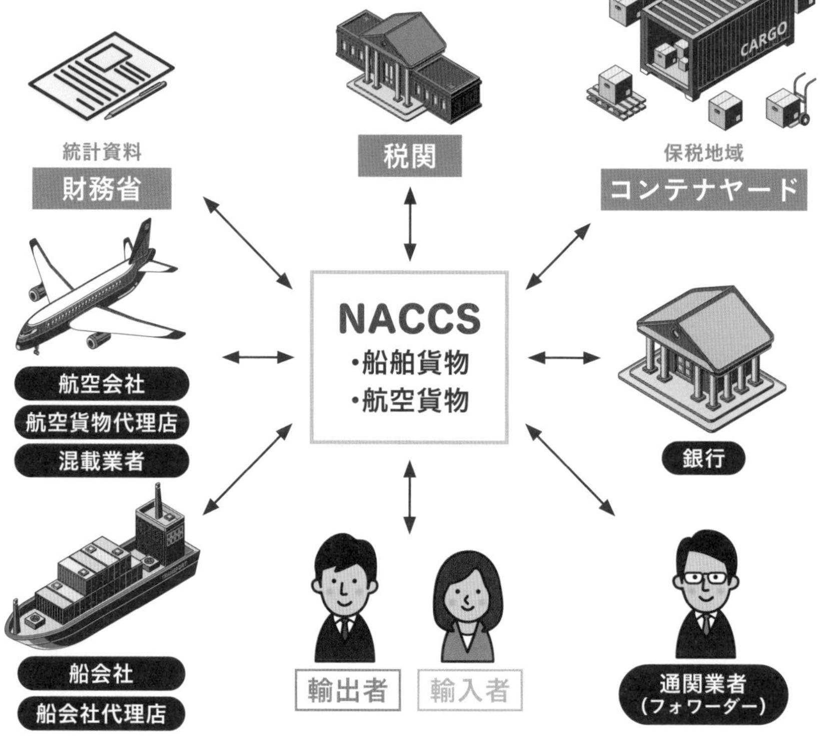

統計資料
**財務省**

**税関**

保税地域
**コンテナヤード**

**航空会社**
**航空貨物代理店**
**混載業者**

**NACCS**
・船舶貨物
・航空貨物

**銀行**

**船会社**
**船会社代理店**

輸出者　輸入者

**通関業者**
（フォワーダー）

# ❷NACCSと他システムとの連携

府省共通ポータルを窓口に財務省以外が管轄するシステムも連携している

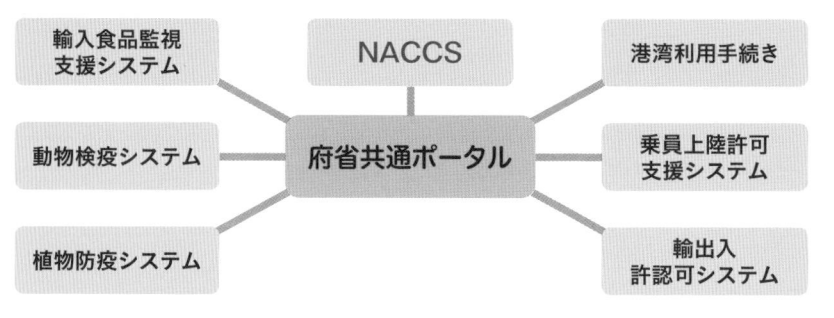

# 貿易実務からは逃げられない

　筆者は長年貿易実務に携わってきましたが、以前は、やや特殊な業務分野という扱いでした。高度経済成長時代、日本の貿易額は急速に拡大し、貿易相手国も世界中に及ぶようになりました。それでも貿易実務は、特定の担当者が手がける特殊分野と見られていました。

　当時は貿易取引以上に、**国内取引**が重要でした。外国との取引は、相手について未知の部分が多いうえ、競争も激しく、リスクも大きいため、利益率や取引の安定度は、どうしても国内取引に及びませんでした。そのため当時日本企業の多くは、より確実で利益の上がる国内取引に力を入れていました。

　その後、日本経済を取り巻く様相は一変しました。多くの企業が経営の軸足を置いてきた国内取引に異変が起こります。バブル経済がはじけて以降、右肩上がりの経済成長は終焉を迎えたのです。日本経済の低迷が始まり、今や人口減少に伴い、日本の市場は縮小に向かい始めています。もはや国内市場だけを頼りにしていたのでは生き残れないと、多くの企業が考え始めました。

　外国市場との接点を広げることが、多くの日本企業にとって生き残るための唯一の道となっています。日本企業にとって、外国との取引が生命線の維持に繋がっています。

　今まで国内取引に従事してきた人が、**外国取引**の担当となったり、外国での事業推進のため海外転勤になったりすることが、今や当たり前の世の中になりました。そして外国取引に従事するためには、貿易実務の知識が欠かせなくなったのです。

　今や貿易実務は、特殊な業務分野ではありません。ビジネスの世界に身を置くのなら、直接的であれ間接的であれ、貿易実務を避けて通ることが難しくなっています。たとえ今貿易と関わっていなくても、近い将来貿易分野の仕事に移る可能性は十分あると、考えるべきだと思います。

# chapter 2

基礎知識 輸出入の流れ

貿易実務には大局観が大事なので、たとえ仕事の担当が輸出、輸入どちらか片方であったとしても、双方の仕事の流れを知ることが、相手との交渉などに役立つはずです。

基礎知識

# 輸出実務・輸入実務の大まかな流れ

Point! ☑ 買い申し込みを引き合い、売り申し込みをオファーという
☑ 契約には、合意した事項をすべて盛り込む

## ▶ 商談から契約まで

輸出者の仕事は、輸入者との商談から始まります。輸入者からの買い申し込みである**引き合い（ひきあい）**を受け、それに対して売り申し込みを出します。これを**オファー**と呼びます。

輸出者、輸入者双方の条件が一致して、すんなりと契約に持ち込まれることもありますが、要求が噛み合わず交渉が長引くことも多いです。

うまく契約にこぎ着けたら、輸出者と輸入者は契約を締結します。貿易は異文化の人や組織との約束事なので、双方誤解がないように、合意した事項すべてを契約に盛り込む必要があります。

## ▶ 出荷から代金支払いまで

契約締結後、輸出者は商品の準備に取りかかります。契約に定められた船積み期限や納期を守らなくてはいけません。一方、輸入者は契約の支払い条件によっては、あらかじめ支払いの手続きをする必要があります。

また、輸出者は商品が準備できるタイミングに合わせて、**輸送**の手配をします。同時に保険を掛けることも忘れてはいけません。契約の受け渡し条件によっては、輸送や保険の手配を、輸入者側ですることもあります。

商品の出荷が終われば、輸出者は代金回収の手続きを行い、輸入者は貨物の到着に合わせた商品の輸入手続きと、代金の最終支払い手続きが必要です。受け取った商品に問題があれば、輸出者や保険会社にクレームをするケースもあるでしょう。

▶輸出入の流れ

## ❶商談から契約までは書類のやりとりが中心

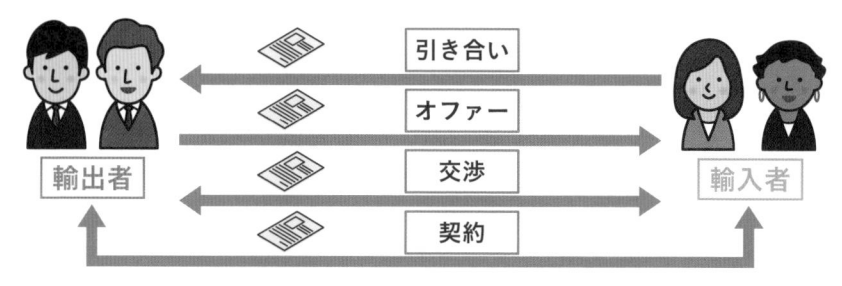

輸出者
輸入者
引き合い
オファー
交渉
契約

## ❷出荷から代金支払いまで契約内容に合わせて動く

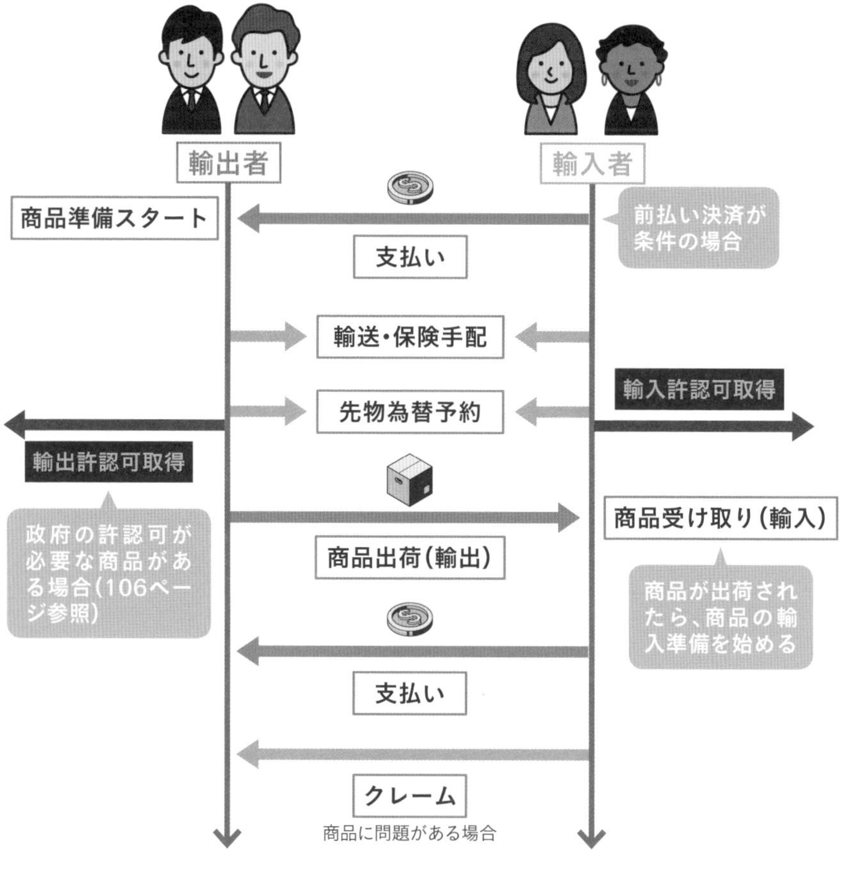

輸出者
輸入者
商品準備スタート
前払い決済が条件の場合
支払い
輸送・保険手配
輸入許認可取得
先物為替予約
輸出許認可取得
政府の許認可が必要な商品がある場合（106ページ参照）
商品受け取り（輸入）
商品出荷（輸出）
商品が出荷されたら、商品の輸入準備を始める
支払い
クレーム
商品に問題がある場合

# chapter2
# 10
# 買い手探しから
# 交渉・契約までの流れ

Point! ☑ 輸入者候補はジェトロや在日外国公館などに相談する
☑ 輸入者からもらう引き合いの内容を検討し、オファーを出す

## ▶ 買い手の探し方

　輸出者としては、自らの扱う商品を買ってくれる相手を探します。買い手は外国にいるので、簡単には見つからないかもしれません。現在はインターネットという手段がありますが、商品を買いたい候補者が見つかったとしても、果たして信用できる相手かどうかの判断が難しいところです。

　輸入者の候補を探す方法は、ネット以外にいくつもあります。**ジェトロ（日本貿易振興機構）**に相談し、**主催する商談会などに参加すれば、輸入者候補と実際会うことができます**。売りたい国が決まっているのであれば、当該国の在日**大使館**や**総領事館**に駐在する商務官などとも相談できます。

　商社に依頼する手段もありますが、商社は営利企業なので、依頼に対する見返りを要求されるでしょう。具体的には、情報料の請求や、実際の商談への介入要求などです。

## ▶ 商談から契約まで

　買い手（輸入者）が見つかれば、そこからの具体的な要求をもらいます。これを引き合いといいます。輸入者からもらった引き合い内容を検討し、輸出者は、自らの条件を添えて、輸入者にオファーを出します。

　オファー条件をすんなり受けてくれる輸入者はあまりおらず、多くは**対抗条件**を出してきます。それに対して輸出者から、**修正オファー**を出すこともあります。双方の折り合いがつかず契約に至らないケースも多いので、**契約に向けての交渉は貿易実務の中で最もエネルギーを使う部分です**。

▶輸出実務の前半

# ❶買い手（輸入者）の探し方は主に5種類

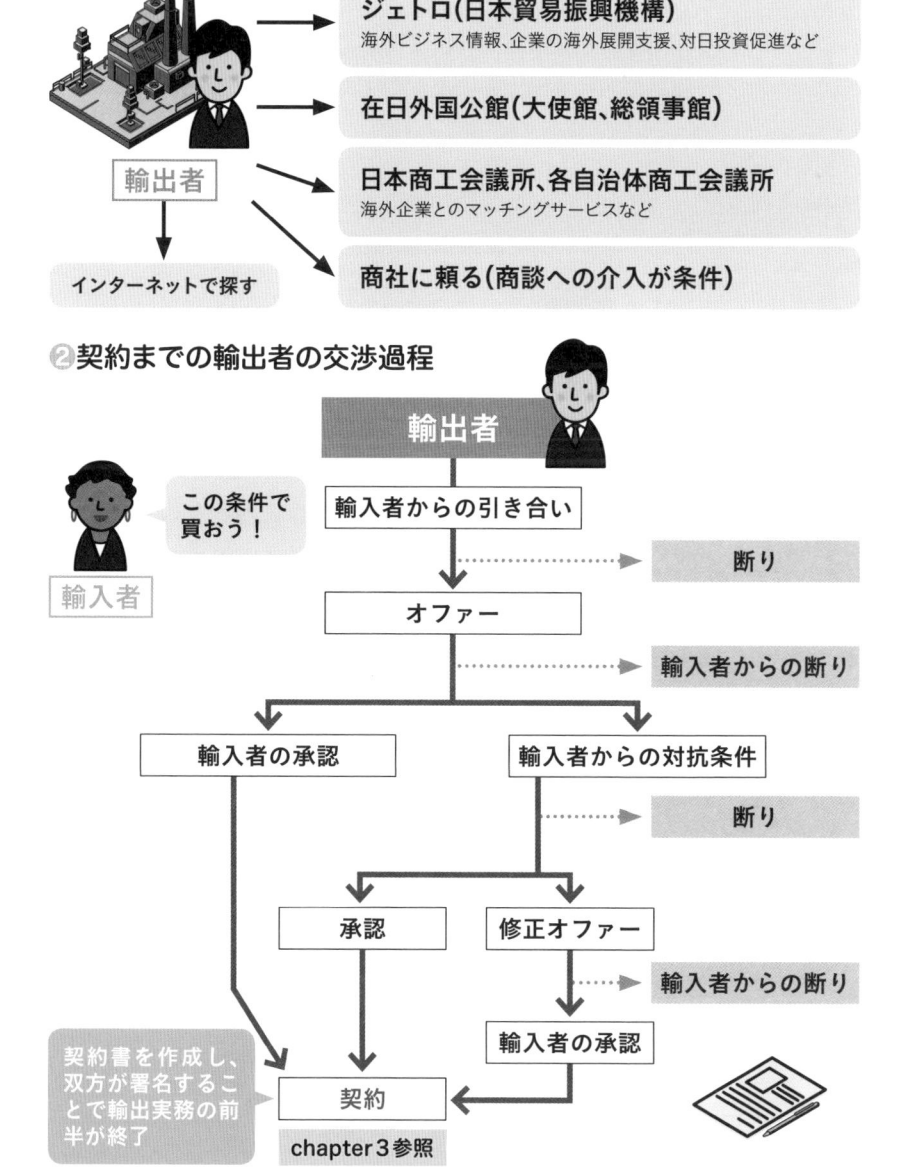

**ジェトロ（日本貿易振興機構）**
海外ビジネス情報、企業の海外展開支援、対日投資促進など

**在日外国公館（大使館、総領事館）**

**日本商工会議所、各自治体商工会議所**
海外企業とのマッチングサービスなど

**商社に頼る（商談への介入が条件）**

輸出者

インターネットで探す

# ❷契約までの輸出者の交渉過程

輸出者

この条件で買おう！

輸入者

輸入者からの引き合い → 断り

オファー → 輸入者からの断り

輸入者の承認　　　輸入者からの対抗条件 → 断り

承認　　　修正オファー → 輸入者からの断り

輸入者の承認

契約
chapter3参照

契約書を作成し、双方が署名することで輸出実務の前半が終了

2 基礎知識 輸出入の流れ

基礎知識

# 商品の準備から<br>物流・納品までの流れ

Point! ☑ 輸出実務の後半は、契約通りの商品を出荷することが中心<br>☑ 商品の内容や輸出先によっては政府の許認可が必要

## ▶ 商品準備に取りかかる

　契約を締結したら、輸出者は輸入者に届ける商品の準備に取りかかる必要があります。ただし契約の支払い条件によっては、まずは輸入者が**前金**を払ったり、**信用状（L／C）**の開設を行うべきものがあります。その場合、輸出者は輸入者のそれら支払い手続きを見届けてから、商品の準備に着手します。

　輸出者が商品の製造者である場合は、自社の工場に生産開始を指示します。製造者でない場合は、商品の供給者に、商品を発注することになります。その際、契約の納期や船積み時期に間に合うよう、商品準備を完了させることが大事です。契約上、輸出者が輸送や保険の手配をすることになっていれば、輸出者は**船会社や航空会社に出荷時期に合わせた輸送の手配をして、保険会社に保険の申し込みを行います**。

## ▶ 商品出荷から納品まで

　**輸出する商品の内容や輸出先によっては、政府の輸出許認可を取る必要があります**。またドル建てなど外国通貨での決済条件の場合、銀行に対して先物為替予約を行います。

　商品が完成したら、検査、梱包を行い、出荷準備を整えます。同時に、通関業者（フォワーダー）に対して輸出手続きの代行を依頼し、国際港湾や国際空港などの輸出ポイントに向けて商品を運び出します。輸出者は、輸入者に対して詳しい出荷情報を連絡することで、納品作業が終わります。

契約通りの商品を発注し、契約の納品タイミングに合わせて出荷する

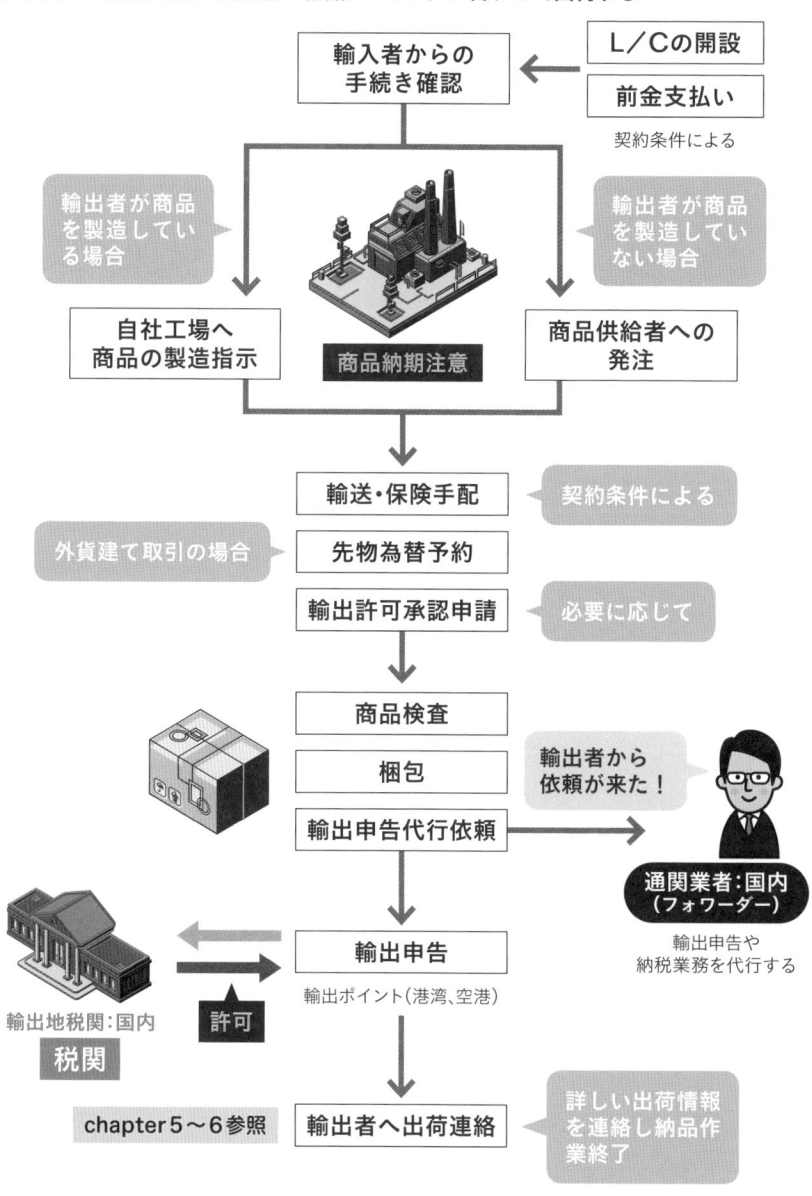

輸入者からの
手続き確認

L／Cの開設

前金支払い

契約条件による

輸出者が商品
を製造してい
る場合

輸出者が商品
を製造してい
ない場合

自社工場へ
商品の製造指示

商品納期注意

商品供給者への
発注

輸送・保険手配

契約条件による

外貨建て取引の場合

先物為替予約

輸出許可承認申請

必要に応じて

商品検査

梱包

輸出者から
依頼が来た！

輸出申告代行依頼

通関業者：国内
（フォワーダー）

輸出申告や
納税業務を代行する

輸出地税関：国内

税関

許可

輸出申告

輸出ポイント（港湾、空港）

chapter 5〜6参照

輸出者へ出荷連絡

詳しい出荷情報
を連絡し納品作
業終了

35

基礎知識

# 商品出荷後から
# 代金受け取りまでの流れ

Point! ☑ 船舶輸送の場合、商品到着前にB／Lを送る
☑ 代金を受け取ることで、輸出者の貿易実務は完了

## ▶ 船積み書類を揃える

　輸出者は商品が輸出地を離れ輸入地に向かったらすぐ、輸入者に対して出荷通知を行います。航空機の場合でも**船積み通知**と呼ぶことが多いです。

　出荷後輸出者は、輸入者が輸入地で商品を受け取りに必要な書類を揃えて送る必要があります。これらの書類を総称して、**船積み書類**といいます。

　船積み書類の詳細については後述しますが、船舶輸送の場合、その中で最も大事な書類が**船荷証券（B／L）**です。船荷証券は、その保持者が商品の所有権を持つことになる有価証券です。

　**B／Lがないと輸入者は商品を受け取れないので、輸出者はこれを商品が輸入地に到着する前に、輸入者に送る必要があります。**航空機輸送の場合には、商品授受に関わる有価証券は存在しません。

## ▶ 代金を受け取る

　**輸出者に残された仕事は、輸入者から商品代金を受け取ることです。**代金の受け取りについては、契約書に支払い条件が定められています。前払い、**後払い**、**分割払い**などいろいろありますが、**送金**と**荷為替手形決済**に大別されます。

　送金の場合、輸入者の求める船積み書類を送る一方で、商品代金の**請求書**を送り、輸入者からの入金を待ちます。荷為替手形の場合は、必要な船積み書類を添付した荷為替手形を輸出地の銀行に持ち込み、輸入地の銀行との間で決済をしてもらいます。

▸**輸出実務の後半②**

商品発送後は代金受け取りのための書類を準備・発送する

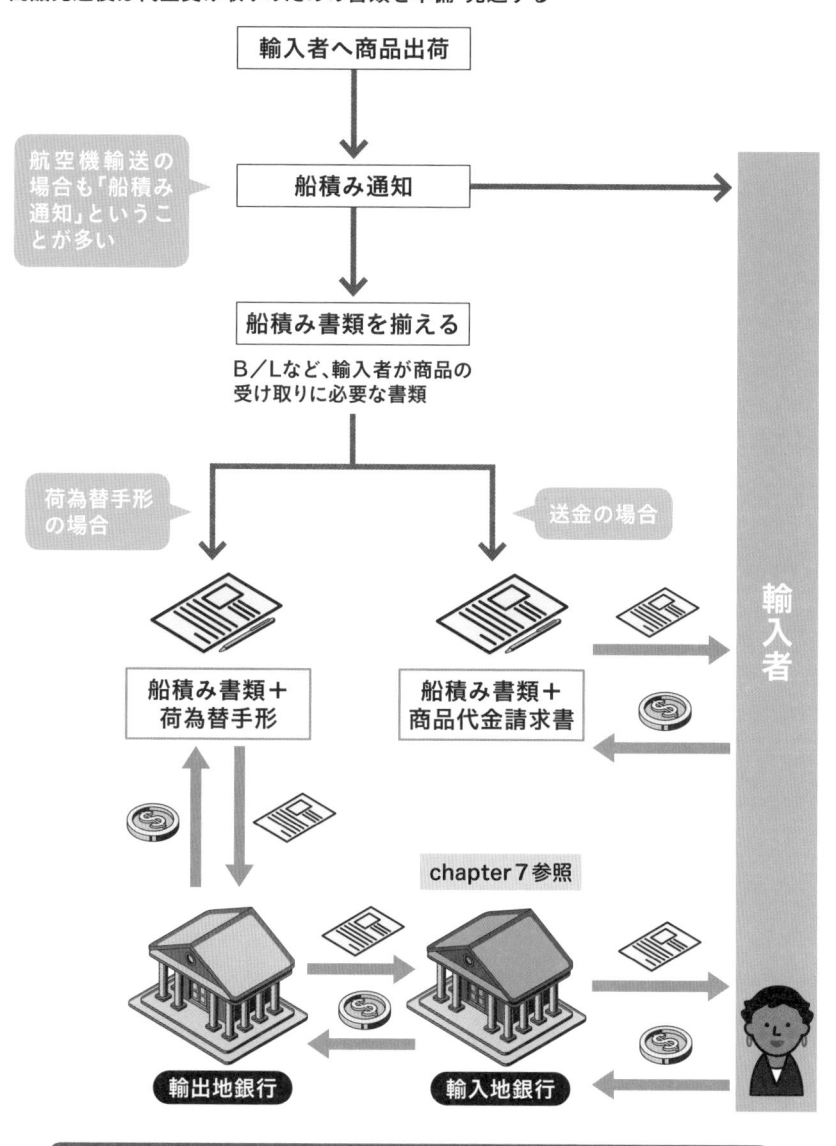

**輸入者へ商品出荷**

航空機輸送の場合も「船積み通知」ということが多い

**船積み通知**

**船積み書類を揃える**

B／Lなど、輸入者が商品の受け取りに必要な書類

荷為替手形の場合

送金の場合

**船積み書類＋荷為替手形**

**船積み書類＋商品代金請求書**

chapter 7参照

**輸出地銀行**

**輸入地銀行**

輸入者

代金を輸入者から全額受け取ったところで輸出実務が完了

基礎知識

# 売り手探しから 交渉・契約までの流れ

> **Point!**
> ☑ 輸出者候補もジェトロや在日外国公館などに相談する
> ☑ 各交渉のやり取りは書面に残す

## ▶ 売り手の探し方

32ページで輸出者が買い手を探す方法を述べましたが、売り手を探す輸入者の立場も、基本的には同じです。インターネットを利用して自力で探すこともできますが、ジェトロや在日外国公館などの機能を利用する方法が便利です。そのほかにも、各地の**商工会議所**による輸出入者のマッチングサービスを利用する手もあります。

**信用できそうな売り手（輸出者）が見つかったら、その輸出者候補に対して引き合いを出します**。引き合いの内容については後述しますが、輸出者が真剣に取り組んでくれるような工夫が必要です。引き合いの出し方によっては、輸出者から返事の来ないこともあるでしょう。

## ▶ 交渉から契約まで

輸入者の出した引き合いに対して、輸出者からオファーが来ました。最初から希望通りの内容のオファーが来ることはまずないので、そこから輸出者との交渉が始まります。

輸入者の出す対抗条件に対して、輸出者が**見積もり**をやり直すなど、何度も両者間でやり取りがあるはずです。中には電話でのやり取りがあるかもしれませんが、双方誤解を避けるため、各交渉段階でのやり取りは書面で残すことを心がけます。交渉が紛糾した際、それまでの交渉経緯を残した書面が役に立つはずです。

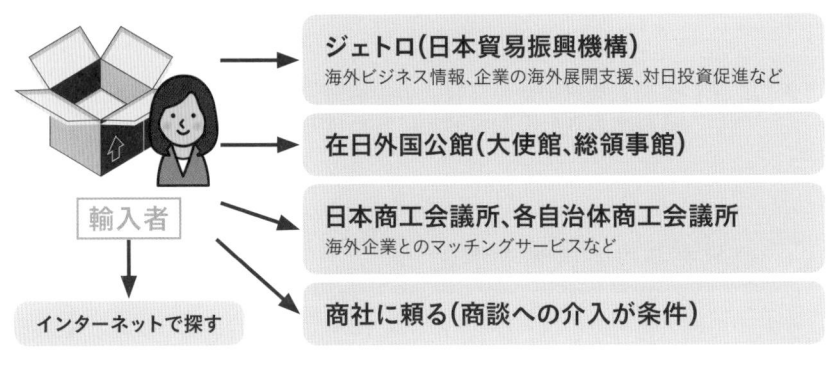

## ❶売り手(輸出者)の探し方は主に5種類

**ジェトロ(日本貿易振興機構)**
海外ビジネス情報、企業の海外展開支援、対日投資促進など

**在日外国公館(大使館、総領事館)**

**日本商工会議所、各自治体商工会議所**
海外企業とのマッチングサービスなど

**商社に頼る(商談への介入が条件)**

輸入者

インターネットで探す

## ❷有事に備えて交渉を書面に残す

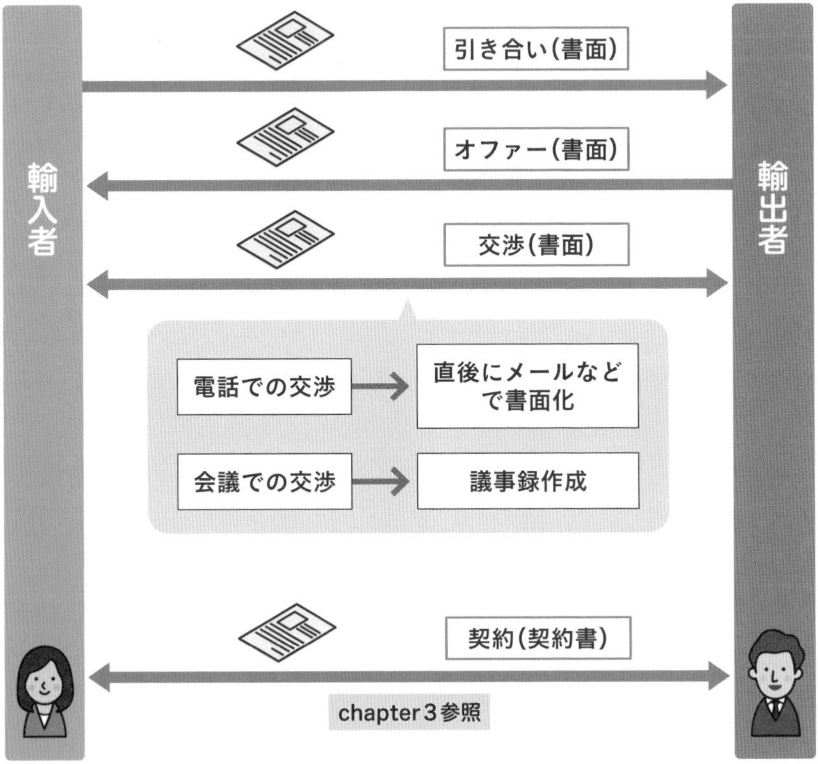

輸入者 — 引き合い(書面) → 輸出者

オファー(書面) ←

交渉(書面) ↔

| 電話での交渉 | → | 直後にメールなどで書面化 |

| 会議での交渉 | → | 議事録作成 |

契約(契約書) ↔

chapter3参照

2

基礎知識 輸出入の流れ

39

# 輸入準備から
# 商品受け取りまでの流れ

Point! ☑ 輸入実務の後半は輸入の事前準備と実際の輸入手続きが中心
☑ 輸出者からの船積通知に合わせて輸入の準備をする

## ▶ 商品を待つ輸入者の準備

　契約後の輸入者の準備は、契約の内容によってさまざまあります。まずは支払い条件が前払い、あるいは信用状（L／C）決済の場合、早急にアクションを起こすことが求められます。前金の支払いやL／Cの開設手続きを銀行に対して行う必要があり、それらを**契約条件通りタイムリーに行わなければ、輸出者は商品手配を始められず、納期や船積み時期の遅延につながりかねません。**

　契約条件で、輸送や保険の手配を輸入者がやるケースもあります。その場合輸入者は、輸出者による**商品準備**の進捗状況を確認しつつ、輸送や保険の手配を行います。また商品の内容や輸出国によっては、政府から輸入の許可を取らねばなりません。外国通貨決済が条件であれば、先物為替の予約が必要なことは、輸出者と同じです。

## ▶ 輸入手続きと貨物の受け取り

　輸出者が輸出手続きを終え、商品の輸送手配が完了すると、輸入者は輸出者から船積み通知を受け取ります。船積み通知には商品の輸入地への到着予定日時が書かれているので、それに合わせた輸入への準備が必要です。

　具体的な輸入準備とは、フォワーダーに対して、**輸入申告及び納税**の手続きの代行を依頼することです。フォワーダーが輸入手続きを進められるように、輸出者から送られてくる船積み書類を、事前に揃えておく必要があります。特に、**航空機輸送の場合は早めの準備が必要です。**

船積み通知に合わせてフォワーダーに輸入・納税申告代行を依頼する

輸入者

前払い、L／C決済の場合、手続きが遅れると納期や船積みの遅れにつながる

前金支払い手続き

L／C開設手続き

輸送・保険手配

契約条件による

フォワーダーが輸入手続きをする際に、船積み書類が必要になる

輸入許認可申請

必要に応じて

先物為替予約

外貨建て取引の場合

輸出者からの船積み通知

chapter8参照

輸入・納税申告代行依頼

通関業者：国内（フォワーダー）

輸入地税関：国内

許可

税関

輸入・納税申告

商品受け取りへ

---

**CHECK! 船積み通知より先に準備する場合**

遠隔地からの船舶輸送で商品が運ばれてくるのであれば、輸入の準備に時間の余裕がありますが、航空機輸送の場合や船舶輸送でも近隣国からの輸送の場合は、商品がすぐ到着します。その場合は輸出者からの船積み通知を待たず、早めに輸入の準備を進めておく必要があります。

# 商品受け取りから
# 代金支払いまでの流れ

Point! ☑ 信頼が確立していない場合は、荷為替手形をで決済する
☑ 代金支払い後も場合によってはクレームの手続きが必要

## ▶ 商品の受け取りと代金の支払い

　輸入者としては、まずは商品を受け取りたいものですが、そこに代金の支払い条件が絡んできます。**売り手と買い手が外国同士の貿易取引では、売り買いが同時に行われることがほぼありません。**そのため、どちらかがリスクを背負うことになるのです。支払いが先だと売り手である輸出者が有利で、商品の受け取りが先だと輸入者が有利になります。

　輸出入者双方の信頼が確立している場合ならそれでもよいですが、そうでない場合は、荷為替手形による決済手段が多く用いられます。

　銀行経由で送られてくる荷為替手形による決済であれば、輸入者は代金を銀行に支払うか、期限までに支払う約束をしなければ、船積み書類を銀行から受け取れません。船積み書類は、輸入手続きで商品を受け取る際に必要なので、輸入者としては、**荷為替手形の決済**あるいは**引き受け**が必要です。

## ▶ 商品を受け取ったあとの仕事もある

　輸入者は船積み書類と輸入納税申告書をフォワーダー経由で税関に提出して許可されれば、そこで必要な税金を納めて、商品を受け取れます。受け取った商品は、輸入者に引き取られることで正式な国内商品となります。

　これで輸入者の仕事は一応完了ですが、**輸入者は受け取った商品に問題がないか、よく中身をチェックする必要があります。**長い航海を経て遠隔地から運ばれて来た商品などは、輸送途中での破損や紛失などは珍しくありません。それらの場合、輸入者は**クレーム手続き**を行うことになります。

# ❶商品受け取りと支払いの順番によってリスクが偏る

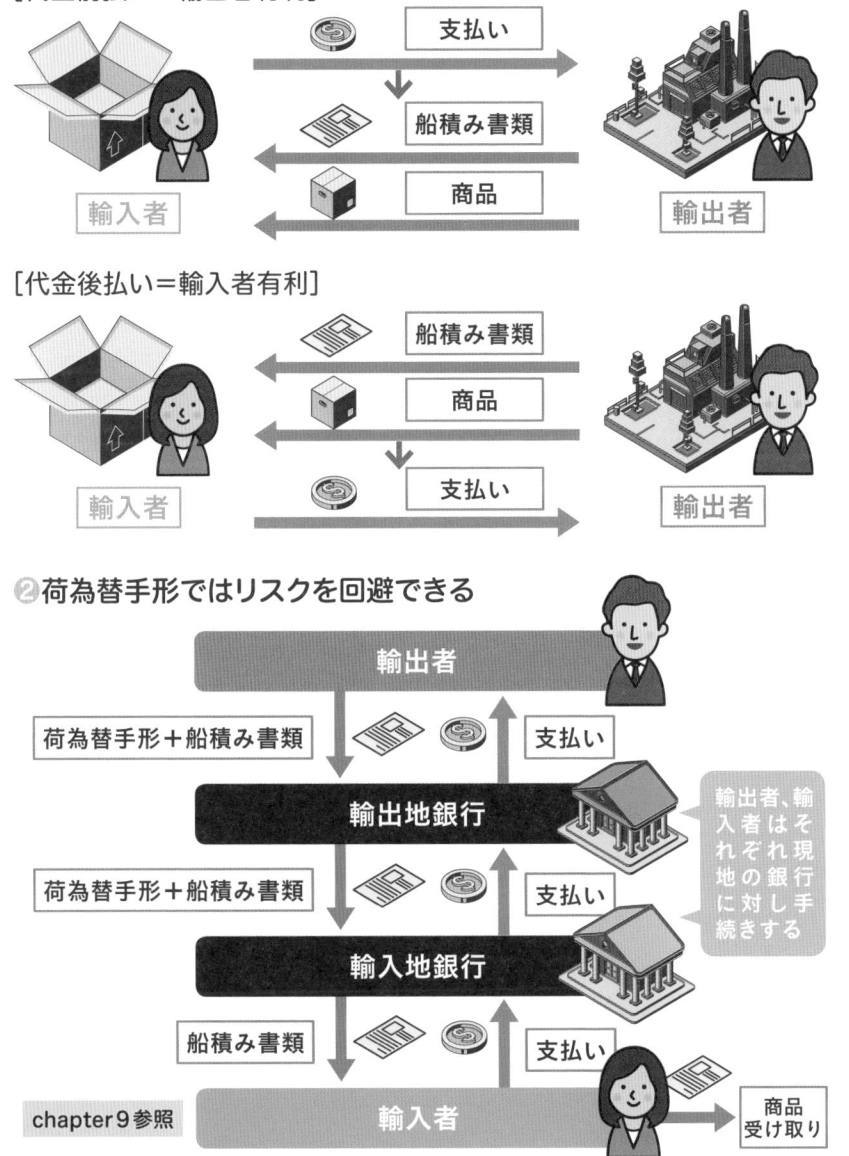

[代金前払い＝輸出者有利]

支払い
船積み書類
商品

輸入者　　　輸出者

[代金後払い＝輸入者有利]

船積み書類
商品
支払い

輸入者　　　輸出者

# ❷荷為替手形ではリスクを回避できる

輸出者

荷為替手形＋船積み書類　　支払い

輸出地銀行

荷為替手形＋船積み書類　　支払い

輸入地銀行

輸出者、輸入者はそれぞれ現地の銀行に対し手続きする

船積み書類　　支払い

chapter 9参照　　輸入者　　商品受け取り

# 貿易実務に必要な大局観

chapter2の扉で触れましたが、貿易実務には大局観をもつことが大切です。本書を手にした人が輸入業務の担当者だったとしたら、本書の輸入に関する部分だけを拾い読みするかもしれません。ですが、たとえ現在輸出の仕事に関わっていなくても、ぜひ輸出に関わる部分も読んでください。同じように、輸出業務のみに携わっている人は輸入に関するところも読んでください。

貿易実務は、輸出者、輸入者両者で、キャッチボールをしながら進めていくものと考えます。普通のキャッチボールは双方定位置でボールを投げ合いますが、貿易実務の場合、その流れに従って、双方が立ち位置を変えながらキャッチボールを続ける変則型です。

相手から飛んでくるボールの方に向きながらボールをキャッチしますが、ボールを受け取ってから、ボーッとしている暇はありません。すぐに相手の立ち位置を見定め、ボールを投げ返します。貿易実務の仕事は、契約によって決められた時間内に処理して、相手に投げ返していくことが求められます。

このような変則キャッチボールを上手に続けるためには、動き続ける相手の役割を知っておくことが大事です。だから貿易実務には、大局観が必要なのです。そして、輸出、輸入両方の実務を知ることは、さして難しいことではありません。輸出入業務は表裏一体であり、双方の補完作業だからです。内容のまったく異なる数学と国語を、同時に勉強するのとは違います。

貿易実務に携われば、輸出入者以外にさまざまな業種との接点があります。接するそれら業種にまつわる関連知識も、たとえ担当する仕事に直接関係しなくても、積極的に吸収してください。それによって、貿易業務を俯瞰する大局観がさらに広がり、それが関連業界との折衝などに役立つこともあると思います。

# chapter 3

取引・交渉 **輸出入における交渉**

chapter3では、実務の前半部分、輸出入者それぞれがどのように相手を選び、どのように交渉し、契約にもっていくか、さらに、契約を結ぶ前の注意点について解説します。

# 海外に商品を売るときの輸入者の選び方

Point!
- ☑ 望ましい輸入者とは、長く安定的に取引できる相手
- ☑ 輸入者候補を見つけたら、まず会ってみる

## ▶ 輸出者が買い手を判断するポイント

　輸出者は32ページに書いたように、さまざまな方法によって、輸入者の候補を探すことができます。しかし、それらの候補者が、実際の取引を行うべき相手かどうかを、慎重に見極める必要があります。

　輸出者にとっての望ましい輸入者とは、輸出者の売りたい商品を、大量に買ってくれること、商品を高い値段で買ってくれること、さらにはできるだけ長く安定的な取引ができること、あるいは将来取引の拡大が期待できそうな相手であることです。簡単には見つかりませんが、そのような良質な輸入者がいれば、多くの輸出者がそこに群がってくる可能性が高く、売り込みの競争も激しくなるはずです。上記のような理想をすべて満たすことは難しいので、ある程度の妥協が必要かもしれません。長く安定的な取引ができそうな相手かどうか、そして将来性への判断が最も肝心なポイントになるでしょう。

## ▶ 輸入者と会うべし

　よさそうな輸入者候補が見つかったら、まずは相手側の責任者と会います。そして、輸出する商品がどのように使われるか、相手側の施設を見せてもらいます。面談を拒否する相手との取引は問題外です。相手とよく話し合い、種々質問を投げかけます。もちろん相手がすべての質問に答えてはくれないでしょうが、誠実そうな相手かどうか判断します。相手企業について、信用調査会社など第三者に調査を依頼する必要もあるでしょう。

▸ **輸入者の選び方**

よさそうな輸入候補者が見つかったらまずは会ってみて判断する

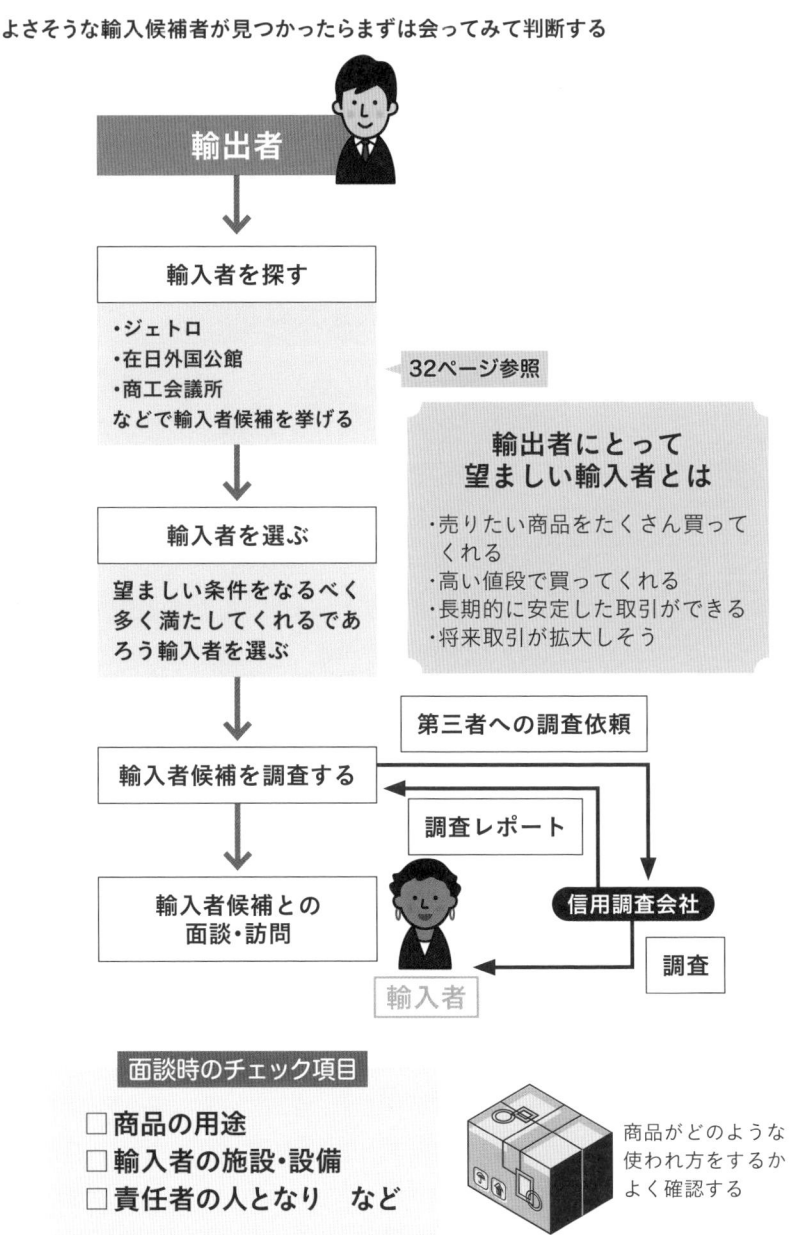

**輸出者**

**輸入者を探す**

・ジェトロ
・在日外国公館
・商工会議所
などで輸入者候補を挙げる

32ページ参照

**輸出者にとって
望ましい輸入者とは**

・売りたい商品をたくさん買って
 くれる
・高い値段で買ってくれる
・長期的に安定した取引ができる
・将来取引が拡大しそう

**輸入者を選ぶ**

望ましい条件をなるべく
多く満たしてくれるであ
ろう輸入者を選ぶ

**第三者への調査依頼**

**輸入者候補を調査する**

**調査レポート**

**輸入者候補との
面談・訪問**

**信用調査会社**

**調査**

輸入者

面談時のチェック項目

☐ **商品の用途**
☐ **輸入者の施設・設備**
☐ **責任者の人となり　など**

商品がどのような
使われ方をするか
よく確認する

# 海外から商品を買うときの輸出者の選び方

Point! ☑ 良質な商品を安価に安定供給してくれる輸出者を探す
☑ 輸出者候補を見つけたら、まずは会ってみる

## ▶ 輸入者にとって、輸出者のどこが大事か

　輸入者の立場は、輸出者と逆になります。輸入者としては、**良質の商品をできるだけ安い価格で、安定的に供給してくれる輸出者が必要です**。どの条件も大切なので、輸出者以上に慎重な検討が必要かもしれません。

　輸入者の希望する商品購入が、一時的なものか、あるいは長期的なものかによっても違ってくるでしょう。長期的、安定的な輸入を希望する場合は、輸出者の供給能力を重点的に調べる必要があります。輸入は外国から商品を仕入れることなので、そのリスクを考慮すべきです。商品供給の途切れが輸入者自身のビジネスに悪影響を及ぼすことを避けるために、輸出者を複数確保しておくことも考えるべきです。

## ▶ 輸出者の供給能力が大事

　**よさそうな輸出者候補が見つかったら、輸出の場合と同様、相手と会って、よく調べることが大事です**。輸入者にとって特に大事なのは、供給される商品を作る施設や設備を実際に訪れて、よく見極めることです。

　輸入者が満足できる商品供給能力を、輸出者が持っているかどうかを判断します。輸出者は、供給能力に問題ないというかもしれませんが、供給量や現在の売り先など、よく聞く必要があります。質問に的確に答えてくれるかどうかも判断材料になります。**欠陥品**が出た場合の処理の仕方も、話し合っておくべきです。輸出の場合と同じように、輸出者候補の信頼性について、信用調査会社に調査依頼する必要もあるでしょう。

▸輸出者の選び方

よさそうな輸出候補者が見つかったらまずは会ってみて判断する

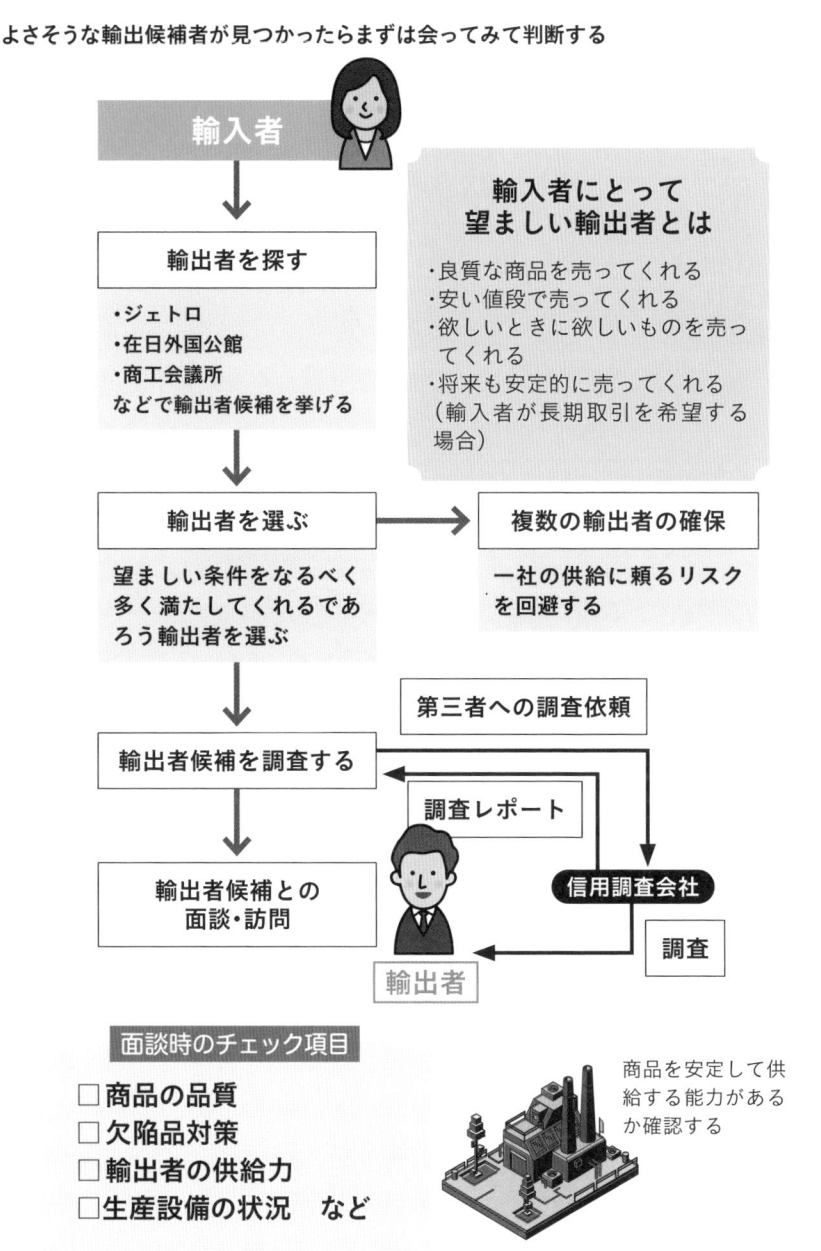

**輸入者**

↓

**輸出者を探す**

・ジェトロ
・在日外国公館
・商工会議所
などで輸出者候補を挙げる

**輸入者にとって
望ましい輸出者とは**

・良質な商品を売ってくれる
・安い値段で売ってくれる
・欲しいときに欲しいものを売っ
てくれる
・将来も安定的に売ってくれる
（輸入者が長期取引を希望する
場合）

↓

**輸出者を選ぶ**

望ましい条件をなるべく
多く満たしてくれるであ
ろう輸出者を選ぶ

→ **複数の輸出者の確保**

一社の供給に頼るリスク
を回避する

↓

**第三者への調査依頼**

**輸出者候補を調査する**

調査レポート

↓

**輸出者候補との
面談・訪問**

輸出者

信用調査会社

調査

**面談時のチェック項目**

□ **商品の品質**
□ **欠陥品対策**
□ **輸出者の供給力**
□ **生産設備の状況　など**

商品を安定して供
給する能力がある
か確認する

49

取引・交渉

# どのような場合に
# 商社に仲介を依頼するか

Point! ☑ 自社が貿易に不慣れな場合などに商社に代行してもらう
☑ 仲介料を考慮してもメリットがあるか見極める

## ▶ 輸出者が商社を必要とするとき

輸出者としては、仲介者なしで直接輸入者に売りたいと思うのが自然です。輸入者は輸出商品の実際の需要者（ユーザー）なので、商談もその方が進めやすいでしょう。

しかし、輸出者が商社を必要とする場合もあります。ひとつは、**貿易手続きに慣れていない場合、そして輸出先の事情がよくわからない場合、情報能力やリスク判断力の高い商社に輸出を代行してもらいます**。

また輸入地のユーザーが細分化されるような商品を輸出する場合、細分化された商品需要を取りまとめるかたちで、輸入地の商社に一括購入してもらうときも、商社を使うメリットがあります。

## ▶ 輸入者が商社を必要とするとき

輸入者としても、直接輸出者から買いたいはずです。輸出者は商品の製造者なので、仲介者を通さない方が効率よく話を進められます。

輸入者が商社を必要とする場合は、輸入者が小規模の企業で、自ら輸入取引を行えない場合や、輸出地側の事情で、商品の製造者から直接輸入できない場合などです。前者の場合、商社が輸入者となり、後者の場合は、輸出者である商社と取引することになります。

商社は取引に介入することで、**仲介料**を取ります。**その分が商品価格に上乗せされるので、輸出者、輸入者ともに商社利用のメリットがそれでも十分得られるか、よく見極める**必要があります。

# ❶輸出者（商品供給者）が商社を必要とするとき

## ［貿易に不慣れ、または輸出先の情報不足］

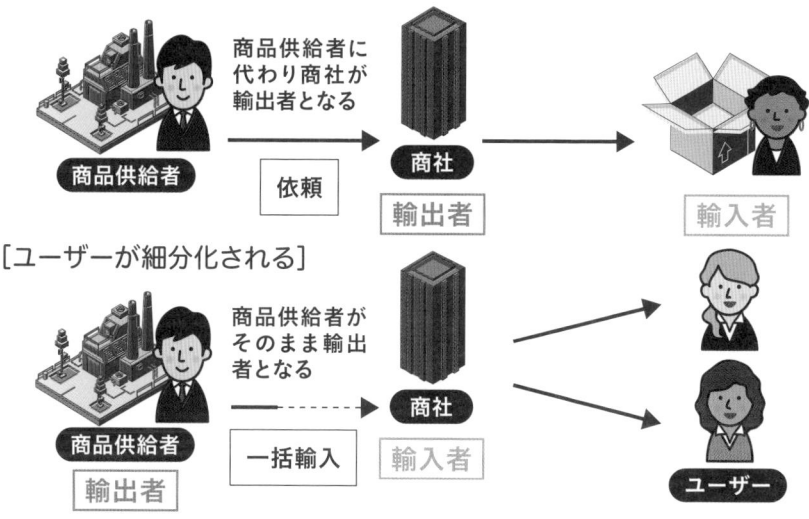

商品供給者
依頼
商品供給者に代わり商社が輸出者となる
商社
輸出者
輸入者

## ［ユーザーが細分化される］

商品供給者
輸出者
一括輸入
商品供給者がそのまま輸出者となる
商社
輸入者
ユーザー

# ❷輸入者（ユーザー）が商社を必要とするとき

## ［輸入者が小規模企業］

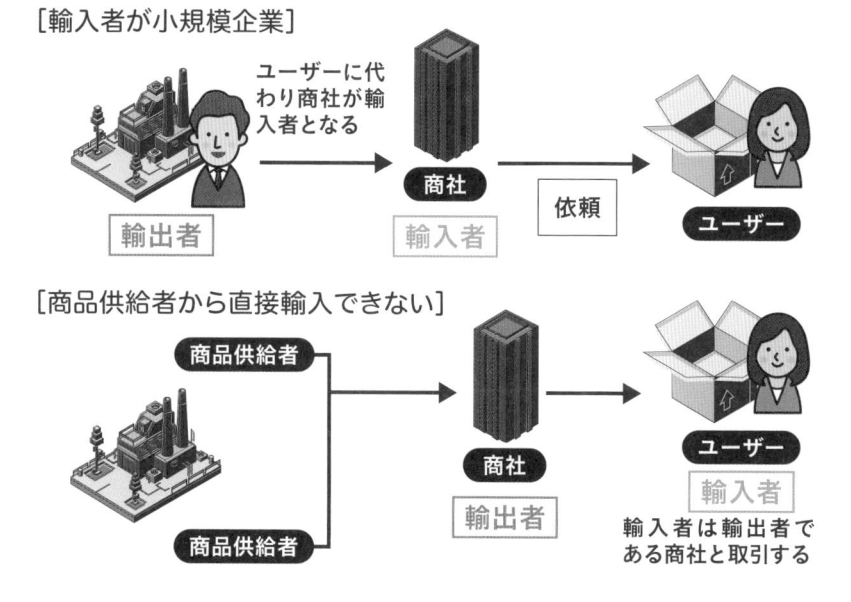

輸出者
ユーザーに代わり商社が輸入者となる
商社
輸入者
依頼
ユーザー

## ［商品供給者から直接輸入できない］

商品供給者
商品供給者
商社
輸出者
ユーザー
輸入者
輸入者は輸出者である商社と取引する

取引・交渉

# オファーを出してもらえる
# 引き合いの出し方

Point! ☑ 引き合いには、オファーに必要な情報をすべて盛り込む
☑ はじめての場合は自己紹介や輸入の理由、背景も説明する

## ▶ 引き合いに欠かせない要素

　輸入者としては、取引をしたい輸出者に対して引き合いを出すので、輸出者がオファーを出しやすい内容の引き合いにする必要があります。**大事なことは、オファーを出すために必要な情報をすべて盛り込むことです。**

　買いたい商品の内容と数量を、輸出者がよく分かるように書きます。その商品を、いつまでに欲しいかも書きます。**船積み時期**、あるいは**納期**の要求です。どこで商品を引き渡すかなどの、受け渡し条件も必須です。

　支払い条件も輸出者が欲しがる情報として欠かせません。価格の条件は、輸出者が最も欲しい情報ですが、輸入者としては、交渉の際の駆け引きとして敢えて書かなくてもよいでしょう。

## ▶ オファーを出してもらうための工夫

　オファーに必要な情報を引き合いの中に盛り込むのは、必要条件であって、十分条件を満たしません。**特に輸出者に初めて引き合いを出すときは、輸入者の自己紹介と、商品を輸入したい理由とその背景を説明することが肝心です**。なぜ特定の輸出者から買いたいかの説明も大事です。

　外国から来るはじめての引き合いに対して、輸出者は慎重になります。引き合いの必然性を感じない限り、オファーをくれないでしょう。輸出者は資料を要求し、さまざまな質問を出してくるかもしれません。たとえ継続的な取引の一環であっても、引き合いを出す際は、輸出者に対して、近況の報告と、前回契約時からの状況変化などを説明する必要があります。

▶ 引き合いの書き方

# ❶引き合い書に必要な項目

| | |
|---|---|
| 引き合い者名(輸入者名) Donpelli Corporation. | |
| 宛先(輸出者名) Casanova International Company | |
| 引き合い参考番号<br>INQUIRY REFERENCE NUMBER<br>123-4567 | 引き合い日<br>DATE OF INQUIRY<br>July20,2020 |
| 商品詳細<br>DESCRIPTION OF COMMODITY(GOODS)<br>Soldering Machine<br>Hyper-X9129 | 数量<br>QUANTITY<br>30 |
| 商品検査方法<br>COMMODITY INSPECTION<br>Seller's inspection prior to shipment shall be final. | 船積み時期※　　納期※<br>TIME OF SHIPMENT　　TIME OF DELIVERY<br>End of December ,2020 |
| 目的地<br>DESTINATION　Port Kelang, Malaysia | 受け渡し条件<br>DELIVERY TERM　CIF |
| 支払い条件と通貨<br>PAYMENT CONDITION & CURRENCY<br>in US$ Irrevocable Letter of Credit payable at sight | オファー提出期限<br>YOUR OFFER TO BE REACHED HERE BY 日付<br>July31,2020 |

※どちらかを記入

# ❷引き合い書以外に輸出者に伝えるべきこと

### はじめての引き合いの場合

・なぜ輸出者を知ったか
・輸入者の自己紹介
・今回商品を輸入したい理由
・商品の使用目的
・今後希望する取引規模

### 継続的に取引している場合

・輸入者の近況と市場状況
・前回の契約内容と違う希望がある場合の理由

## 引き合いに必然性を感じないとオファーはもらえない

# chapter3
# 20
# 戦略を交えた
# オファーの出し方

Point! ☑ はじめての引き合いには慎重に対応する
　　　 ☑ 有効期限付きオファーは最終条件になるので間違いに注意

## ▶ 引き合いの読み方のポイントは

　引き合いを受け取った輸出者は、それに対して応じるかどうかを考えます。商品を誰にでも売りたい場合と、売り先を選別したい場合などで、輸出者の態度は違いますが、はじめての輸入者からの引き合いに対しては慎重になります。なぜ相手は輸入する必要があるのか、輸入者の国内に同じ商品の供給者がいないのか、調べます。

　もし輸入者が新しい会社でなければ、今まではどこから買っていたのか。我が社以外からも買っているのか、我が社から長期的にどのくらいの数量を買いたいのか。輸出者はそれらの疑問を引き合い者に投げかけます。それらに対して**納得のいく返事がもらえれば、その引き合いに対してオファーを出すことになります**。

## ▶ さまざまなオファー戦略

　**オファーの要件は、引き合いの要件に価格が追加されます**。必要に応じて条件を追加したり、新たな条件に書き換えたりすることもあります。通常のオファーには**有効期限**を付けます。最初から契約を取りに行くか、少し様子を見るかといった戦略によって、価格などの条件を変えます。

　買う気の見えない**値探り**的な引き合いと見れば、敢えて高値で応じたり、条件に責任を持たない**再確認条件付きのオファー**を出したりします。有効期限付きのオファーを出す場合、期限内に相手が受けたらそれが**最終条件**になるので、見積もりなどに間違いがないか注意が必要です。

▸ **オファーの書き方**

## ❶引き合い書に対するオファーに書く項目

| | |
|---|---|
| 引き合い者名(輸入者名)→　**輸出者名** | |
| 宛先(輸出者名)→　　**輸入者名** | |
| 引き合い参考番号<br>→　**オファー参考番号**※<br>OFFER RETFERENCE NUMBER | 引き合い日<br>→　**オファー日**<br>DATE OF OFFER |
| 商品詳細<br>→　**希望通り**<br>→　**変更要求** | 数量<br>→　**希望通り**<br>→　**増減要求** |
| 商品検査方法<br>→　**希望通り**<br>→　**変更要求** | 船積み時期あるいは納期<br>→　**輸出者の希望を書く** |
| 目的地<br>→　**なるべく希望通り** | 受け渡し条件<br>→　**なるべく希望通り** |
| 支払い条件と通貨<br>→　**希望通り**<br>→　**変更要求** | 価格：<br>単価　　および　　総額<br>UNIT PLICE　　　　　TOTAL AMOUNT |
| 追加条件<br>ADDITIONAL CONDITIONS | オファー期限<br>OFFER VALIDTY |

※引き合い参考番号も併記

## ❷オファーの種類

| 有効期限付き<br>オファー<br>（ファームオファー）<br><br>➡**通常のオファー** | 再確認条件付き<br>オファー<br>（サブコンオファー）<br>輸入者がオファーを受けても、再度輸出者の承認を得ないと契約できない条件のオファー | 商品数量限定の<br>オファー<br>（先売り御免付きオファー）<br>輸入者がオファーを受ける前に在庫がなくなった場合、オファーは破棄される |
|---|---|---|

### 有効期限付きオファーは期間内に相手が受けると最終条件になる

# chapter3
# 21

# オファーを出す際の
# 価格の見積もり方

☑ オファーを受け取った輸入者の最大の関心は価格条件
☑ はじめのオファーは価格交渉の余地を残しておく

## ▶ 価格はオファーの要

わざわざ外国に引き合いを出す輸入者は、あらかじめ輸出者のことを調べているはずです。輸出者がどの程度の商品を供給できるか、納期にどれだけ時間が掛かるかを、ある程度予測しています。

肝心なのが価格です。国内で買える商品を輸入しようとする場合、価格の安さに期待するところが大きいはずです。そのことを知る輸出者は、輸入者からの**注文**が欲しいときは、魅力ある価格をオファーに盛り込みます。

国内市場が相手なら、全国ある程度は均一な市場と考えます。一方海外市場は、地域によって需給バランスが異なり、**市場価格**にバラツキがあります。輸出者は地域ごとの状況をよく見極め、競争力ある価格を提示する必要があります。

## ▶ 価格見積もりの要点

価格はコスト+**利益**で構成され、その中で一番大きいのが商品コストです。受け渡し条件によりますが、次に大事なのが輸送コストです。特に、重厚長大商品の輸送コストは無視できません。相手に支払い猶予期間を与える場合、**金利コスト**も見積もります。

外国通貨建て取引の場合、**為替のコスト**も大事です。オファー価格の決め方は、商品コストの調整と、上乗せする利益額が思案のポイントです。始めからベスト価格で臨むと、交渉の際の柔軟性に欠ける恐れもあり、ある程度の**価格交渉余地**を残しておくことが必要かもしれません。

▸ **価格の見積もり方**

## ❶コスト要素

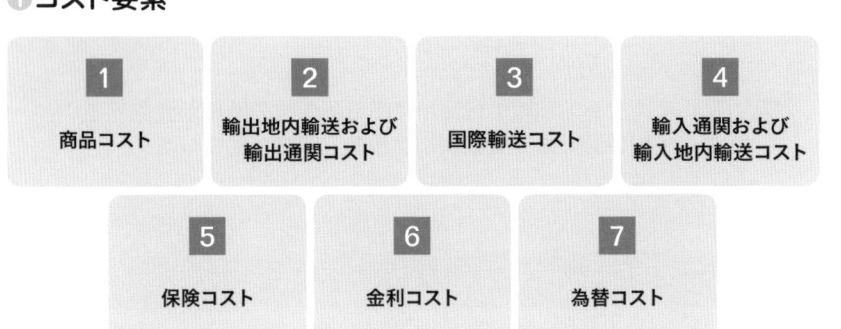

## ❷金利コストの計算

支払い猶予期間を与える場合、**6**の金利コストが発生する

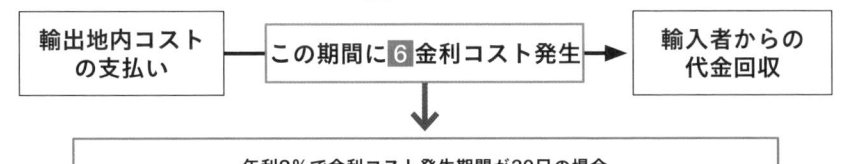

年利2％で金利コスト発生期間が30日の場合

$$金利コスト＝円価格×2％×30／365$$

## ❸価格の計算方法

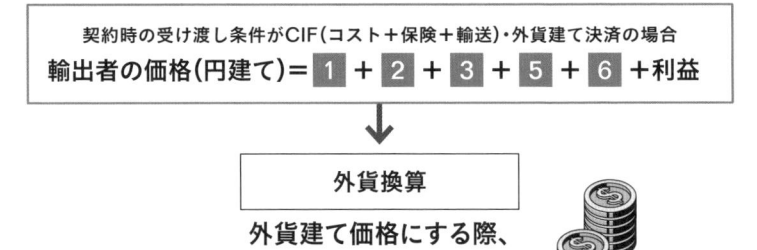

取引・交渉

# オファーのあとの
# 契約に向けた交渉

Point! ☑オファー期限の日時がどの場所の標準時間か注意する
☑引き合い条件変更が出た場合オファーを出し直す

## ▶ オファーに対する輸入者のアクション

　輸出者からのオファーを受け取った輸入者には、いくつかの選択肢があります。期待外れの内容であれば、商談を**打ち切り**ます。期待通りの内容であれば、オファーを**受諾**して、契約手続きへと進みます。オファーの内容に不明な点があれば、輸出者に問い合わせをします。オファー期限内に答えが出せないときは、**オファー期限の延長**を要求します。

　その際、**オファー期限の日時が、どの場所の標準時間なのかに注意が必要です**。より有利な条件で成約に持ち込みたい輸入者は、輸出者に対して対抗条件を提示して、輸出者にオファーの再検討を促します。対抗条件には、輸出者の回答すべき期限を付けたものと、そうでないものがあります。

## ▶ 輸入者の対抗条件を受けた輸出者のアクション

　輸入者がオファーをすぐ受諾してくれたり、商談打ち切りを通告されたりしたときは、それで商談は終了します。しかし、一番多いのが輸入者からさまざまな条件を付けられるケースです。オファー期限の延長要求に対しては柔軟に応じたいところですが、それによって船積み時期や納期の条件が変わることもあるので、その旨を輸入者に通告しなくてはいけません。

　輸入者から受ける対抗条件は主に値引き要求ですが、56ページで解説した価格交渉の余地の範囲内かどうかで、返事が異なるでしょう。**引き合いの条件変更要求が来た場合、オファーの前提が変わるので、新たな条件に基づき再見積もりしたオファーを輸入者に提示します**。

# ❶交渉成立

オファー条件受諾します

ありがとうございます。
契約手続きに移りましょう

輸入者

輸出者

# ❷商談打ち切り

こちらの希望とオファーがまったく合いません

輸入者

# ❸オファー期限延長

オファー期限が短すぎます。
1週間延長してください

了解です。日本時間で10月19日の
午後3時までオファーを延長します

輸入者

輸出者

# ❹対抗条件

オファー価格の10ドル引きなら買います。
こちらの時間の午後3時までに返事をください

対抗条件で返事の期限付きのものを
ファームビットという

輸入者

# ❺オファーの出し直し

最初の引き合いで出した数量を倍にするので、
オファーの再検討をしてください

了解しました。
さっそくオファーを出し直します

輸入者

輸出者

3

取引・交渉 輸出入における交渉

取引・交渉

# 契約後に行う
# サンプル取引の意味

Point! ☑ サンプル取引で双方の考えにズレがないか確認できる
☑ 大量生産しても品質を保てるか確かめる

## ▶ 相互理解を確実にするために

交渉がまとまっても契約を実行に移す前に、サンプル取引を行うことが、貿易取引では多く見られます。**売買する商品に対する理解が、輸出入者双方で合致しているかどうか確認するためです。**

異文化同士の取引であれば、商品の品質などに対する考え方に、ズレがあるかもしれません。商品の実際の受け渡し段階でそのことが判明すれば、それは**商品クレーム**につながりかねません。輸出者は輸入者にサンプルを送り、輸入者が求める商品であることを確認してもらいます。輸入者が求める商品サンプルを輸出者に送る場合もあります。

サンプル取引には無償と有償の場合があり、商品の内容によってさまざまです。

## ▶ 商品規格の有無とサンプル取引

貿易で扱われるすべての商品で、サンプル取引が必要ということはありません。世界的に共通の**規格**があり、その規格内容で商品の条件を規定することができれば、敢えてサンプルで確かめる必要はないでしょう。

しかし規格ではなく、**用途**で商品の条件を規定された場合、**商品が用途に合ったものかどうか、サンプルを送って輸入者に確かめてもらう必要があります。**数個のサンプルが輸入者の要求に合致しても、**大量生産**をしたら要求通りの品質にならない場合もあります。そのような性質の商品は、取引数量を段階的に増やしていくような方法がよいでしょう。

▶ サンプル取引の要・不要

# ❶ サンプル取引が不要な場合(1)

貴社カタログ2638番の商品を
買いたいのですが

輸入者

了解しました

輸出者

# ❷ サンプル取引が不要な場合(2)

国際規格AZ-501番を
買いたいのですが

輸入者

了解しました

輸出者

# ❸ サンプル取引が必要な場合(1)

貴社カタログ2638番の商品を
買いたいのですが

輸入者

2638番は製造していません。
2639番でどうでしょう?

輸出者

└─▶ サンプル取引へ

# ❹ サンプル取引が必要な場合(2)

新製品を作るために
貴社の金属板を買いたいです。
新製品の図面を差し上げます

輸入者

図面だけではわかりにくいので、
製品サンプルをいただけませんか?

輸出者

了解しました。サンプルをお送りします

輸入者

└─▶ サンプル取引へ

# 貿易実務で大事な期限の設定

58ページで、オファーに対して輸入者が出す対抗条件には、**期限付き**のものとそうでないものがあると書きました。もしあなたが輸出者の立場で、輸入者から期限付きでない対抗条件を受けたら要注意です。

たとえば輸入者に、「オファー価格を10パーセント値引きしたら、契約できます」といわれたとします。10パーセントの値引きを即決できない輸出者は、「検討して返事するから、少し待って」と応じ、数日後に10パーセントで受けることを決め、輸入者に回答します。しかし、輸入者は「その後状況が動いたから、10パーセントではダメで、15パーセント値引きしなければ、受けられない」と、返事するかもしれません。

輸入者に10パーセント値引きの対抗条件を提示されたとき、輸出者としては、「その対抗条件はいつまで有効か?」とか、「〇〇日まで待って欲しい」として相手の了解を得るとかの対応をするべきでした。

何らかの条件について、その**有効期限**を付けることは、貿易実務の鉄則です。もちろんこれはビジネス全般にいえることですが、特に文化、習慣や考え方の違う外国人との貿易取引においては、しっかりと心掛けるべきです。

54ページに、オファーの出し方を書きましたが、有効期限を付けないときは、再確認条件を絶対に忘れてはいけません。相手はそれらの条件が無期限に有効と解釈するかもしれません。ビジネス状況の大きく変わった1年後に、相手からオファーを受諾するといわれたら、困ることになるでしょう。

貿易は外国間の取引であるため、定める有効期限の日時が、どの国のどの地域の時間のものかハッキリさせておく必要もあります。たとえば日本とアメリカでは1日近く時差が生じることもあるので、その点を明確にしておかないと、トラブルのもとになるかもしれません。

# chapter 4

取引・交渉 インコタームズと
契約書の内容

輸出入者間での交渉の結果、双方合意に達し
た場合は契約の締結となります。chapter4で
は、契約時に取り交わす契約書に必ず盛り込
む項目や、貿易における世界統一ルールである
インコタームズについて解説します。

# 契約書の作成における基本的な要件

Point! ☑ 契約書はすべての実務の基本になる
　　　 ☑ 長期の契約では変更条件のみの副次的契約書を交わす

## ▶ 契約書を交わす際の基本

　輸出者と輸入者は、交渉の末すべての点で合意すれば、契約書を作成することになります。契約書は**本紙**を2通作成し、輸出入者それぞれが**署名**して、1通ずつ保管することになります。契約の調印後は、契約書の内容に従って、輸出入両者が実務を遂行していきます。実務の遂行が契約書の内容から外れる場合は、相手側にその旨を伝え、相手の了解をとらなければいけません。もしそれを怠れば、**契約違反**となるので、注意が必要です。

　日本人同士でごく親しい間柄で双方の信頼関係が確立している場合は、書面で残さない場合があるかもしれません。しかし、外国が相手の貿易取引においては、**たとえ親しい取引相手でも、合意した事項はすべて書面化して、契約書に盛り込むことが肝心です。**

## ▶ 契約書の種類について

　契約書は、貿易取引が成立するたびに、作成するのが原則です。しかし特定の輸出入者が、**長期に渡って反復的な取引を行っている場合もあります。その際は、毎回契約書を取り交わさない方法もあります。**契約の取り決め事項には、つど取り決めなくても済むような恒常的な条件が多くあるので、それらの点を定めた**基本契約書**を交わします。そして、価格、納期、数量などの変動する部分については、それら条件の更新時に、**副次的な契約書**を取り交わします。副次的な契約書には変動した条件のみを記載し、「**他条件は基本契約書の通り**」といった内容の文言を書き加えます。

▶ 契約書のしくみ

# ❶基本の契約書

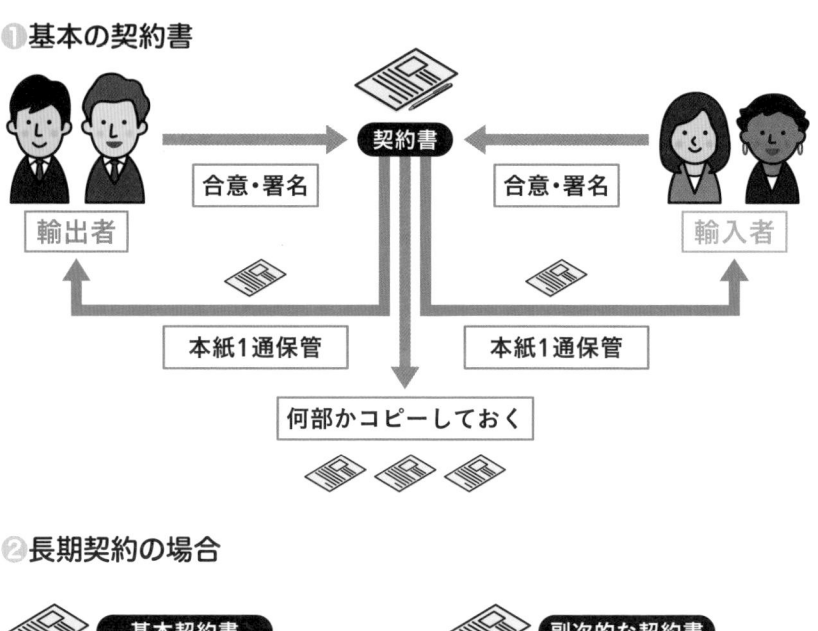

# ❷長期契約の場合

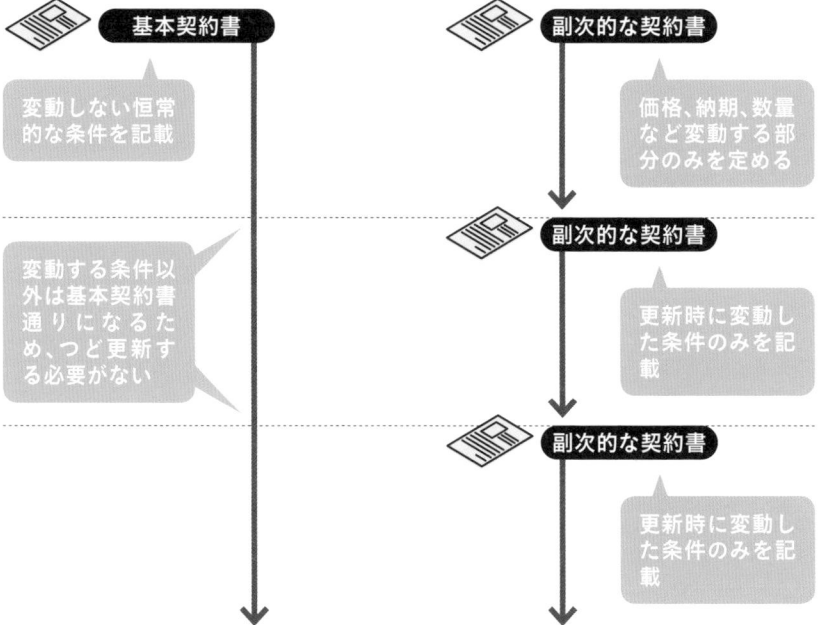

取引・交渉

# 契約書のフォームと
# 盛り込むべき条件

Point! ☑ 該当取引専用の契約書を作ることで揉め事を防ぐ
☑ 契約書には合意した条件と一般条件を書く

## ▶ 契約書のフォームいろいろ

　契約書を結ぶ段になって、輸出入者の間で揉めることがあります。双方が契約書の定型フォームを持っていて、どちらのフォームで契約書を作るかが、揉め事の争点となります。具体的には、輸出者は**販売用の契約書**フォームを持ち、輸入者は**購買用の契約書**フォームを持っている場合などです。

　多くのフォームでは、表面が白紙で、裏面にはどの個別契約にも適用できる恒常的条件が書かれています。これを**裏面約款**といい、その内容には、輸出者、輸入者それぞれが有利になるような条件が含まれていることもあり、そこが輸出入者間で揉める要因です。これを平等にするには、双方が合意した内容をもとに、新たな契約書を作成することです。**大型取引の契約の場合は、通常その取引専用の新たな契約書が作成されます**。

## ▶ 契約書に何を書くか

　契約書の事項は、2種類に大別されます。ひとつが交渉で合意した諸条件で、商品の詳細、価格、受け渡し条件、納期や船積み時期、支払い条件、保険条件など。もうひとつが、**どの契約にも適用される一般条件で、トラブルなどの対処法、法律、国際的な取引慣習に関わることです**。

　輸出入企業のもつ定型フォームの多くは、表面に今回の契約で合意した条件を書き込み（右ページ参照）、裏面には一般条件（裏面約款）が印刷してあります（98ページ参照）。非定型の契約書の内容はさまざまですが、書き出しの部分や多くの一般条件の文言は共通のものが多く見られます。

▶ **契約書の表面定型フォームの例**

## CASANOVA INTERNATIONAL COMPANY

××-1522,6476 ○○, Tonegawa, Ibaraki, Japan
Phone:0297-△△-4444 URL:http://www.casainnn△△.com.

## SALES CONTRACT SHEET

| Seller's Name & Address　輸出者情報<br>Casanova International Company<br>1522,6476, ○○, Tonegawa, Ibaraki,<br>Japan | Sales Contract Number<br>契約番号 | Date od Contract<br>契約日 |
|---|---|---|
| Buyer's Name & Address　輸入者情報<br>Donpelli Corporation.<br>△△ Extension, Kunboung, Malaysia | REIEX-MN2 | September16,<br>2020 |

| Shipping Mark<br><br>荷印 | Commodity Description<br><br>商品詳細 | Quantity<br>(No. of unit)<br>数 | Price<br><br>単価 | Total Amount<br><br>価格 |
|---|---|---|---|---|
| DONP<br>S-MAC<br>PP-23<br>CASE no<br>KASHIMA<br>P-KLG | Soldering Machine<br>Hyper-X9129<br><br>Details as per<br>CASANOVA's catalogue<br>for Hyper-X9129 | 30 | (in US$)<br>CIF<br>Port Kelang<br>US<br>$1,240<br>per unit | (in US$)<br>37,200 |
| | | | | Total Contract Amount<br>CIF Port Kelang<br>US$37,200 |

| Time of Shipment　船積み時期<br><br>End of December ,2020 | Port of Shipment　輸出港<br><br>Kashima, Japan |
|---|---|
| Inspection　検査<br><br>Seller's inspection prior to shipment shall<br>be final. | Port of Destination　輸入港<br><br>Port Kelang, Malaysia |
| Marine Insurance　海上保険<br><br>All Risks & WAR SRCC covering 110% of<br>Invoice Value to be covered by the seller | Packing　梱包<br><br>by wooden case as per CASANOVA's<br>export standard packing |
| Payment　支払い<br><br>By Irrevocable Letter of Credit payable at<br>sight to be opened by October 5,2020. | Other terms and conditions　その他契約事項<br><br>Mentioned on the back hereof<br>（日訳：他条件は裏面に記載＝裏面約款） |
| 輸入者署名<br>**Buyer:**<br>for Donpelli Cop.<br>**SIGNED** | 輸出者署名<br>**Seller:**<br>for CASANOVA INTERNATIONAL CO<br>**SIGNED** |

**4**

取引・交渉　インコタームズと契約書の内容

67

# chapter4 26 インコタームズは 貿易の世界統一ルール

( Point! ) ☑ インコタームズは受け渡し条件の世界統一ルール
☑ インコタームズを適用するかどうかは当事者次第

## ▶ インコタームズは貿易実務の基礎

　インコタームズは、1936年に**国際商業会議所**によって作られた、貿易取引に関わる統一ルールで、世界中で使われてきました。世界情勢の変化とともに、貿易取引の方法も多様化し、それに合わせてインコタームズの内容も更新されています。近年インコタームズは、10年ごとに見直されています。ここ最近の改訂時は2000年、2010年、2020年で、2020年1月1日よりは、**インコタームズ2020**が適用されています。次回の改訂時は、2030年になる予定です。

　インコタームズでは、貿易取引で売買される商品の受け渡し条件を規定します。インコタームズは世界的ルールではありますが、**適用するかどうかは貿易取引当事者の裁量に任されているので、ルール適用の場合は、その旨を契約書などに記載する必要があります**。

## ▶ インコタームズは受け渡し条件を規定する

　インコタームズは、**貿易取引における、輸出者と輸入者の商品の受け渡し条件を規定しています**。外国との取引である貿易は、売り手と買い手双方の認識の違いから、トラブルが生じる可能性があります。それを避けるために考え出された、受け渡し条件の世界統一ルールがインコタームズです。

　貿易取引においては、輸出者が商品を準備して、輸入者に渡します。商品の渡し場所や、そこまで運ぶ輸送の手配、輸送中の危険を補うための保険の手配をどちらが負担するのかなどを定めるのが受け渡し条件です。

▸取引をスムーズにする

# ❶インコタームズとは

貿易取引における受け渡し条件の統一ルール。強制力のない任意規則

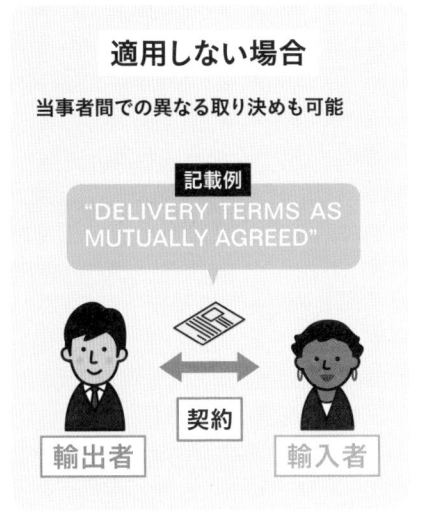

| 適用する場合 | 適用しない場合 |
|---|---|
| インコタームズ適用の旨を契約書などに記載 | 当事者間での異なる取り決めも可能 |

記載例
"DELIVERY TERMS AS PER INCOTERMS 2020"

記載例
"DELIVERY TERMS AS MUTUALLY AGREED"

輸出者　契約　輸入者

輸出者　契約　輸入者

# ❷インコタームズの変遷

受け渡し条件をめぐるトラブルが少ないのは、インコタームズのおかげ

| 1936年 | 国際商業会議所(ICC)が作成 |
|---|---|
| 1980年 | 以降10年ごとに改定される |
| 2010年 | 条件の数が13から11に変更 |
| 2020年 | 現行で適用されているインコタームズ |
| 2030年 | 次回改訂予定 |

# chapter4 27 インコタームズの定める 受け渡し条件

Point! ☑ インコタームズにおける受け渡し条件は大きく4種類
☑ どちらが費用負担や危険責任を被るかを定める

## ▶ インコタームズの規定する受け渡し条件

インコタームズの定める受け渡し条件は、**大きく4つに分かれます**。

輸出者は商品を準備して、輸出ポイントである港や空港に運びますが、この輸出地内における商品輸送ルートの中で、2つの受け渡し条件に分かれます。**1つが商品出荷ポイントとなる輸出者の施設(工場、倉庫など)での受け渡し、もう1つが港や空港などの輸出ポイントでの受け渡しです**。

一方、輸入地では輸入ポイントを経て輸入者指定の場所まで運ばれます。この輸入地での商品輸送ルートの中で定められている受け渡し条件は、**1つは輸入ポイント、もう1つは輸入者の指定する輸入地内の特定場所での受け渡しとなります**。

## ▶ インコタームズにおける費用負担と危険責任

一般的に商品の受け渡し場所までの輸送費用は輸出者負担、以降は輸入者負担となりますが、**インコタームズには、輸出者が輸送する途中で発生する保険や通関費用を、輸入者が負担する条件もあります**。また、輸出者が輸送する途中における商品損傷の危険責任を輸入者が負う条件もあります。

危険責任をもつ者は、商品が輸送途中に損傷した場合、保険会社に対してクレームの手続きをする責任があります。さらに、受け渡し場所での輸送手段からの商品荷卸しをどちらが行うべきかも規定されています。また、受け渡し条件には、陸海空の輸送手段に適用されるものと、船舶輸送のみに適用されるものがあります。

▶受け渡し条件

# ❶受け渡し条件は4つに大別

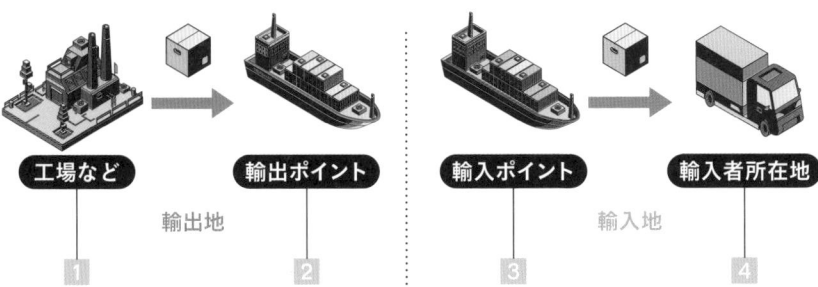

| 工場など | 輸出ポイント | 輸入ポイント | 輸入者所在地 |

輸出地　　　　　　　　　　　　　　　　輸入地

1　　　　　2　　　　　3　　　　　4

※これは図中の番号説明です

> 1〜4をポイントとする受け渡し条件がある
> 受け渡し条件には、海陸空輸送に適用するものや、船舶輸送のみに適用するものなどがある

# ❷費用負担と危険責任

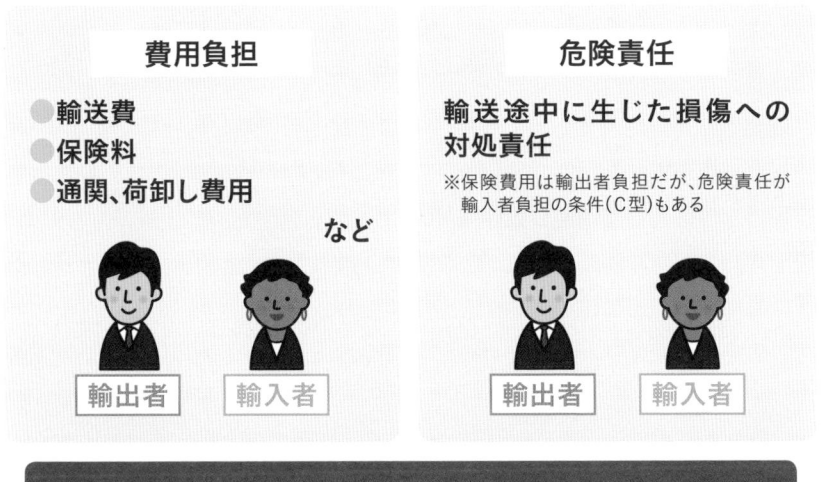

| 費用負担 | 危険責任 |
|---|---|
| ●輸送費<br>●保険料<br>●通関、荷卸し費用<br>　　　　　　　　　　など | 輸送途中に生じた損傷への対処責任<br>※保険費用は輸出者負担だが、危険責任が輸入者負担の条件（C型）もある |
| 輸出者　　輸入者 | 輸出者　　輸入者 |

**受け渡し条件では費用負担と危険責任の負担範囲を細かく規定**

# chapter4 28

# インコタームズの
# 輸出地側での受け渡し条件（Ⅰ）

Point! ☑ 輸出地における受け渡し条件は2種類
☑ 輸出者の指定する場所で受け渡すEXW条件

## ▶ 輸出者は商品準備だけすればよい条件

　70ページで、輸出地における受け渡し条件は2つに分かれることを書きました。輸出者の指定する場所で受け渡す条件と、輸出ポイント（港や空港）で受け渡す条件です。この条件では、商品の準備は輸出者の責任ですが、商品受け取り以降の責任は輸入者に移ります。**輸入者所在地までの輸送費や保険料、途中生じるかもしれない商品損傷に対する危険責任、すべて輸入者が負うことになります。**

## ▶ 工場渡し条件の概要と注意点

　輸出者は商品を準備して、工場や倉庫などに受け渡し場所を指定します。輸入者は指定された場所で商品を受け取り、輸入地まで運びます。このような受け渡し条件が**工場渡し条件(EXW)**で、渡し場所が特に工場でなくても、輸出地内の適当な場所であればこの条件は適用されます。輸出者にとっては楽な条件で、いわば国際宅急便を利用するのと同じです。

　この条件は海陸空どの輸送手段にも適用されますが、国際複合一貫物流業者（16ページ参照）が手がけるドアトゥドアサービスを利用した、航空機輸送に多く利用される条件です。この条件では輸入者が輸出申告を行うことになりますが、輸入者の依頼するフォワーダーが輸入者名義で代行することが可能です。これは日本からの輸出の場合ですが、輸入者が日本側の場合、**日本での輸出申告のように、輸出国で輸入者（非居住者）名義の輸出が可能かどうか**、あらかじめ確認しておく必要があります。

▸ 工場渡し条件

# ❶工場渡し条件における費用と責任の負担

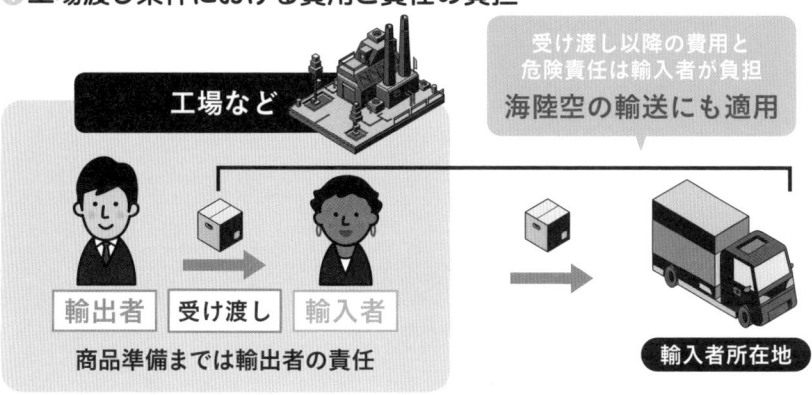

受け渡し以降の費用と
危険責任は輸入者が負担
**海陸空の輸送にも適用**

工場など

輸出者 | 受け渡し | 輸入者

商品準備までは輸出者の責任

輸入者所在地

# ❷輸入者名義の輸出が可能か注意する

[日本からの輸出の場合]

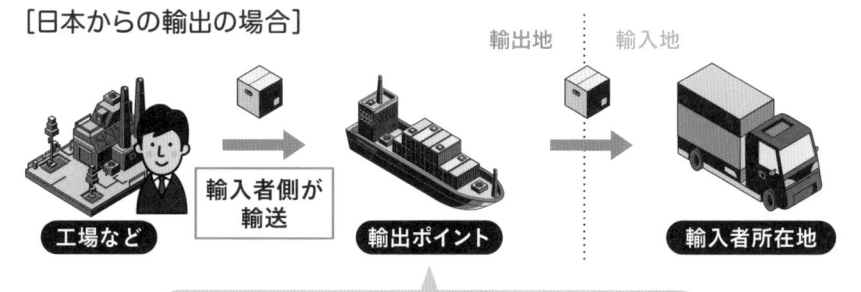

輸出地　輸入地

工場など

輸入者側が
輸送

輸出ポイント

輸入者所在地

フォワーダーが輸入者名義で輸出手続き代行**可能**

[日本への輸入の場合]

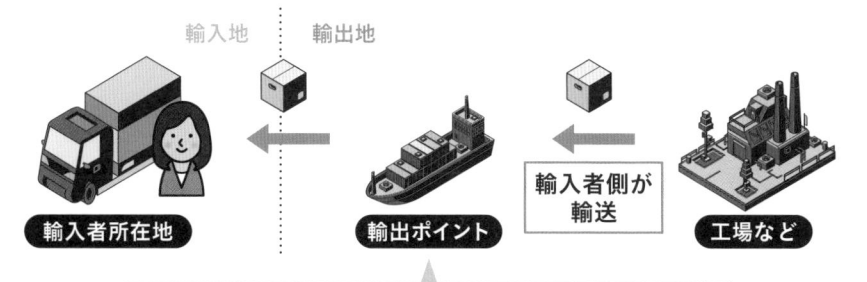

輸入地　輸出地

輸入者所在地

輸出ポイント

輸入者側が
輸送

工場など

その国において輸入者名義での輸出手続きが可能か**要確認**

# インコタームズの
# 輸出地側での受け渡し条件（Ⅱ）

(Point!) ☑ 輸出ポイントでの受け渡し条件は3種類
☑ 商品引き渡し以降のすべての責任は輸入者負担

## ▶ 輸出ポイントにおける受け渡し条件の基本事項

　輸出地側でのもうひとつの受け渡し条件は、輸出者が商品を国際港や国際空港まで運んで輸出通関を済ませたところで、輸入者の手配する輸送手段に商品を渡す条件で、さらに3種類に分けられます。

　輸出ポイントからの輸送手段は、**最終目的地まで輸入者が手配とその費用を負担すると同時に、商品引き渡し以降の危険責任も負担します**。

　また、海上保険は通常、商品貨物が輸出者の所在地を出発して以降の輸送リスクをカバーしますが、この保険を掛けるのも輸入者です。

## ▶ 輸出ポイントでの受け渡し条件(F型)は3種類ある

　1つ目は、**FOB（本船持ち込み渡し）**です。輸出港で輸入者の手配した本船（外航船）に、輸出者が商品を積み込むまで責任を持つ条件で、海上輸送のみに適用される在来船輸送の条件です。またFOBは、**日常の実務現場では、F型の総称としてもよく使われています**。

　2つ目は、**FAS（船側渡し）**です。輸出者が商品を、輸入者の手配した本船の船側まで運んで受け渡す条件です。商品の本船への積み込み以降の費用と責任は輸入者負担となります。これも在来船の海上輸送のみ適用です。

　3つ目は**FCA（運送人渡し）**で、陸海空輸送どれにも適用されるコンテナ輸送のための受け渡し条件です。輸出者は商品を輸出ポイントにある**コンテナヤード**まで運び、以降は輸入者側の手配した輸送手段に受け渡します。

74

▸F型の受け渡し条件

## ❶FOB［本船積み込み渡し］(FREE ON BOERD)

輸出港で本船に商品を積み込むまで輸出者が責任を持つ条件
## 在来船の海上輸送のみ適用される

## ❷FAS［船側渡し］(FREE ALONGSIDE SHIP)

本船の船側まで輸出者が運び、以降輸入者が責任を持つ条件
## 在来船の海上輸送のみ適用される

## ❸FCA［運送人渡し］(FREE CARRIER)

輸出者が輸出ポイントのコンテナヤードまで運び、以降輸入者が責任を持つ条件
## 陸海空輸送どれにも適用される

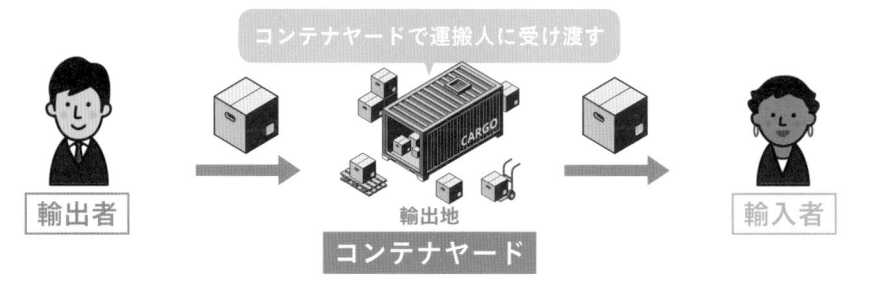

# インコタームズの
# 輸入地側での受け渡し条件（Ⅰ）

Point! ☑ 輸入ポイントでの受け渡し条件をC型という
☑ C型は輸入ポイントまでの輸送費用を輸出者が負担する

## ▶ 輸入ポイント受け渡し条件の基礎事項

　　**輸入ポイントでの受け渡し条件はC型とも呼ばれ、その共通点は輸入ポイントまでの輸送を輸出者が手配し、その費用を負担することです。**

　しかし、危険責任は輸出港で輸送者に貨物が引き渡されて以降は輸入者に移り、貨物損傷に対する保険求償手続きは、輸入者の仕事となります。

## ▶ C型受け渡し条件の種類

　C型はもっとも種類が多い受け渡し条件です。

　１つ目は、**CIF（運賃・保険料込み）**です。在来船の海上輸送だけに適用される条件で、輸入港までの輸送、保険を輸出者が負担します。商品貨物の荷卸しも輸出者（実際は船会社）負担で、港の岸壁で輸入者に受け渡されます。

　２つ目は、**CFRあるいはC&F（運賃込み）**です。上記CIFとは、保険を輸入者が負担する点が異なります。

　３つ目は、**CIFFO及びCFRFO（C&FFO）**です。CIF、CFR（C&F）とは、輸入港での荷卸しを輸入者側で負担する点が異なります。不定期船の輸送に適用される条件で、FOはFree Outの略です。

　４つ目は、**CIP（運賃・保険料込み）**です。海陸空それぞれのコンテナ輸送に適用される条件で、輸入ポイントのコンテナヤードで受け渡しが行われます。

　５つ目は**CPT（運賃込み）**で、CIPと異なるのは、保険を輸入者が負担する点です。

▶ C型の受け渡し条件

# ❶CIF［運賃・保険料込み］と❷CFR［運賃込み］
(CIF＝COST INSURANCE FREIGHT、CFR＝COST FREIGHT)

**輸出港以降の危険責任は輸入者が負担する**
## 在来船の海上輸送のみ適用される条件

| | |
|---|---|
| CIF | 保険は輸出者が負担 |
| CFR(C&F) | 保険は輸入者が負担 |

港の岸壁で受け渡す

輸出者　　　　輸入港　　　　輸入者

# ❸CIFFO［CFR(C&F)FO］ (FO＝FREE OUT)

❶、❷との違いは輸入港での荷卸しの費用が輸入者負担
## 不定期船の輸送に適用される

本船内で受け渡す

輸出者　　　　輸入港　　　　輸入者

# ❹CIP［運賃・保険料込み］と❺CPT［運賃込み］
(CIP＝CARRIAGE AND INSURANCE PAID TO、CPT＝CARRIAGE PAID TO)

**輸出港以降の危険責任は輸入者が負担する**
## 陸海空輸送どれにも適用される

| | |
|---|---|
| CIP | 保険は輸出者が負担 |
| CPT | 保険は輸入者が負担 |

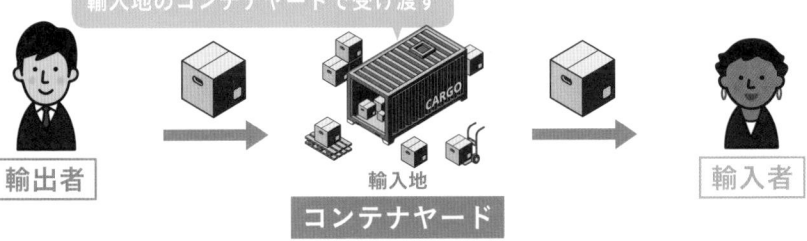

輸入地のコンテナヤードで受け渡す

輸出者　　　　輸入地　　　　輸入者
コンテナヤード

# chapter4 31 インコタームズの 輸入地側での受け渡し条件（Ⅱ）

Point! ☑ D型は輸入通関後に輸入国内に入ってから受け渡す条件
☑ DPUはインコタームズ2020で新設された条件

## ▶ 輸入国の中まで運ぶ受け渡し条件

　輸入ポイントでの通関後の輸入国内で受け渡す条件をD型と呼びます。**輸出国内で受け渡すEXW（72ページ参照）に相対する条件で、受け渡し場所までの輸送及び保険は輸出者負担となり、貨物の危険責任も輸出者が負います**。海陸空どの輸送手段にも適用されますが、ドアトゥドアサービスの航空機輸送が主流の条件です。

## ▶ D型受け渡し条件の種類

　D型の受け渡し条件は3種類あります。

　1つ目は、**DDP**（**関税込み持ち込み渡し**）です。輸出者が輸入関税を払って輸入者まで運ぶ条件です。受け渡し場所での貨物荷卸しは輸入者の負担になります。

　2つ目は、**DAP**（**仕向地持ち込み渡し**）です。輸出者が輸入者まで運びますが、関税支払いと受け渡し地での荷卸しは輸入者が負担します。

　3つ目は、**DPU**（**仕向地荷卸し渡し**）です。輸出者が輸入者まで運び、貨物荷卸しも輸出者負担ですが、関税は輸入者が負担する条件です。DPUはインコタームズ2020で新設されました。2010年版にはDAT（ターミナル持ち込み渡し）という条件がありましたが、ターミナルの定義が曖昧で（鉄道駅や道路なども含む）、またC型との混同もあって、廃止されました。そのため、**インコタームズ2010から2020への主な変更点は、DATの廃止とDPUの新設に絞ることができます**。

▸ D型の受け渡し条件

# ❶ D型の受け渡し条件の共通点

受け渡し場所までの輸送及び保険、危険責任のすべてを輸出者が負担する
## 海陸空どの輸送手段にも適用される

通関後の輸入国内で受け渡す

輸出者　　　輸入港　　　輸入者

# ❷ D型の受け渡し条件の相違点

| 条件 | 輸入通関費用負担 | | 荷卸し負担 | |
|---|---|---|---|---|
| | 輸出者 | 輸入者 | 輸出者 | 輸入者 |
| DDP (DELIVERED DUTY PAID) | ○ | | | ○ |
| DAP (DELIVERED AT PLACE) | | ○ | | ○ |
| DPU (DELIVERED AT PLACE UNLOADED) | | ○ | ○ | |

# ❸ インコタームズ2020の全受け渡し条件

## インコタームズ2020

| E型 | F型 | C型 | D型 |
|---|---|---|---|
| EXW<br>工場渡し | FCA<br>運送人渡し<br><br>FAS<br>船側渡し<br><br>FOB<br>本船渡し | CPT<br>輸送費込み<br><br>CIP<br>輸送費・保険料込み<br><br>CFR(C&F)※<br>運賃込み<br><br>CIF※<br>運賃・保険料込み | DAP<br>仕向地持ち込み渡し<br><br>DPU<br>仕向地荷卸し渡し<br><br>DDP<br>関税込み持ち込み渡し |

※荷卸し輸入者負担のCIFFO、CFR(C&F)FOもある

取引・交渉

# L／C決済のしくみと 基本的な機能

Point! ☑ L／C決済は代金回収が確実な決済条件
☑ L／Cを発行するには輸入者に手間と費用が掛かる

## ▶ L／Cは輸出者にとって安全な決済条件

決済条件（支払い条件）は受け渡し条件と並び、契約の基本を成す条件です。貿易取引の基本的な決済手段には、送金と、荷為替手形という**取り立て手形**による2つの方法があります。

送金決済は、輸出者あるいは輸入者どちらかにリスクが偏ります。一方、荷為替手形決済は、輸出者が船積み書類を添えて手形を組み、銀行を経由して船積み書類と引き替えに代金を取り立てる方法です。

輸入者は商品の受け取りに船積み書類が必要なので、代金を払う（手形を決済する）必要がありますが、代金を支払わらずに船積み書類を受け取れる条件もあります。その点、**L／C決済では輸入者の手形決済が義務化されており、輸出者にとっては代金回収の確実な決済条件といえます。**

## ▶ L／C決済では、銀行が支払いを保証する

L／Cは、輸入者の依頼に基づき、輸入地の銀行が輸出者に対して、支払いを保証する旨を約束した一種の手紙で、日本語だと**信用状**です。輸入者が荷為替手形決済不能となったときでも、**L／Cの発行銀行が輸入者に代わって代金支払いを保証**してくれます。L／Cは**輸出地の銀行**を経由して、輸出者に届けられます。

L／Cは輸出者にとっては好ましい決済条件ですが、**輸入者のL／C発行依頼に対して輸入地の銀行がさまざまな条件を付けることもあり、輸入者にとっては手間と費用の掛かる決済条件**ともいえます。

▸L／C発行のしくみ

# ❶船積み前の手順

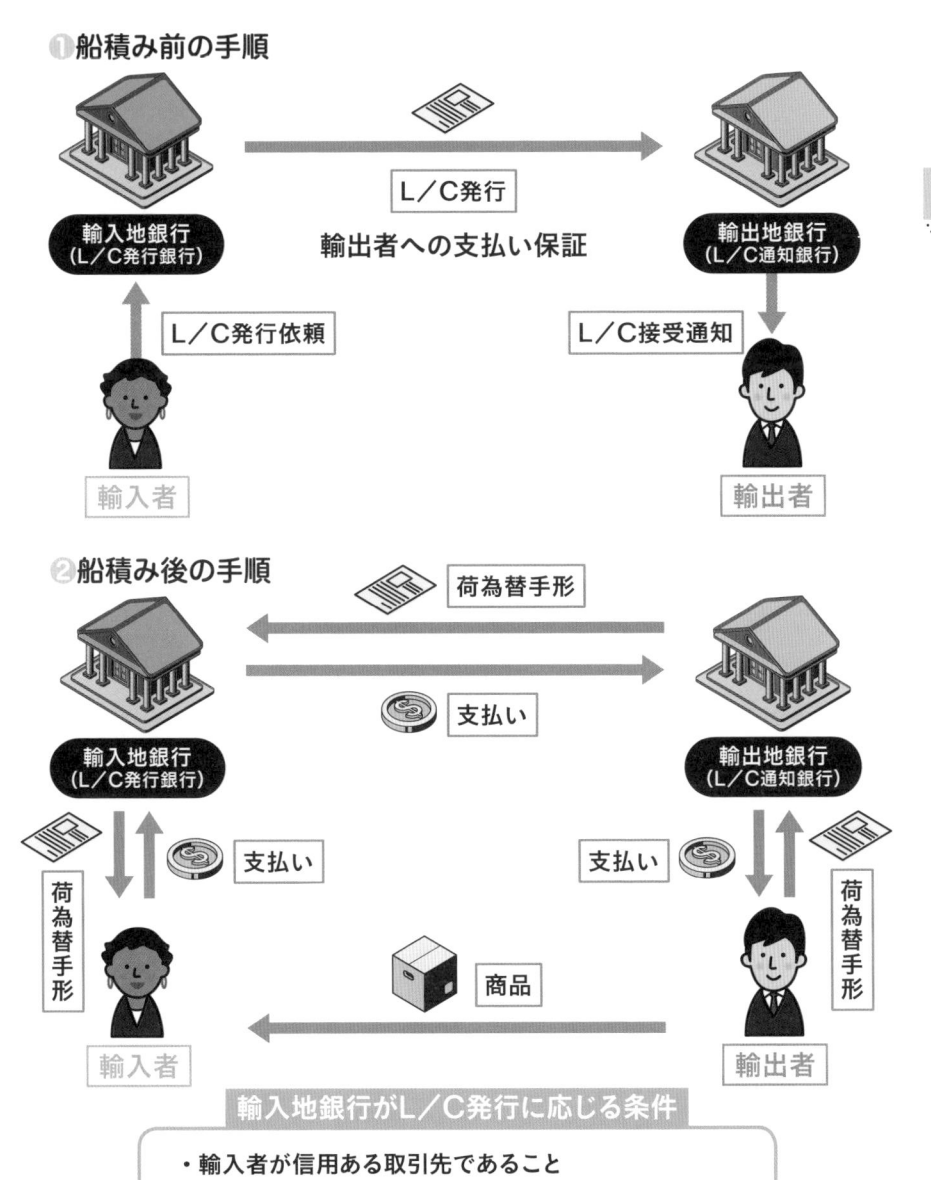

L／C発行
輸出者への支払い保証

輸入地銀行
（L／C発行銀行）

L／C発行依頼

輸入者

輸出地銀行
（L／C通知銀行）

L／C接受通知

輸出者

# ❷船積み後の手順

荷為替手形

支払い

輸入地銀行
（L／C発行銀行）

支払い

荷為替手形

輸入者

輸出地銀行
（L／C通知銀行）

支払い

荷為替手形

商品

輸出者

## 輸入地銀行がL／C発行に応じる条件

・輸入者が信用ある取引先であること
・L／C発行依頼金額が輸入者の与信枠内であること
・L／C発行に関する諸費用を輸入者が負担すること

81

# chapter4
# 33

# L／Cを受け取ったら
# 何をチェックすればよいか

Point! ☑ L／Cの内容通りに荷為替手形を準備する
☑ L／Cの金額、船積み期限など、問題の有無を確認する

## ▶ L／C内容の確認

　L／Cは輸出者にとって安全な決済条件ではありますが、そこに書かれてた**要求通りに荷為替手形を作成、提示しなくては、代金の支払いを受けられません**。契約条件通りの商品を契約通りのタイミングで、輸入者に送ることが求められています。そのための商品の船積み期限や、荷為替手形の提示期限が、L／Cの中に規定されているのです。荷為替手形に添付すべき船積み書類の内容や枚数も規定されており、輸出者はL／Cの指示通りに準備する必要があります。

## ▶ 輸出者はL／Cの何をチェックするか

　**L／Cを受け取った輸出者は、内容をよく調べる必要があります**。契約通りのL／Cを受け取ったことを確認できれば、輸出者は安心して商品の準備を始められます。

　輸出者のL／Cチェックポイントは、次の3点です。①**L／Cの金額**が、契約で決めた価格通りになっているか。②L／Cに記載された**船積み期限**（あるいは納期）が、契約通りになっているか。また**L／Cの期限**が、荷為替手形の作成、提示に必要な期間（国際的L／C統一規則では、船積み後21日）をもって設定されているかどうか。③荷為替手形に添付すべき船積み書類の規定が、輸出者が揃えるにあたり、問題がないかどうか。

　もし、L／C内容に何らかの問題があれば、輸出者は輸入者に対して**L／C内容の変更**を要求する必要があります。

▶ **L／Cのひな形**

---

# NIHONBASHI BANK
## IRREVOCABLE LETTER OF CREDIT（取消不能信用状）

* L/C Number: NBA2034-2（L／C番号）

* From Nihonbashi Bank , Tokyo, Japan（発行銀行）

* Destination SWIFT: OBININBB（90ページ参照）

* Advising Bank: The Bank of Elephant, Central Office, Bangalore, India（通知銀行）

* Issuing Date: August 17th, 2020（発行日）

* Issuing Place: Tokyo, Japan（発行地）

* Expiry Date & Place: November 24th, 2020 at the Beneficiary's Country（期限と場所）

* Applicant: SHINAGAWA TRADING COMPANY LTD.（発行依頼人（輸入者））
　　　　△-△-△，○○, Shinagawa-ku, Tokyo, 105-0321Japan

* Beneficiary: Spicy Manufacturing Company LTD.（受益者（輸出者））
　　　　△△ Road, Bangalore 560 982 India

* Amount: EUR 90,000.00 (Ninty Thousand Euro Only)（L／C金額）

* Draft: at Sight by Negotiation at the Advising Bank for full Invoice Value.
（荷為替手形銀行は通知銀行にて一覧払いで全額買い取られる）

* Drawn on: Nihonbashi Bank Head Office, Tokyo with SWIFT of BYLLJPJT
（荷為替手形の宛先は、発行銀行である日本橋銀行本店とすべし）

* Documents Required:　　　+ Sigened Commercial Invoice in 3copies indicating Credit No.
　　　　　　　　　　　　　+ Full set of Clean on Board Ocean Bills of Lading made out to order of Shipper
　　　　　　　　　　　　　　and Blank Endorsed and marked Freight Collect and Notify Accountee
　　　　　　　　　　　　　+ Packing List in 3copies
　　　　　　　　　　　　　+ Certificate of Origin in one copy（要求される船積み書類と枚数）

* Shipping Goods:　　　　　Trade Terms:FOB Chennai(INCOTERMS2020)
  Commodity　　　　　　　Quantity　　Unit Price　　　　Amount
  Pulverized Machine SPICY-2　30　　　EUR3,000.00　　EUR90,000.00
　　　　　　　　　　　　　（商品明細（船積み書類にそのまま記載））

* Partial Shipment: Not Allowed（分割積みは禁止）

* Transhipment: Not Allowd（積み換えは禁止）

* Shipment: From Chennai, India（船積み港）

* Shipment to: Yokohama, Japan（陸揚げ港）

* Latest Shipment: November 3rd, 2020（船積み期限）

* Period: Documents to be presented within 21days after the Date of Shipment but within the Validity of
  the Credit.（銀行買い取り期限）

* Charges: All Banking Charges outside Japan are for account of the Beneficiary.
（日本以外でかかる諸経費はすべて輸出者負担）

* Additional Conditions: Insurance is to be effected by the Applicant.（付保は輸入者責任）

* Confirmation: without（第三者の確認は付けない）

* Bank to Bank: Subject to the U.C.P. 2007 Revision I.C.C. Publication 600.
（銀行間やり取りは信用状統一規則に従う）

* Reimbursement Bank: BANCO APPENNINO de TOSCANA, Firenze, Italy（84ページ参照）

# chapter4
# 34
# L／C通知銀行の決め方と
# L／Cの決済方法

Point! ☑ 通知銀行は通常、発行銀行と提携関係の銀行が選ばれる
☑ ユーザンスL／Cという、支払い猶予付きL／Cもある

## ▶ L／Cの実務で知っておくべきこと

L／Cは輸入者の申請に基づき、輸入地の銀行が開きますが、**L／Cは輸出者に直接送らず、輸出地の銀行を経由して送ります**。L／Cを受け取る輸出地の銀行を**L／Cの通知銀行**と呼び、通常、L／C発行銀行と送金などで提携関係にある銀行（**コルレス銀行**）が選ばれます。

また輸出者が、通知銀行を指定する場合や、通知銀行とL／C発行銀行との間の決済に、当該貿易取引決済に使われる通貨を発行する国の銀行を経由させる場合もあります。たとえば日本と中国のユーロ建て取引の場合、日中銀行間決済を**ユーロ発行国の銀行**（REIMBURSEMENT BANK）が仲介します。L／Cの銀行間取引には国際間共通のルールがあり、それは国際商業会議所（ICC）作成の**信用状統一規則**で、状況に応じて改訂されます。

## ▶ 輸入者とL／C発行銀行の決済について

通常のL／C決済では、輸入者はL／C発行銀行の荷為替手形提示に応じて手形決済し、船積み書類を受け取ります。これが**一覧払いL／C**です。

そのほかに、**銀行が輸入者に支払い猶予を与える条件の荷為替手形もあります**。輸入者が支払い猶予を受ける間、輸入地に届いた商品は銀行の**担保物権**となり、輸入者は銀行に、**輸入担保荷物保管証**と、支払い猶予期日（満期）に支払う旨を確約する**約束手形**を差し入れます。このようなL／C発行銀行の輸入者に対する与信行為を**ユーザンス**と称し、そのような条件のL／Cを、ユーザンス付きL／Cと呼びます。

▸L／Cの詳細

# ❶L／C決済における銀行間取引

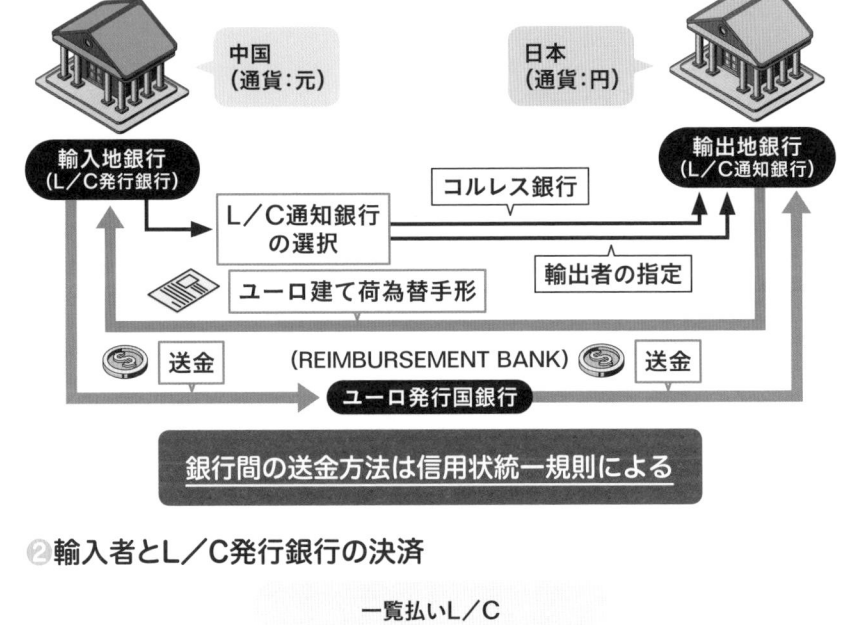

中国
(通貨:元)

日本
(通貨:円)

輸入地銀行
(L／C発行銀行)

輸出地銀行
(L／C通知銀行)

コルレス銀行

L／C通知銀行
の選択

輸出者の指定

ユーロ建て荷為替手形

送金　(REIMBURSEMENT BANK)　送金

ユーロ発行国銀行

**銀行間の送金方法は信用状統一規則による**

# ❷輸入者とL／C発行銀行の決済

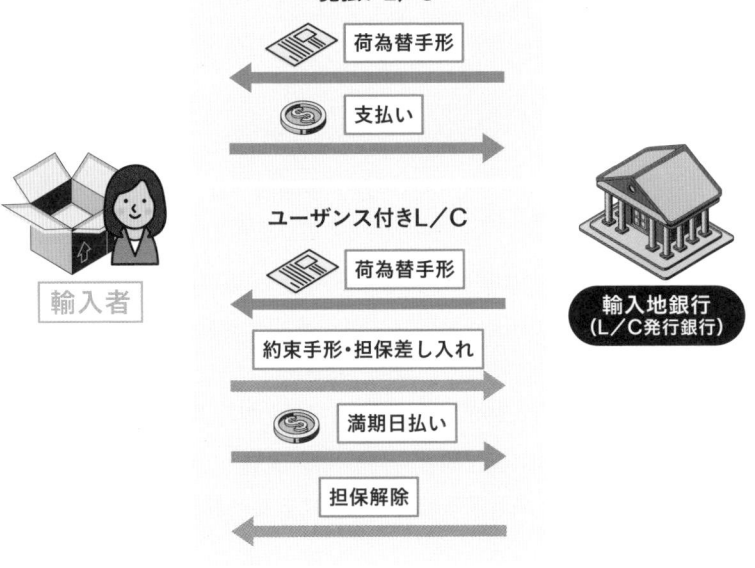

一覧払いL／C

荷為替手形

支払い

輸入者

ユーザンス付きL／C

荷為替手形

約束手形・担保差し入れ

満期日払い

担保解除

輸入地銀行
(L／C発行銀行)

4

取引・交渉 インコタームズと契約書の内容

85

# chapter4
# 35
# L／Cを伴わない
# 取り立て決済

Point! ☑ B／CはL／Cの伴わない荷為替手形決済
☑ B／Cにはリスクの低いD／Pとリスクの高いD／Aがある

## ▶ B／CとL／Cの違いについて

　L／Cを伴わない荷為替手形決済に、**取り立て決済（B／C決済）**があります。L／C決済では、輸入者が決済できなくても、L／Cの発行銀行が代金の支払いを保証してくれましたが、B／C決済では、銀行の保証はありません。輸出者は輸出地の銀行に荷為替手形買い取りを依頼しますが、L／Cと違って銀行は買い取らず、荷為替手形を輸入地の銀行に送ります。輸入地で輸入者が荷為替手形を決済すれば、銀行経由で代金を受け取れます。

　すなわち、B／C決済における銀行は、輸入者に対する代金取り立て役に徹するのです。**手形の買い取りは輸入者の決済が条件となり、輸出者としては、輸入者の信用度が頼りのリスクある決済手段です。**

## ▶ B／C決済には、D／PとD／Aがある

　L／Cを伴わないB／C決済には、**D／P決済**と**D／A決済**の2種類があります。D／P決済では、輸入地で輸入者が銀行から荷為替手形の提示を受けたとき、手形決済をしなければ船積み書類が受け取れません。**輸出者にとって比較的リスクの少ない決済手段ですが、輸入者が決済できなくても銀行が肩代わりしないので、L／Cほど安全ではありません。**D／P決済は通常一覧払い条件ですが、荷為替手形提示後〇日後決済といった条件もあります。一方のD／A決済では、輸入地で荷為替手形を提示された輸入者が、決済せず、手形に付けられた**決済猶予期間の満期に支払う約束**だけで、船積み書類を受け取れます。輸出者にとっては、リスクの高い決済条件です。

▶B／C決済のしくみ

# ❶L／C決済とB／C決済の違い

・L／C決済の手順　　・B／C決済の手順

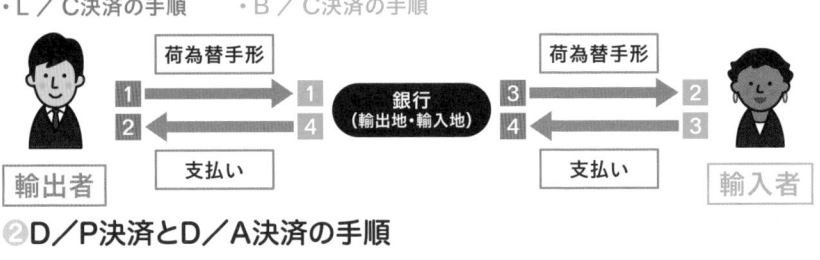

| | 荷為替手形 | | | | 荷為替手形 | |
| 輸出者 | 1 → 1 / 2 ← 4 | 支払い | 銀行<br>(輸出地・輸入地) | 3 → 2 / 4 ← 3 | 支払い | 輸入者 |

# ❷D／P決済とD／A決済の手順

[D／P決済]

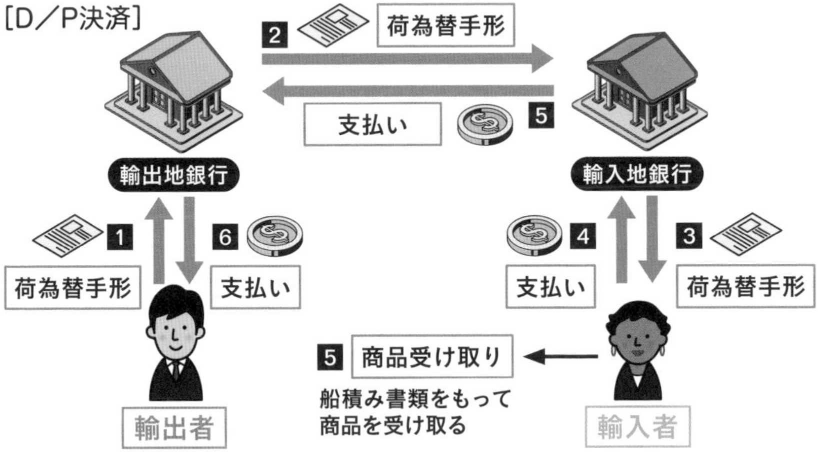

```
             2  荷為替手形
輸出地銀行 ──────────────→ 輸入地銀行
           ←──────────────
             支払い      5
```

輸出地銀行
荷為替手形 **1** ↑↓ **6** 支払い
輸出者

輸入地銀行
支払い **4** ↑ **3** 荷為替手形
**5** 商品受け取り ←
船積み書類をもって
商品を受け取る
輸入者

[D／A決済]

```
             2  荷為替手形
輸出地銀行 ──────────────→ 輸入地銀行
           ←──────────────
             支払い      7
```

輸出地銀行
荷為替手形 **1** ↑↓ **8** 支払い
輸出者

**6** 満期支払い　**4** 手形引き受け　**3** 荷為替手形
輸入地銀行
**5** 商品受け取り ←
船積み書類をもって
商品を受け取る
輸入者

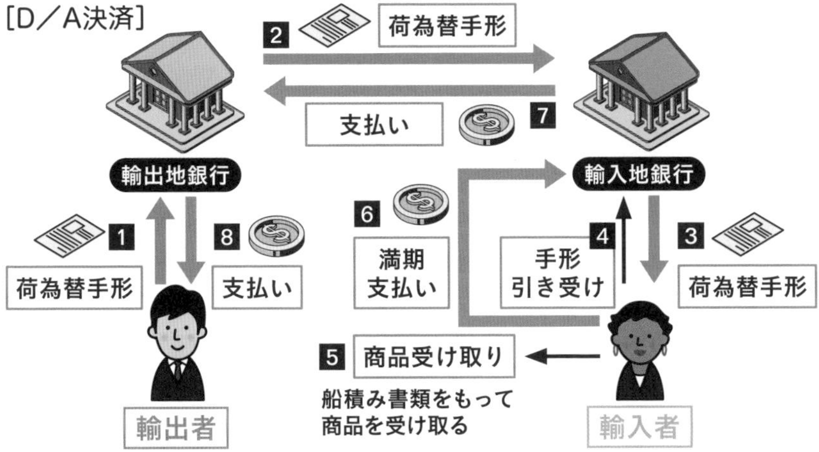

# chapter4 36 主流化が進む 送金決済の種類と背景

Point! ☑ 近隣国との貿易などが増え送金決済が主流化している
☑ 分割払いや商品引き換え払いによってリスクが分散できる

## ▶ 送金決済が増えている

　送金決済は、貿易取引の決済に限らず、誰もが日常的に行っている決済方法です。これまで解説してきた**荷為替手形による決済手段は面倒で手間やコストがかかるため、敢えて送金で決済する貿易取引が増えています。**

　グローバル経済の浸透にともない、海外で事業展開を行う日本企業が増加しています。本社から海外工場へ有償で資機材や原料などを送るのも貿易取引になりますが、いわば社内間の取引なので、送金決済につきまとう確実な商品のデリバリーや代金回収に対する不安はまずありません。

　また日本を取り巻く貿易環境の変化の中で、中国を始めとする近隣諸国との輸出入取引が増えています。近隣諸国との貿易では、商品がすぐ輸入地に到着するため、銀行経由で書類をやり取りする荷為替手形決済が不向きなケースも増えています。航空機を利用した軽薄短小製品の貿易が増えていることも、送金決済が主流となることに拍車をかけています。

## ▶ 送金決済条件の種類について

　貿易取引決済における送金は、通常銀行経由で行われます。銀行経由の送金方法には、**送金小切手**郵送という方法もありますが、普通は**電信送金**が使われています。

　**輸出入者間で送金と商品＋船積み書類が反対方向でやり取りされますが、そのタイミングによって、どちらかが有利になります。分割払い決済**と**商品引き換え払い決済**は、両者間のリスク分散を図る送金決済手段です。

▶ 送金決済の種類

# ❶前払い決済

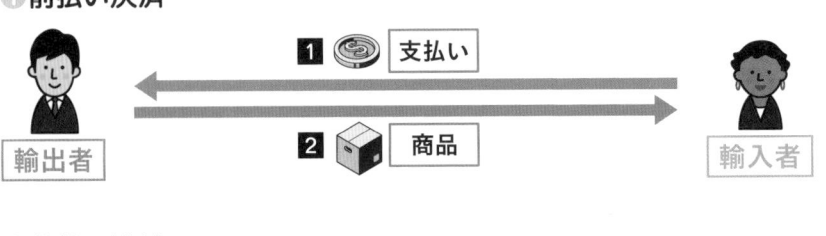

**1** 💰 支払い
**2** 📦 商品

輸出者 ← 輸入者

# ❷後払い決済

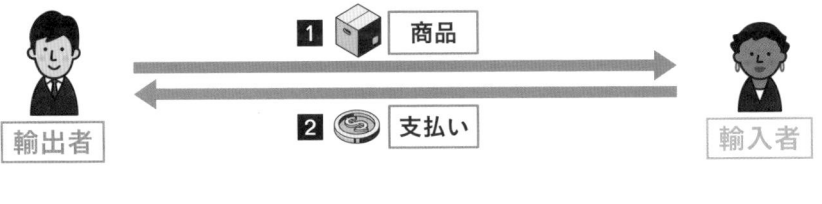

**1** 📦 商品
**2** 💰 支払い

輸出者　輸入者

# ❸分割払い決済

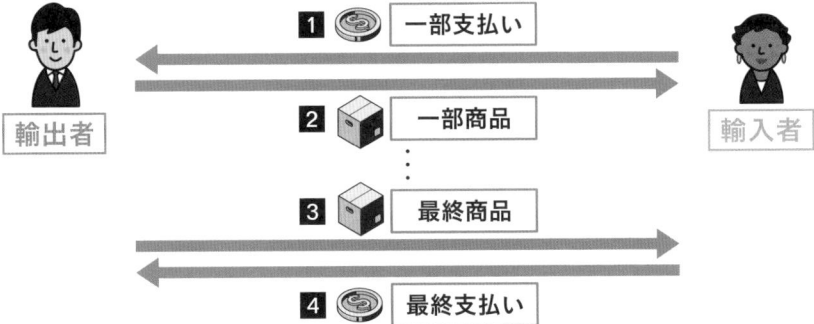

**1** 💰 一部支払い
**2** 📦 一部商品
**3** 📦 最終商品
**4** 💰 最終支払い

輸出者　輸入者

# ❹商品引き換え決済

📦 商品 **1**　📦 商品 **2**
**4** 💰 支払い　**3** 💰 支払い

輸出者　輸入地における輸出者代理人　輸入者

（輸出者への直接支払いもある）

# chapter4 37 新しい決済手段 仮想通貨とTSU−BPO

(Point!)  ☑ 仮想通貨の決済手段としての環境が整いつつある
　　　　　 ☑ 貿易をスムーズにする、TSU−BPOという決算手段

## ▶ 貿易取引決済に銀行は不要になるか

　**仮想通貨（暗号資産）** という新しい概念の通貨が、貿易でも一部実用化されるようになりました。**取引関係を結ぶ両者間で決済手段として合意されれば、瞬時に資産の移転が可能となり、銀行を通しての送金は不要となります。** 現状では信用度の低いものも多く、既存の法定通貨と交換可能なものでも、交換レートの振れが大きいため、貿易取引の決済手段として一般化されていませんが、コンセプトとしての社会の認知度は高まりつつあります。

　価値の変化によるリスクは大きいですが、法定通貨との交換可能な電子的資産の手段として、その取引を可能とする取引所（交換所）を金融庁への登録制にするなど、決済手段としての環境が整備されつつあります。

## ▶ TSU−BPOという決済手段

　世界の銀行間に普及している**国際金融ネットワーク運営機関（SWIFT）**のインフラを利用した**TSU−BPO**という決済手段が、2013年に国際商業会議所（ICC）によって作成されました。

　輸入地の銀行がL／Cを発行せずに輸出者への支払いを保証すると（BPO）、**輸出者が輸出地の銀行に持ち込む船積み書類の写しをSWIFTのシステム（TSU）によって内容確認するだけで、輸入地の銀行からの支払いが保証されます。** この決済手段ではL／Cの発行や荷為替手形の作成が不要となり、原本の船積み書類が輸入者に直送されるなどの利点がありますが、いくつかの課題もあります。

# ❶契約時

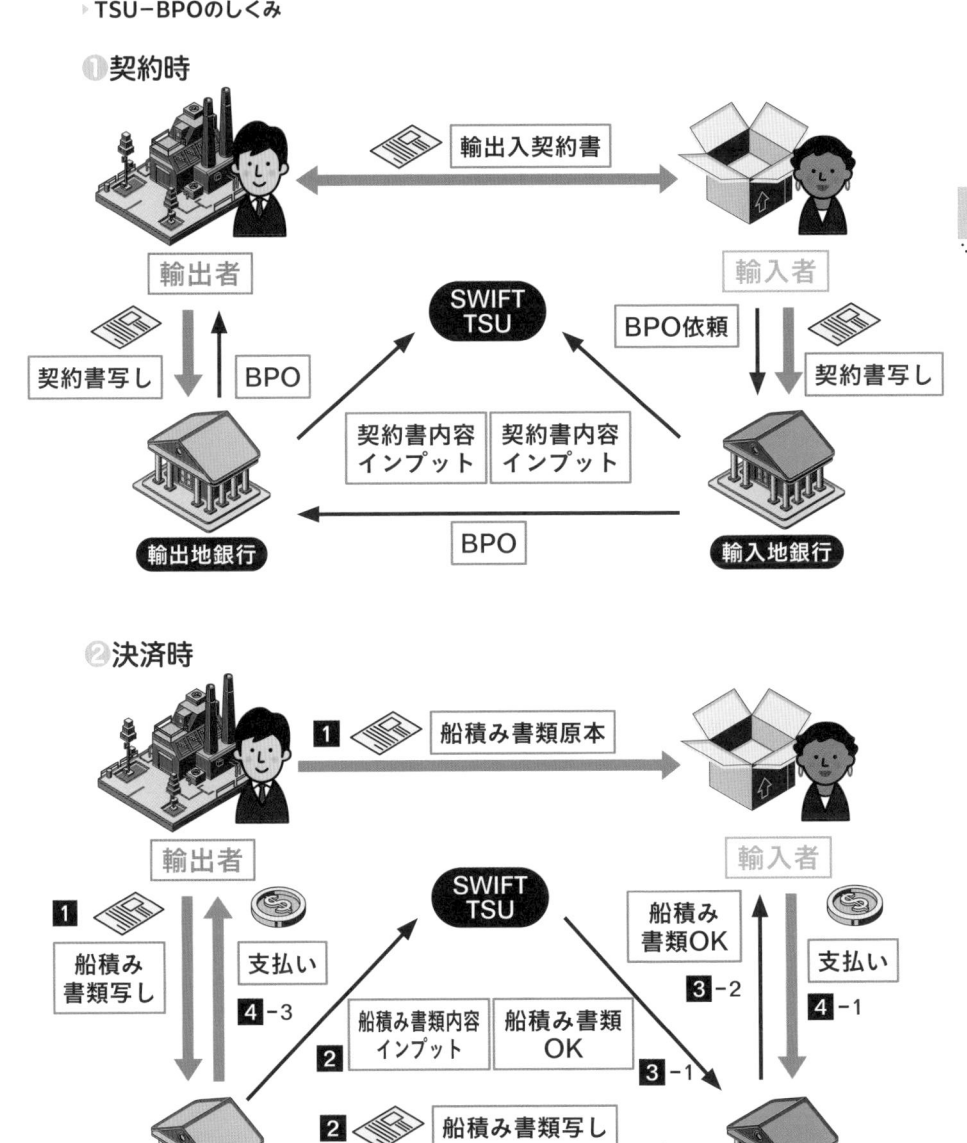

# ❷決済時

**chapter4**
**38**

取引・交渉

# 外貨建て決済取引における
# 為替業務

Point!  ☑ 貿易決済の通貨を決めるポイントは調達のしやすさ
        ☑ 為替業務は輸出後、輸入前に外貨と円を交換すること

## ▶ ベストは円建て決済だが

　日本の輸出入者としては、円建て決済で貿易取引ができればベストです。

　輸出者は円で商品代金を受け取れ、輸入者は円で代金を支払えばよいから
です。しかし、世界の**為替市場**における通貨別の取引額で、日本の円はUS
ドル、ユーロについで第３位ではありますが、**国際通貨**としての普及度は十
分ではなく、USドル建てやユーロ建ての決済とする場合が多いようです。

　貿易決済をどの通貨建てにするかは、日本側の都合だけでなく、取引先側
の都合も配慮します。取引先としては、その国の通貨建てがベストですが、
その通貨の為替市場での調達が難しければ、日本側としては受け入れられま
せん。結局は、**世界に普及して両者が調達しやすい通貨であるUSドルやユー
ロが決済通貨として採用されるケースが多くなります**。

## ▶ 外貨建て決済で求められる為替業務とは

　外貨建て決済となった場合、輸出者は外貨で商品代を受け取ります。輸出
者は受け取った外貨を保有して、何らかの目的に使うことも可能ですが、日
本居住者である輸出者としては、多くの場合円に交換しようとするでしょう。

　一方、輸入者は外貨建て決済の場合、商品輸入代金支払いのための外貨が
必要です。すでに外貨を持っていることもありますが、そうでなければ円を
外貨に換えなければいけません。これらの**円と外貨の交換が為替業務**であり、
その詳細は110ページで解説します。

▸ 為替業務

## ❶為替業務が必要な場合

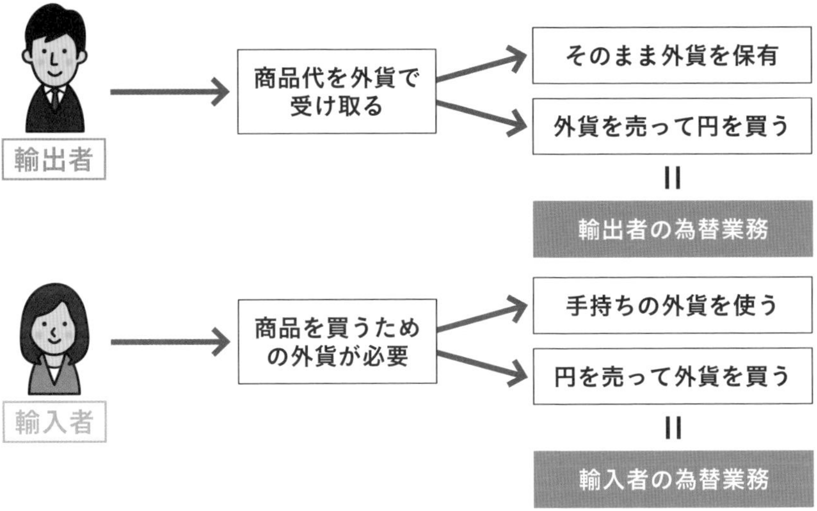

輸出者
商品代を外貨で受け取る
そのまま外貨を保有
外貨を売って円を買う
=
輸出者の為替業務
輸入者
商品を買うための外貨が必要
手持ちの外貨を使う
円を売って外貨を買う
=
輸入者の為替業務

## ❷外貨建て取引決済の流れ

輸出者
外貨売り
円買い
円売り
外貨買い
国際為替市場
輸入者
商品代（外貨）
支払い（外貨）
調達しやすいUSドルやユーロが決済通貨として採用される場合が多い
輸入者
輸出者

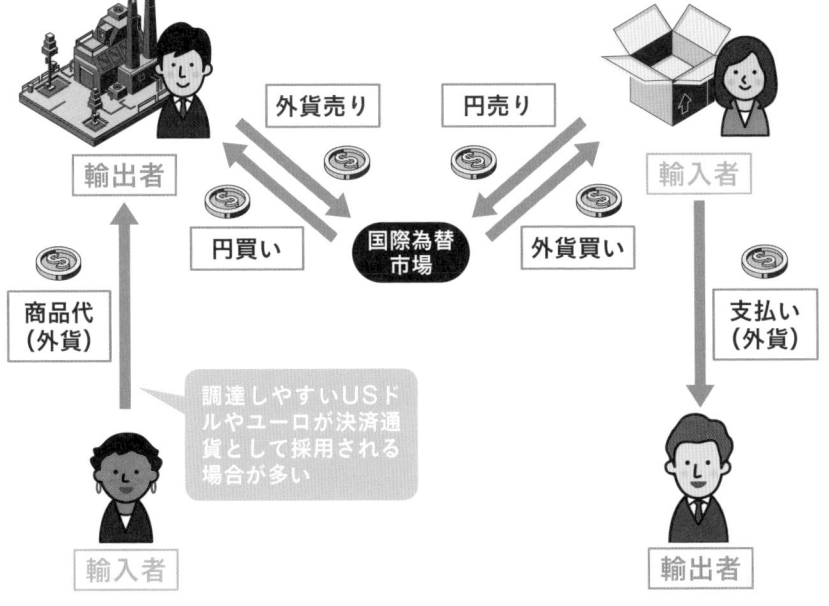

# chapter4 39 輸送方法で決まる 船積み時期と納期の違い

Point!
- ☑ 船舶輸送では船積み時期が納品タイミングになる
- ☑ 船積み時期を書く場合は、輸送経路も記載する

## ▶ 商品によって違う納品の決め方

　輸出者が契約した商品をいつ輸入者に届けるかは、契約の重要なポイントになります。納品する場所については、契約で決めた受け渡し条件通りとなりますが、いつまでに届けるかを決める必要があります。近年普及したドアトゥドアサービスは、貿易取引にも使われるようになっており、正確な日時まで指定する場合もあります。

　輸入者としては、指定する場所に決められたタイミングで納品してもらうことを望むでしょう。契約で規定する輸入者の指定場所まで輸出者が納品するタイミングを**納期**と呼びます。しかし、納期をかなり正確に規定できるのは、航空機輸送に限られます。重厚長大商品など、船舶輸送に頼らざるを得ない場合は、納品するタイミングまで決めるのは困難です。**船舶輸送では航海途中の気象条件**などに左右され、**正確な納期を約束できません**。そのため船舶輸送の契約では、輸出港からの船舶出港予定時期をもって納期に代え、**船積み時期**が契約の納品タイミングの規定になります。

## ▶ 輸出者はL／Cの何をチェックするか

　**契約の納品タイミングを納期として規定する場合、日時のほかは契約で決めた受け渡し場所を明確にするだけで十分です。**受け渡し場所が輸入地である場合、特に輸出地での輸送経路など書く必要はありません。一方、船積み時期の場合は、**船積みする輸出地の港湾名**や**荷卸しする輸入地の港湾名**を、契約書に記載する必要があります。

▶ 船積み時期と納期

# ❶船積み時期

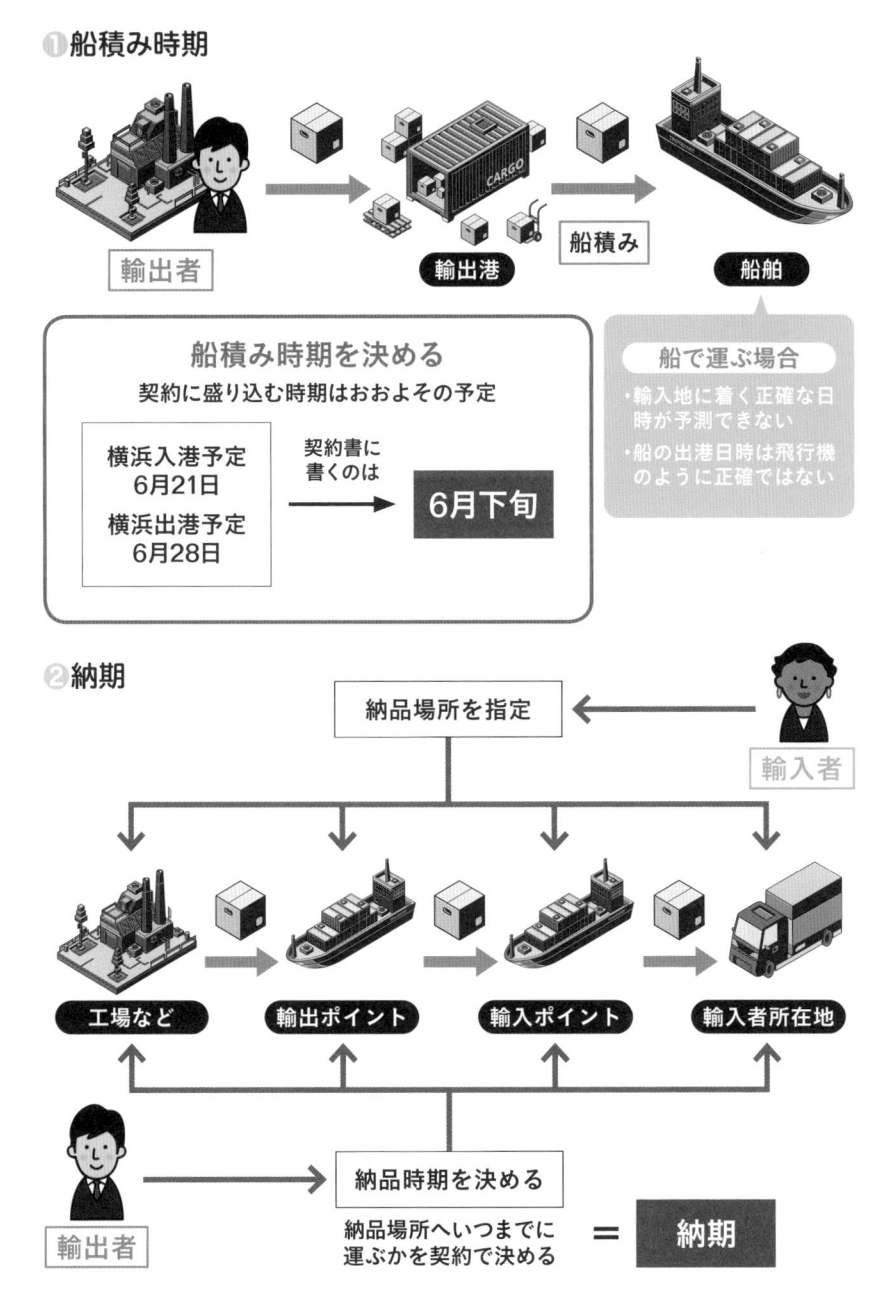

**船積み時期を決める**

契約に盛り込む時期はおおよその予定

| 横浜入港予定 6月21日 横浜出港予定 6月28日 | 契約書に 書くのは → | **6月下旬** |

**船で運ぶ場合**

・輸入地に着く正確な日時が予測できない
・船の出港日時は飛行機のように正確ではない

# ❷納期

納品場所を指定 ← 輸入者

工場など → 輸出ポイント → 輸入ポイント → 輸入者所在地

輸出者 → 納品時期を決める

納品場所へいつまでに運ぶかを契約で決める = **納期**

**4**

取引・交渉 インコタームズと契約書の内容

95

# 貿易に必要な
# 海上保険と貿易保険

 ☑ 契約に盛り込むべき海上保険
☑ 契約には盛り込まない貿易保険

## ▶ 海上保険の決め方

　商品を外国まで運ぶために、輸送途中でのリスクに備えて、保険を掛ける必要があります。保険は輸送途中の商品の損傷や紛失による損害をカバーするためです。**コストセーブのため保険を掛けない考え方もありますが、通常の保険料は輸送費に比べて割安なので、掛けるべきでしょう**。このように、貿易取引に掛ける損害保険を、**海上保険**と呼びます。航空機輸送の場合も同様に掛けますが、これも海上保険と呼ぶことが多いです。

　インコタームズの受け渡し条件では、輸出入者それぞれに海上保険を掛ける条件があるので、どちらが保険を掛けるかで、受け渡し条件が変わってきます。通常、保険制度が整い保険料が安い国側で掛けます。

## ▶ 貿易保険というもうひとつの保険

　貿易実務を行う上で、もうひとつの保険についての知識が必要です。それが**貿易保険**ですが、こちらは貿易取引の契約には盛り込みません。これらは貿易取引における相手のリスクに対して掛ける保険だからです。

　具体的には、相手から代金を受け取れないようなリスクとか、相手国に生じる天変地異や政治経済の動揺などによって、取引が完遂できなくなったための損害などをカバーします。貿易保険には輸出者向けのものと輸入者向けのものがありますが、**信用に不安のある取引先との契約や、情勢に不安のある相手国との貿易の場合、契約と同時に貿易保険を掛けて、リスクの軽減を図ります**。

▶ 海上保険と貿易保険

## ❶海上保険を掛ける人

| 保険を<br>掛ける人 | 受け渡し場所 | 受け渡し条件 |
|---|---|---|
| **輸入者** | 工場 | EXW:工場受け渡し条件 |
| | 輸出ポイント | FOB:本船持ち込み渡し条件 |
| | | FAS:船側渡し条件 |
| | | FCA:運送人渡し条件 |
| | 輸入ポイント | CFR(C&F):運賃込み条件 |
| | | CFRFO(C&FFO):運賃込み条件 |
| | | CPT:運賃込み条件 |
| **輸出者** | 輸入ポイント | CIF:運賃・保険料込み条件 |
| | | CIFFO:運賃・保険料込み条件 |
| | | CIP:運賃・保険料込み条件 |
| | 輸入国内 | DPU:仕向地荷卸し条件 |
| | | DAP:仕向地持ち込み渡し条件 |
| | | DDP:関税込み持ち込み渡し条件 |

## ❷カバーされる主なリスク

### 海上保険

● 輸送途中の商品の損傷による損害
● 輸送途中の商品の紛失による損害

輸送途中のリスクに備え、契約に盛り込むべき保険

### 貿易保険

● 輸出代金を支払ってもらえない
● 前払いをした後、商品輸入ができなくなったが返金してもらえない
● 不可抗力的な事態(政変、天変地異、政府の貿易措置など)により契約追行が不可能になった場合の損害

相手側の状況に不安がある場合に掛ける保険

# 契約を結ぶにあたり
# 決めておくべきこと

Point! ☑ 契約を守れない場合の罰則を定めることがある
☑ 商品によっては検査の義務付けや梱包条件を定める

## ▶ 契約を構成する概要

貿易取引の契約を結ぶとき、どの場合でもしっかりと規定すべきは、価格と、それに伴う受け渡し条件、そして決済（支払い）条件と納期あるいは船積み時期です。これらの条件は、当該契約において守るべき義務として、輸出者、輸入者双方に課されることになります。

**もし何らかの都合でどちらかが守れない場合、どのように対処すべきかを契約の中に盛り込むことも大事です。** 欠陥商品の供給や、船積み、支払いの遅延など、どちらかの不適切な行為に起因する場合は、**罰則**を定めることもあります。契約義務の不履行が**不可抗力的**な要因による場合についても、対処方法を定めておくべきでしょう。これらは一般条件（裏面約款）の中に定めてもよいでしょう。

## ▶ 多様な商品の規定方法

契約条件の中で売買する商品を規定することは大事ですが、**貿易で扱う商品はさまざまなので、契約に盛り込むべき規定は一様ではありません。**

商品の文言規定に限界のある場合は、60ページで解説したサンプル取引で補うやり方もあるでしょう。商品が準備できたところで、その**商品の検査**を義務づける項目を契約に盛り込む方法もあります。商品検査は、輸出者が行う場合と、輸入者が行う場合があります。国内取引と違い、遠方に輸送する商品には、頑丈な荷造りを施す必要のある場合も多く、**梱包条件**を契約条件として規定することもあります。

# ❶契約を構成する主要素

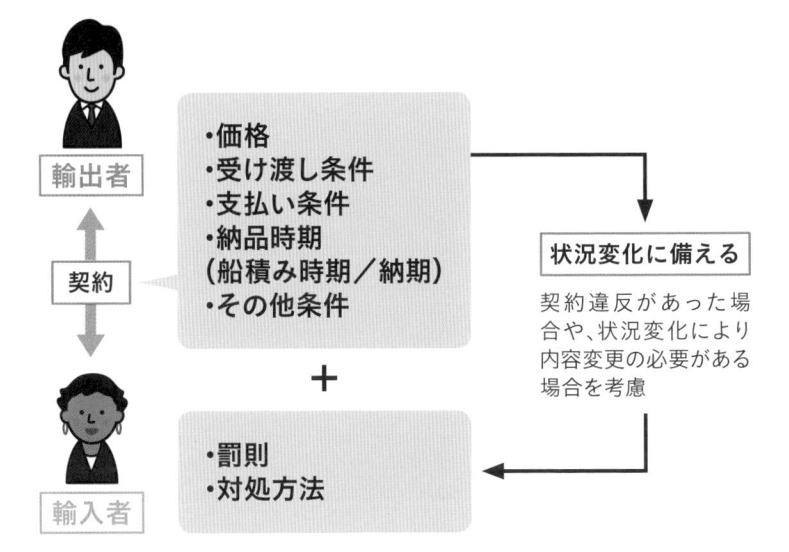

# ❷契約で定める諸条件・項目

| 条件・項目 | 内容 |
|---|---|
| 商品に関する<br>諸条件 | 品質<br>数量<br>商品検査(輸出者が行うか輸入者が行うか)<br>輸送途中の荷造り<br>契約条件を外れた場合の処置(クレーム取り扱い)<br>サンプルについての取り決め |
| 裏面約款の<br>主な記載事項 | 不可抗力事項(天変地異などが生じた場合の措置)<br>秘密保持(契約で知った情報秘密保持の義務付け)<br>仲裁(係争解決のための機関、場所の規定)<br>準拠法(当該契約が準拠する法律の規定)<br>知的財産権(知財保護規定)<br>契約譲渡禁止<br>品質保証　クレーム　免責　契約不履行　など |

# 国内取引の国際化

88ページでも書きましたが、近年の貿易取引は、**送金決済**による場合が増えているようです。日本企業の海外進出が活潑化したため、本社と**海外事業拠点**との貿易取引が一般化したことがひとつの要因です。

外国企業と輸出取引を始める場合、代金を払ってもらえるだろうかといった不安が先に立ちます。前金をもらえば別ですが、そうでなければ送金決済には応じません。その点、相手が同じ企業の海外事業拠点であれば、送金決済でも安心です。

また、送金決済の実務は至って簡単です。請求書と関連書類を送って送金を待つだけなので、国内の取引とさして変わるところはありません。輸出入者双方のリスクを分散させることで編み出された、荷為替手形による決済手続きのような煩雑さはなく、海外の顧客（自社の事業拠点など）から集金するための苦労を、あまり経験しなくてもよさそうです。

その代わりといってはなんですが、海外事業の担当者には別の苦労があるのではと察します。たとえば、海外事業を遂行するため海外赴任している人は、本社からの資機材の輸入にあたっては、L／Cを開くなど面倒くさいことをしなくても、送金でことを済ませることができます。

ところがその海外事業拠点で作った商品を、その国の市場に販売する仕事があるかもしれません。その国の文化、商習慣、価値観などが色濃く反映された現地市場での営業活動は、日本で手慣れていたものとは多分違うでしょう。顧客が約束通り商品を受け取ってくれるか、約束通り支払ってくれるか。商品に対するクレーム内容も、日本での対処経験がないものかもしれません。

日本人（企業）同士で行う貿易取引が増えることで、貿易取引の国内取引化が進む一方で、海外進出先における国内取引の国際化（？）が広がる。これもグローバル経済の進展で生じた新たな現象かと思います。

# chapter 5

輸出実務① 輸出準備

ここからは貿易実務の実行編です。契約で
決めた取引内容にしたがい、それぞれの役
割を実行していきます。まずは輸出者が、輸
出する商品の準備と、輸出の実行にあたっ
て求められる諸手続きについて解説します。

輸出実務

# 商品準備開始に伴う
# 輸出手配のポイント

Point! ☑ 商品の内容、納品タイミングが契約に沿うよう指示する
☑ 問題が生じた場合は速やかに輸入者に連絡する

## ▶ 輸出商品準備開始についての要点再確認

　契約締結後、輸出者はすぐに商品の準備に取りかかる必要があります。輸出者自らが商品の供給者であれば、社内の製造部門などに生産開始の指示を出し、輸出者が他社から商品の供給を受ける場合は、他社に商品の発注をする必要があります。いずれにせよ、輸入者と交わした契約通りの商品を準備するために、商品の供給者に正確な指示を出す必要があります。**商品の内容のみならず、契約で定めた納品タイミングに合わせるための、商品準備の指示も必要です。**

　また34ページで書いたように、輸入者からの支払い条件が前金あるいはL／C決済である場合は、輸入者からのそれらの実行を確認の上、商品の準備に取りかかります。もしL／Cの内容に不備があった場合は、輸入者に対して**L／Cの変更（アメンド）**を要求し、その修正を受け取るまで、商品準備を始めるべきではありません。

## ▶ 商品準備開始以降の実務

　輸出者は、輸入者と契約を結ぶにあたって、あらかじめ供給できる商品の内容と納期を確認し、それらの条件をオファーに入れたはずです。したがって契約がスムーズに成立した場合、契約通りの商品納入は問題ないでしょう。しかし、商品の準備過程で何かトラブルが生じる可能性もあるので、商品の準備状況を逐一確認して、**問題が生じた場合は速やかに輸入者と連絡をとり、納品タイミングの再交渉をする必要があります。**

▶ 商品準備の流れ

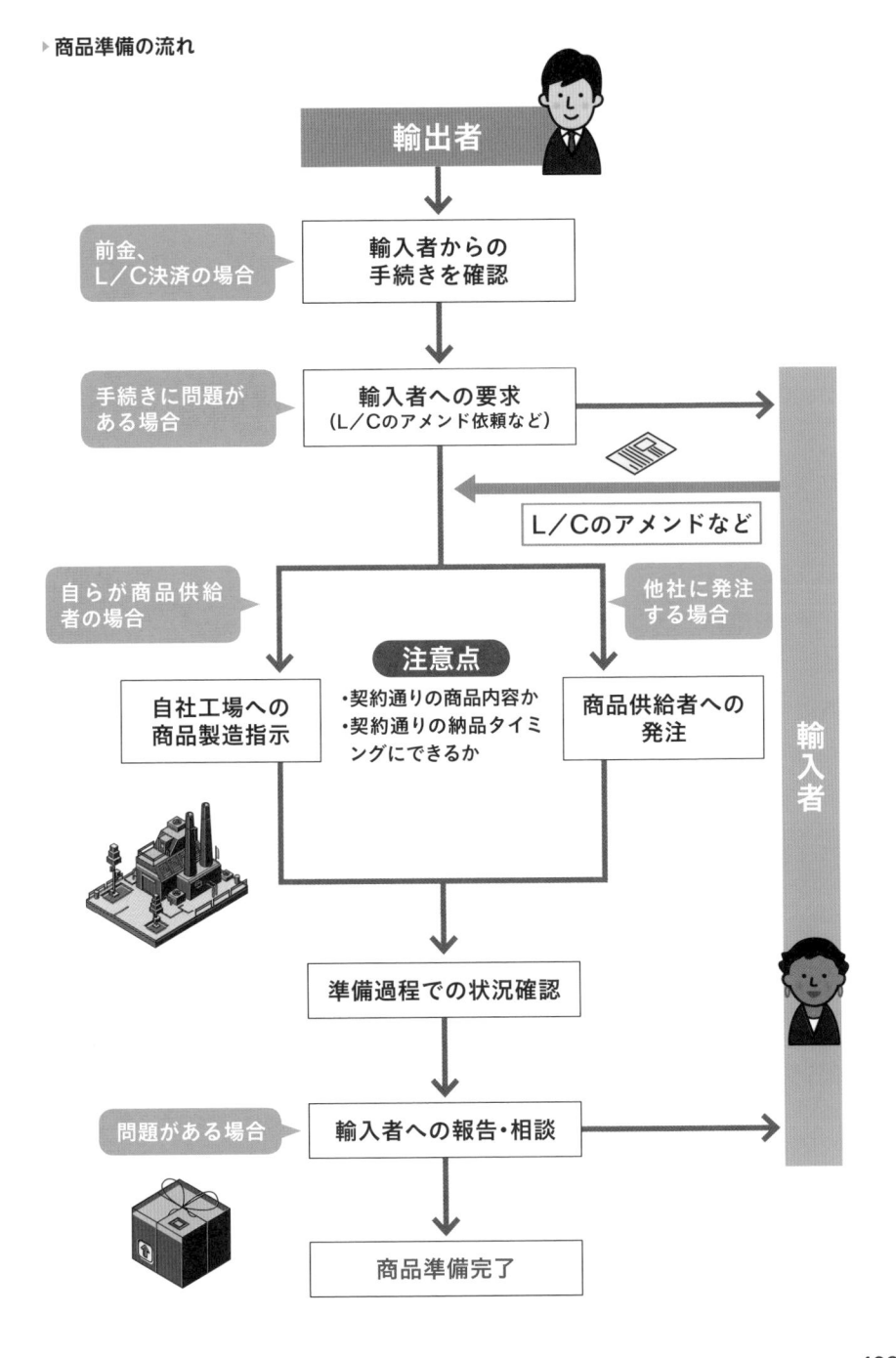

輸出者

前金、
L／C決済の場合

輸入者からの
手続きを確認

手続きに問題が
ある場合

輸入者への要求
（L／Cのアメンド依頼など）

L／Cのアメンドなど

自らが商品供給
者の場合

他社に発注
する場合

注意点
・契約通りの商品内容か
・契約通りの納品タイミ
ングにできるか

自社工場への
商品製造指示

商品供給者への
発注

準備過程での状況確認

問題がある場合

輸入者への報告・相談

商品準備完了

輸入者

輸出実務

# 輸送手段の手配に 必要な実務

Point! ☑ 船舶輸送の場合、船便の数などに細心の注意が必要
☑ 商品の準備状況と輸送手段のスケジュールを把握する

## ▶ 輸送手段確保のために何が必要か

商品の準備が進行する中で、それを輸入地まで運ぶ国際輸送の手配が必要になります。輸出地側の受け渡し条件の場合は輸入者が手配し、輸入地側での受け渡し条件の場合は、輸出者が輸送手段を手配します。いずれにせよ、輸送手段は商品の準備状況をよく確かめた上で、それに合ったスケジュールの輸送手段を手配しなければいけません。

とくに、**重量物や大量の商品を運ぶ船舶輸送の場合、船便の数やスケジュールの正確性から、細心の注意が必要です**。また、運賃はオファー見積もりの段階で確認しているはずですが、実際の手配に際して見積もり時から変動がないかどうか、確認する必要があります。

## ▶ 輸送手段手配の要点

輸送手段の手配は、船舶の場合直接船会社に依頼することもできますが、航空機の場合は、貨物を扱う専門業者経由となります（138ページ参照）。**輸送手段の予約**には、輸送すべき商品の詳細（品目、数量、重量、容積など）のほかに、商品の受け渡し場所と期日、目的地、届け先の名前や連絡先（輸入者、フォワーダー）などの情報が必要です。

輸送契約は、通常書面で交わし、輸送の請負先（船会社、フォワーダー、航空貨物代理店など）から、**本船名**や**航空機便名**などが決まり次第通知されます。商品の輸送依頼者は**荷主（シッパー）**と呼ばれ、**荷主は商品の準備状況と輸送手段のスケジュールの調整が常に求められます**。

▶輸送手段手配

# ❶輸送手配の予約経路

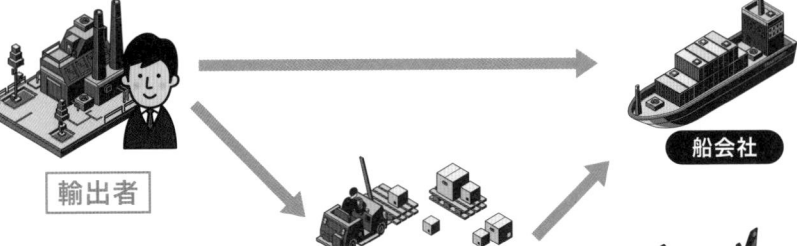

船会社

輸出者

| 輸出者が手配する条件 | | |
|---|---|---|
| CIF | CFR(C&F) | CIFFO |
| CFRFO | CIP | CPT |
| DPU | DAP | DDP |

物流専門業者

航空会社

# ❷輸送者への主な伝達事項

## 商品の詳細

品目、数量、重量、容積、梱包状態など

## 場所と期日

商品の受け取り場所、納品の期日

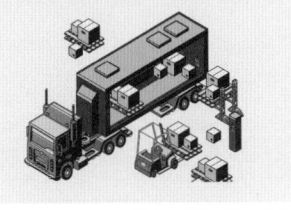

## 輸出先

仕向地、目的地、輸入港、空港など

## 輸入者の連絡先

輸入者とフォワーダーの詳細

輸入者　海外のフォワーダー

105

輸出実務

# 輸出許可と
# 輸出承認の取得

Point! ☑ 輸出許可は武器、兵器、核開発関連物資が対象
☑ 輸出承認は国内需給の管理が必要な物資などが対象

## ▶ 輸出許認可取得に必要な手続き

輸出する商品や仕向地によっては、輸出者は**輸出許可**、あるいは**輸出承認**を得る必要があります。紛らわしいのですが、許可と承認は別々に扱われます。いずれも24ページにて説明した外国為替及び外国貿易法（外為法）に基づき、この法律および**輸出貿易管理令**にあてはまる輸出行為をする者は、経済産業大臣の許可あるいは承認を、輸出前に取得することが必要です。輸出申告の際、これら許認可証の提示が求められます。

申請は右ページに掲げた申請書で行われ、許可、承認とも書式は共用となっています。26ページに書いた通り、輸出入通関システム（NACCS）と連動していて、オンラインでの手続きが可能です。

## ▶ どのような場合に輸出許認可取得が必要か

輸出許可は、主として国際平和や安全を脅かす恐れのある武器、兵器、核開発関連物資に対して要求され、輸出貿易管理令の別表第1に記載されている品目を輸出する場合に該当します。

輸出承認が必要なケースについては、同管理令の別表第2に記載されています。具体的には、国内需給の管理が必要な物資、国際協定や条約で規制されている物資、国連の制裁措置を受けている国に向けた物資などが対象になります。輸出許認可対象品目や相手国、地域は、国際情勢が変化する中で変わっていくので、つど確認する必要があります。

▶ 輸出許可・承認申請

# ❶輸出許可・承認申請書

太枠内に対象となる
商品の商品名、数量、
価格などを記入する

輸入者や荷受人などの
出荷情報を記入する

書面は経済産業省のホームペー
ジ（https://www.meti.go.jp/
policy/external_economy/
trade_control/08_others/02_
yoshiki/yoshikiichiran.html）よ
りダウンロードできる

# ❷対象となる商品

| 許認可種類 | 対象の商品 |
|---|---|
| 輸出許可 | 武器、兵器、核の開発に関連する物資 |
| 輸出承認 | 国内需給の管理が必要な物資<br>国際協定や条約で規制されている物資<br>国連の制裁措置を受けている国に向けた物資　など |

# 危険物資を取り締まる キャッチオール規制

Point! ☑ キャッチオール規制でリスト外の危険物資も規制
☑ 相手国がグループAならリスト外商品の輸出許可取得免除

## ▶ 脅かされる安全と新たな貿易規制

国際的なテロリストの活動は国境を越えて広がり、貿易取引がテロ拡散に利用されている向きも指摘されています。アメリカで起きた同時多発テロをきっかけに、2002年より、**キャッチオール規制**という考え方が導入され、国際取引を利用した大量破壊兵器の製造に関わる可能性ある物資や技術の移転に、監視の目が強化されるようになりました。

106ページに書いた輸出許認可対象となる物資は、輸出貿易管理令の別表によってリスト化されていますが、危険物資の国際間移動をリスト規制だけでは管理できなくなっています。そこで、**疑わしきものすべてに規制の網をかぶせるキャッチオール規制によって、リスト外の物資の輸出にも、経済産業大臣の許可が必要になっています**。

## ▶ 判断不可の場合は当局に相談

経済産業省の安全保障貿易管理部局は、大量破壊兵器や通常兵器の製造につながる可能性の高い品目および技術移転項目、さらには要注意のユーザーリストを、輸出貿易管理令の別表1に掲げています。しかしこれらだけでは、輸出者が判断しがたいことも多く、その場合、経産省・安全保障貿易審査課の窓口に相談して、輸出許可の取得が必要かどうか相談する必要があります。ただし、**日本と同等の安全保障貿易管理を実施していると認められる国々向けの輸出には、許可取得が免除されています**。これらの国々は別表第3に記載され、**グループA**と呼ばれています。

▶ キャッチオール規制概略図

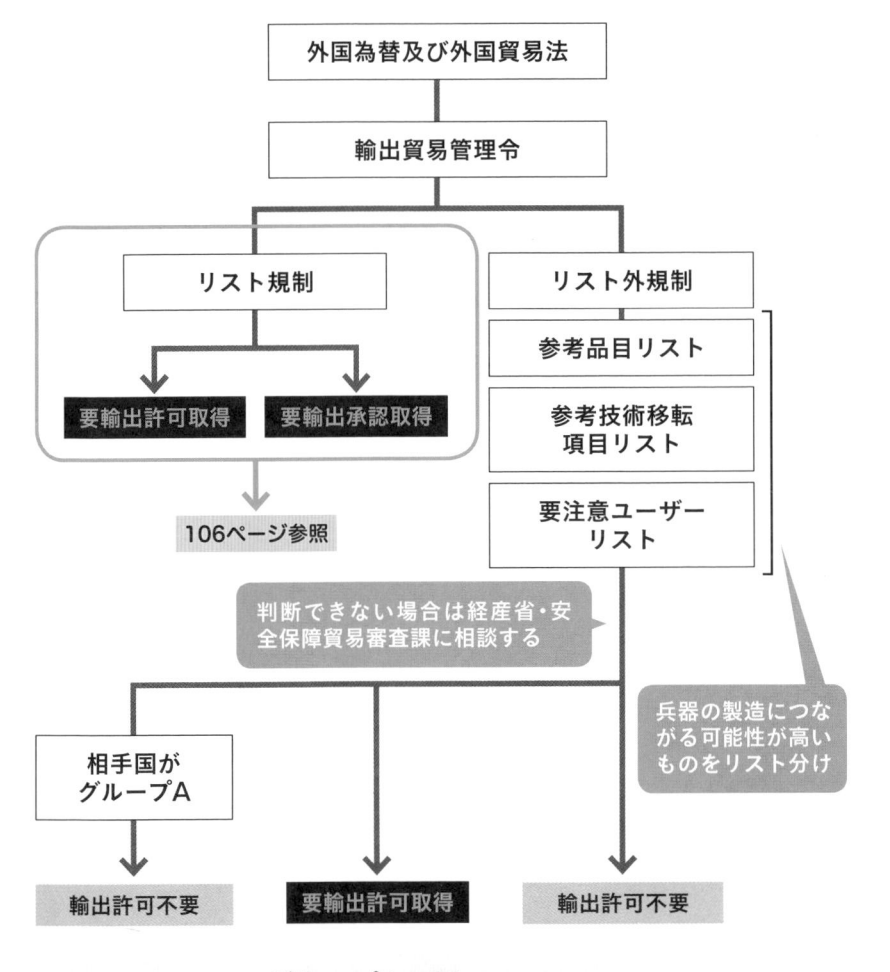

## グループAの国 (2020年7月現在)

以下の26カ国が日本と同等の安全保障貿易管理を実施している国とされている

| | | | |
|---|---|---|---|
| アルゼンチン | デンマーク | イタリア | スペイン |
| オーストラリア | フィンランド | ルクセンブルク | スウェーデン |
| オーストリア | フランス | オランダ | スイス |
| ベルギー | ドイツ | ニュージーランド | 英国 |
| ブルガリア | ギリシャ | ノルウェー | アメリカ合衆国 |
| カナダ | ハンガリー | ポーランド | |
| チェコ | アイルランド | ポルトガル | |

# 46

# 取引の採算を確定させる
# 為替の予約手続き

Point! ☑ 先物為替予約は特定のレートでの円と外貨の交換予約
☑ 先物為替予約で輸出入者ともに取引の採算が確定する

## ▶ 先物為替予約をする輸出入者それぞれの立場

外国通貨建ての貿易取引に必要な為替業務とは、具体的に先物為替の予約をする仕事です。輸出者の立場としては、輸入者から支払われる外貨建ての代金を円に換えるわけですが、為替相場は刻々と変動しており、外貨を円に換える時点での交換レートによっては、円での代金受け取り金額が増減し、取引の採算性への影響は少なくありません。したがって輸出者は、外貨受け取り予定のころの**先物為替相場**に従って外貨の売り（円の買い）予約をします。

同様に、輸入者は輸出者への代金支払い予定のころの先物為替相場に従って、円の売り（外貨の買い）予約をします。**先物為替予約をすれば、輸出入者ともに、取引の採算を確定することができます。**

## ▶ 為替相場のしくみと先物為替予約の仕事

為替相場には、その日の取引に用いる**直物相場**と、この先の相場変動を予測して銀行が将来時点（通常6カ月先まで）での売買値を建てる**先物相場**があります。先物為替予約とは、**将来の特定時点において特定のレートで円と外貨を交換する契約を輸出入者が銀行と結ぶことです。**

銀行は外貨の**買値（TTB）**より**売値（TTS）**を高く設定して、その**差額**によって利益を得ています。外貨に対して円安になれば、円での受け取りの増える輸出者に利があり、反対に円高になれば少ない円で外国からモノが買える輸入者に利があります。

▶ 先物為替予約

# ❶為替相場の構図

現在                              未来

直物相場          先物相場

外国為替相場
（平均レート）

$1=¥110   ¥109.30   ¥108.10   ¥107.50   ¥106.20

先物為替予約

輸出者は外貨受け
取り予定の時期の
円の買いを予約

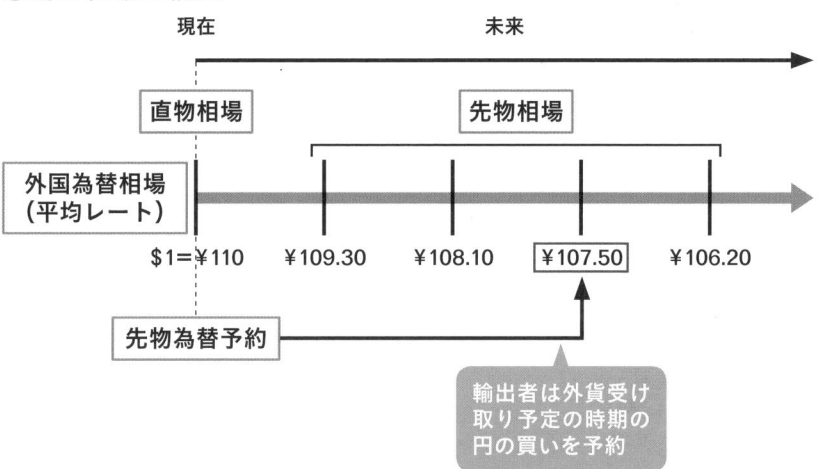

**先物為替予約は特定時点のレートで円と外貨を交換する契約**

# ❷為替相場によって誰が得するか

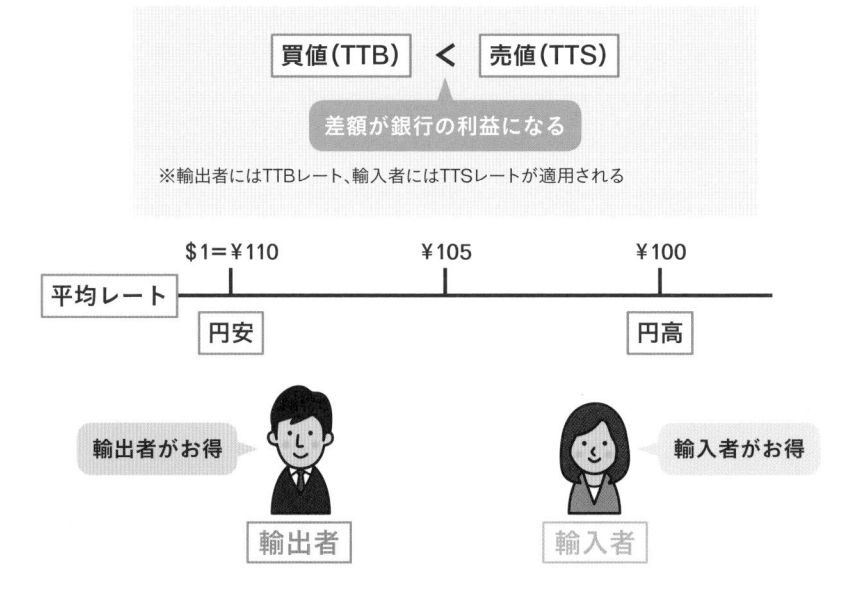

買値(TTB)　＜　売値(TTS)

差額が銀行の利益になる

※輸出者にはTTBレート、輸入者にはTTSレートが適用される

平均レート
$1=¥110    ¥105    ¥100
円安                  円高

輸出者がお得　輸出者

輸入者がお得　輸入者

輸出実務

# 海上保険がカバーする損害の範囲

Point! ☑ 海上保険の区間は商品出荷場所から輸入者指定場所まで
☑ 海上保険には単独海損と共同海損がある

## ▶ 海上保険のカバー金額、区間、期限について

海上保険は契約の受け渡し条件によって、輸出者、輸入者いずれかが掛けることになります。どちらが掛けるにしても、商品の輸送が始まる前に、保険会社に対して保険の申請をします。

保険会社は保険料を受け取ることで、申請者に対して保険証券を発行します。クレーム手続きをする場合は、この書類が必要です。一般的な海上保険の保険区間は、輸出者が商品を出荷する場所から始まって、商品の搬入される輸入者の指定場所までとなります。

保険期間は、船舶輸送の場合、輸入通関手続きが終わってから60日、航空機の場合は30日までで、商品到着の有無にかかわらず終了します。

## ▶ 海上保険はどのような損害をカバーするか

海上保険が対象とする損害には、**全損**と**分損**があります。全損には現実全損と推定全損（解釈全損）があります。一部の損害が分損ですが、**沈没、座礁、火災、衝突**によって生じた場合を**特定分損**（SSBC）として、ほかの原因で生じた分損とは区別します。

また、損傷貨物の荷主が単独で負担する（単独で保険求償）する**単独海損**と、特定貨物の損害を、ほかの荷主および船主全員で負担する**共同海損**という概念があります。後者は荒天の航海中に沈没を避けるために一部積み荷を海中投棄した場合、投棄された貨物の荷主以外も含めて共同で損害を負担するものです。

## ❶海上保険の対象となる損害の種類

| | |
|---|---|
| 全損 | 現実全損<br>一目瞭然のもの |
| | 特定(解釈)全損<br>外観判断できなくても新品用意以上の機能回復費用がかかるもの |
| 分損 | 特定分損<br>沈没、座礁、火災、衝突 |
| | その他分損<br>海水濡れ、雨水濡れ、盗難、不着破損、湾曲、へこみ　など |

## ❷保険条件と適用範囲

| 保険条件 ＼ カバー範囲 | 全損 | 分損 | | | 小損害免責なし | 追加保険 | |
|---|---|---|---|---|---|---|---|
| | | 特定分損(SSBC) | 海固有の損害(海水濡れなど) | 盗難、不着、雨濡れ、破損、湾曲、へこみ　など | | 戦争危険担保(WAR) | ストライキ暴動騒乱担保(SRCC) |
| ICC(A)<br>(ALL RISKS) | ■ | ■ | ■ | ■ | ■ | OPTION | |
| ICC(B)<br>(WA) | ■ | ■ | ■ | | | OPTION | |
| ICC(C)<br>(FPA) | ■ | ■ | | | | OPTION | |

ALL　RISKS＝全危険担保　WA＝分損担保　FPA＝分損不担保

# chapter5 48 自社のリスクをカバーする 貿易保険を掛ける

Point! ☑ 貿易一般保険は非常危険と信用危険を両方カバー
☑ 貿易保険を掛けるには日本貿易保険に利用登録が必要

## ▶ 貿易保険のカバーする危険の分類と種類

貿易保険は、貿易取引における契約の条件となるものではなく、輸出者および輸入者が、それぞれ自らの抱えるリスクをカバーするために、任意で掛ける保険です。貿易保険の対象については96ページで概説しましたが、貿易当事者の責任を超えたところに生じる不可抗力的リスクを**非常危険**と呼び、取引相手の信頼性に関わるリスクを**信用危険**と呼びます。

貿易保険にはさまざまな内容のものがありますが、代表的なのが**貿易一般保険**で、非常危険、信用危険の両方をカバーします。個別と包括の2種類がありますが、**一般によく利用されるのが各業界の輸出組合が年間契約している貿易一般包括保険です**。また86ページで説明したD／A決済など代金回収リスクをカバーする輸出手形保険もよく利用されています。

## ▶ 貿易保険を利用するための手続き

貿易保険の主な引き受け先は、経済産業省管轄の**日本貿易保険**（全額政府出資の株式会社）です。貿易保険の利用には、**利用者登録**をする必要があります。さらに、信用危険の対象となる取引先などを登録（**海外商社登録**）する必要があり、登録申請先の信用調査報告書の提示が求められます。

日本貿易保険は、申請に基づき審査して申請受付の可否や格付けを決めます。**取引先の信用度、所在国の状況、決済条件などが格付けの判断材料となり、判断されるリスクの大小に応じて、保険料率が決まります**。なお、貿易保険は、民間の損害保険会社の一部も引き受けています。

▶貿易保険

# ❶貿易保険の利用手続き

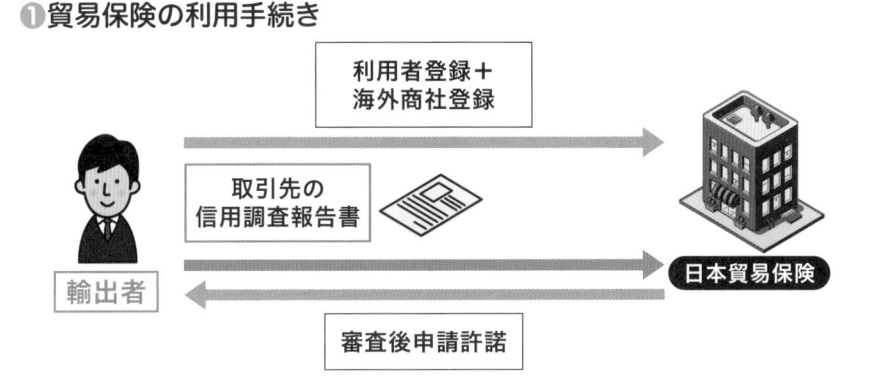

利用者登録＋
海外商社登録

取引先の
信用調査報告書

輸出者

日本貿易保険

審査後申請許諾

# ❷貿易保険の主な種類

| 保険 | 内容 |
| --- | --- |
| 貿易一般保険 | 非常危険や信用危険のリスクカバーをする、最も一般的な保険<br>案件ごとに利用できる個別保険と事前に特約書で定めた取引のすべてに対する包括保険がある |
| 輸出手形保険 | 荷為替手形不渡りのリスクカバーをする |
| 前払い輸入保険 | 前払い輸入貨物代金の回収不能リスクのカバーをする |
| 中小企業・農林水産業輸出代金保険 | 当該事業者の輸出代金回収不能リスクのカバーをする(利用者制限あり) |
| 海外投資保険 | 海外投資にて保有する資産に対する非常危険のカバーをする |
| 貿易代金貸付保険 | 外国へ融資した輸出代金支払資金償還不能リスクのカバーをする |

国際情勢が不安定になるほど、貿易保険の存在感は大きくなります

# chapter5 49
# 輸出する商品が<br>契約通りか検査する

> (Point!) ☑ 量産品は通常、輸出者、個別発品では輸入者検査もある
> ☑ 商品検査は基本的には輸出地で行う

## ▶ 検査は輸出者が行うか、輸入者が行うか

　輸出する商品の準備ができると、多くの場合その商品が契約条件通りのものかどうかを**検査**します。この段階では、商品はまだ輸出地にあるので、輸出者が検査をして、その結果を書面化した**検査報告書**や**検査証明書**を輸入者に送り、内容を確認してもらいます。

　しかし、量産品ではなく個別発注で精査が必要な商品などは、輸入者が輸出地まで出向いて検査をしたり、輸入者が第三者である**検査会社**の**検査員**を派遣して検査を行ったりする場合もあります。**検査会社を派遣するときは、商品の検査のみならず価格との関連性などにも検査が及ぶこともあります。**これは、主に発展途上国などが貴重な外貨の浪費を防ぐために、貿易取引が公正に行われているかどうかを検査する目的もあるからです。

## ▶ 輸入地で行われる検査もある

　上記のような輸出地から商品が出荷される前に、**輸出地で行われる検査については通常商品を作った工場などで行われ、その後梱包されて輸出ポイント（港湾、空港）に運ばれます。**

　一方で、輸入地で検査を行う商品もあります。大量の自然資源、穀物、液体など梱包の難しい**バラ積み貨物**は、輸入港で荷卸しの際に検査するのが普通です。また梱包された商品でも、輸入地で開梱して検査するものもあります。これら輸入地検査の商品は、その検査結果を、代金支払い条件と結び付ける契約がよく見られます。

▶ **商品検査**

# ❶商品検査の流れ

| 輸出地検査 | 輸入地検査 |
|---|---|
| ・輸出者が検査<br>・輸入者が出張検査<br>・第三者(検査会社)が検査<br>　(輸入者が依頼) | ・輸入者が検査<br>・第三者(検査会社)が検査<br>　(輸入者が依頼) |

# ❷輸出地検査

［輸出品が量産品の場合、主に輸出者が検査する］

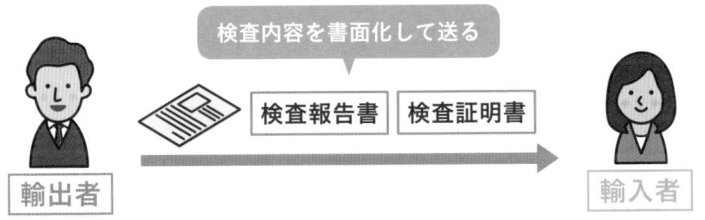

検査内容を書面化して送る

検査報告書　検査証明書

輸出者　　　　　　　　　　　　　　　　　　　輸入者

［個別発注の商品は、輸入者が代理人などに検査を依頼することもある］

貿易取引が公正に行われているかどうかを検査する目的もある

検査会社　　検査報告書　検査証明書　　　　　　　輸入者

# ❸輸入地検査

［大量の自然資源や液体など、梱包の難しいものは輸入港で検査する］

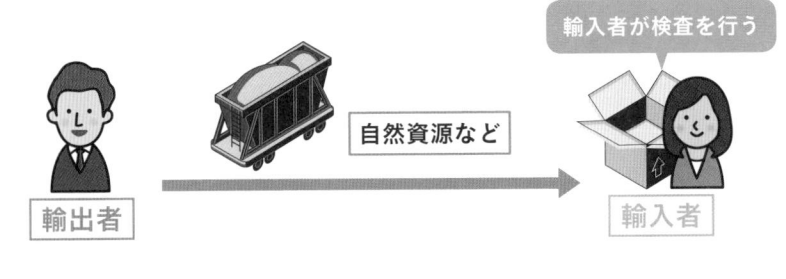

輸入者が検査を行う

自然資源など

輸出者　　　　　　　　　　　　　　　　　　　輸入者

117

# 梱包方法に対応できるかが交渉のポイント

Point! ☑ 輸入者の求める梱包条件に対応できるかがポイント
☑ 荷印は仕分けや積み替えの際の目視に役立つ

## ▶ 梱包条件決定の要点

　貿易ではさまざまな商品が扱われるので、梱包を施さないで輸出されるものもあります。大型の重量物などは、梱包なしの**裸荷**で船積みされることもありますが、航海中に船内でしっかりと固定することが大事です。通常の商品には梱包がなされますが、輸送途中に損傷しないような頑丈な梱包であると同時に、輸入地で**荷扱い**や**開梱**しやすい梱包方法が求められます。

　**梱包方法は、契約時の商品規定の中で話し合うべき大事な項目で、輸入者の要求を輸出者側で対応可能かどうかが交渉のポイントとなります**。船舶輸送の場合は比較的自由ですが、航空機輸送の場合は、重量、容積、寸法などに制限があります。貿易における重量、容積の表示方法には、**梱包前（ネット）**と**梱包後（グロス）**の2つがあり、主に商品代はネット、輸送費はグロスの数字を元に計算されます。

## ▶ 荷印の決め方

　**貨物仕分けを瞬時に行う貨物認証システムが普及しましたが、目視のできる荷印はまだ必要です**。荷印の内容は、商品を受け取る輸入者側の要求に基づいて契約で取り決めます。輸出者はそれに従い、商品に直接、あるいは梱包の上から印字したり、**荷札**を取り付けたりします。

　輸出地から輸入地に向かう途中、複数の輸送手段に**積み替え**られるケースも多く、商品貨物への明快な荷印の取り付けは大事です。荷印は、150ページで述べる主な船積み書類上にも記載されます。

▶ 商品の梱包方法

# ❶ 輸出梱包の要点

| 荷扱い、開梱に配慮 | コンテナ内の固定工夫 | 航空法の制限 |
|---|---|---|

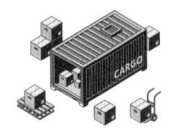 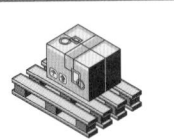 

輸送途中に損傷しないよう、頑丈な梱包にする

航海中に船内でしっかりと固定できるようにする

航空機輸送の場合は、航空法の制限にかからないようにする

# ❷ 荷物の内容が分かりやすいように荷印を付ける

**荷印の例**

| | |
|---|---|
| YBCCO | 輸入者名 |
| CRCOIL | 商品名 |
| S-20205 | 契約番号 |
| 53-65 | 梱包番号 |
| LOSANGELES | 荷卸し港（目的地） |
| JAPAN | 原産地 |

要求

輸入者 → 輸出者

商品や梱包の上から印字する

荷印を付ける意味
・配送ミスが起こらないように
・輸入地で仕分けしやすいように

119

# L／Cと船積み時期を巡る交渉

輸出準備の段階で調整が難しいのは、**L／Cの発行**と船積み時期を巡る輸出者と輸入者の間のせめぎ合いです。送金決済の場合は比較的コトが大きくはなりませんが、L／C決済の場合は厄介なことになりがちです。まず輸入者の何らかの事情で、L／Cの発行依頼手続きが遅れたとします。輸出者としては、L／Cの中身を見るまで商品の準備を始めないので、L／Cの到着が遅れる分、商品の準備も遅れ、したがって商品の納入時期も遅れます。

輸出者は、ようやくL／Cを受け取りました。でもその内容を見て、規定されている船積み期限内の出荷は無理と判断しました。輸出者はすぐさま輸入者に対して、L／C内容の変更（**アメンド**）を要求します。

要求を受けた輸入者は、渋々L／Cアメンドに応じます。L／C内容の変更手続きをする場合、発行銀行から費用を請求されますが、自らのL／C発行依頼手続き遅れに起因したことなので、しかたがありません。

L／Cのアメンドを受け取った輸出者は、商品準備を進めますが、今度は輸出者側が何らかの理由でアメンドされたL／Cの期限にも出荷が間に合わなくなってしまいました。

輸出者は輸入者に対して、L／C期限の再延長を旨とするアメンド依頼をせざるを得なくなりました。その要求を受け取った輸入者は、どのような対応を見せるでしょうか。今度は輸出者側に落ち度があります。「フザケルナ！契約はキャンセルだ！」というか、「L／Cのアメンド料を、今度はアンタが払ってちょうだいネ」というか、「しょうがないですネ。ハイハイ、了解しましたよ」というか？

返事はケースバイケースだと思います。輸出入者間の力関係とか、商品に対するニーズの度合いとか、両者の信用度合いとか、いろいろな要素が絡んで、両者のせめぎ合いは決着に向かって進んでいくでしょう。

# chapter 6

輸出実務 **輸出実務② 輸出手続き**

chapter6では、準備が整った商品の輸送や輸出のために必要な諸手続きを解説します。輸出の申告や、輸送手段に商品を積み込むまでの実務を取り上げます。

# chapter6 51 輸出手続き全体の流れを掴む

Point! ☑ 出荷準備後、フォワーダーに手続き代行を依頼する
☑ 積み込み完了後は船積み書類を整える

## ▶ フォワーダーへの手続き代行依頼と税関申告

16ページで説明したように、輸出者は自ら輸出の手続きを行わず、専門業者であるフォワーダーが手続きを代行します。商品の出荷準備を整えた輸出者は、フォワーダーに対して輸出手続きの代行を依頼します。代行を依頼されたフォワーダーは、輸出者から輸出申告に必要な情報や書類を受け取り、国際港湾や国際空港にある税関に輸出申告書を提出して、税関の審査を受けます。輸出申告は従来商品貨物を港湾などの**保税地域**に搬入してから行う決まりがありましたが、現在は保税地域搬入前に輸出申告手続きを行うことが可能です。**貨物の保税地域への搬入は輸出者の仕事ですが、フォワーダーなどに代行してもらうのが普通です。**

## ▶ 税関の輸出許可がおりてから積み込みまで

フォワーダーから輸出申告を受けた税関は、審査して問題が無ければ輸出許可を出します。現在これらの手続きは26ページで説明したNACCSのシステムを利用して、ほぼオンライン化されています。輸出許可を得た貨物は、輸送者の手に渡されて、それぞれの輸送手段に積み込まれます。商品貨物の積み込み手順は、船舶（在来船とコンテナ船がある）の場合と航空機の場合で違います。それらについては、chapter6内で後述します。

**積み込み完了と引き替えに、輸出者はフォワーダー経由で積み込み完了に関わる書類を受け取ります。**輸出者はそれらを利用して、支払い手続きに必要な船積み書類を整えます。

## ▶輸出手続きの流れ

輸出者がフォワーダーに代行を依頼し、依頼されたフォワーダーが税関に輸出申告書を提出して税関の審査を受ける

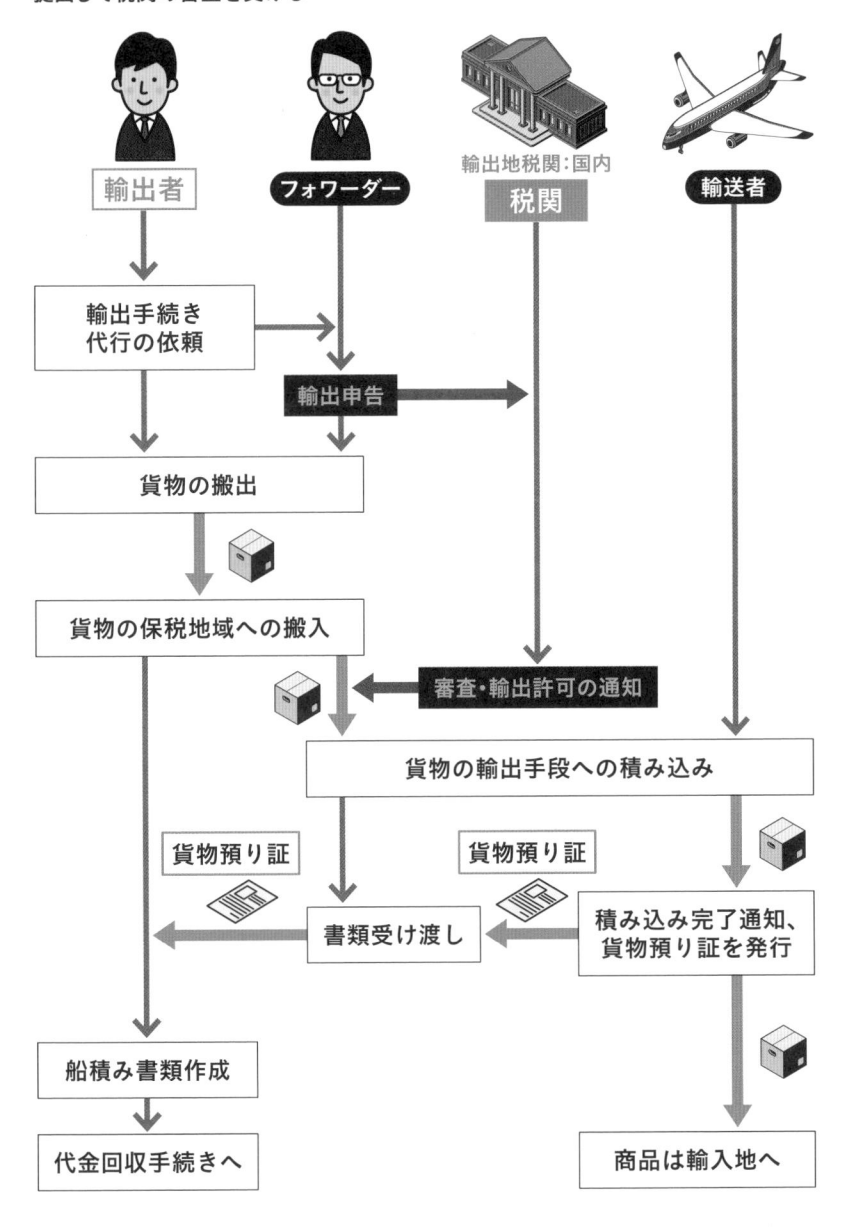

輸出実務

# 海外輸送に使う船舶と
# コンテナの基礎知識

Point! ☑ 貿易に利用する船舶は在来船とコンテナ船
☑ 貿易の現在の主流はコンテナによる輸送

## ▶ 船舶輸送についての基礎知識

現在、軽薄短小の貨物が増え、航空機輸送のケースが増えていますが、重厚長大貨物を運ぶためには船舶輸送に頼らざるを得ません。貿易に使われる船舶は大きく分けて、**在来船**と**コンテナ船**があります。

現在の主流はコンテナ船で、商品貨物を詰め込んだコンテナという鉄の箱を大量に運ぶための船として設計されています。しかし、コンテナに収まりきれない大型貨物や重量物は、従来型の船である在来船で運ぶことになります。そのほか液体、気体、バラ積み貨物（鉱石、穀物など）を運ぶタンカーなどの特殊仕様の輸送船もあります。

また、船舶には**定期船**と**不定期船**という区別もあります。少量の貨物は、船会社が定期的に特定航路を運行する定期船に積む一方で、大量の貨物を運ぶために船を借り切ることもあり、この場合は不定期船での輸送となります。運ぶ船が在来船、コンテナ船、あるいは定期船、不定期船かによって、インコタームズの受け渡し条件が異なります。

## ▶ コンテナについての基礎知識

コンテナの導入によって、物流の迅速化、効率化が促進されました。貨物を入れたままのコンテナを、船舶と鉄道やトラックなどの陸上輸送手段との間で直接積み替えることが可能です。コンテナにはドライコンテナ、冷凍コンテナなどがあり、サイズは20フィートと40フィートのものが一般的です。航空機用のコンテナもありますが、違う仕様になります。

▶ 船舶とコンテナ

## ❶貿易で使う船舶の種類

| **在来船** | **コンテナ船** | **特殊船** |
|---|---|---|
| コンテナに収まり切れない大型貨物や重量物を運ぶ船 | コンテナを詰め込んで運ぶための船 | 液体や気体、バラ積み貨物などを運ぶ特殊仕様の輸送船 |

| **定期船** | 一定の航路を定期的に運行する船<br>定期船は通常、貨物の積み卸しを船会社が行う |
|---|---|
| **不定期船** | 大量貨物を運ぶときなど、船一隻(あるいは大きな部分)を借り切るときの船<br>通常、港での積み卸しは輸出入業者に依頼する |

## ❷コンテナのサイズ

| | 20フィートコンテナ | 40フィートコンテナ | 背高コンテナ |
|---|---|---|---|
| 高さ | 8.6ft約2.6m) | 8.6ft(約2.6m) | 9.6ft(約2.9m) |
| 幅 | 8ft(約2.4m) | 8ft(約2.4m) | 8ft(約2.4m) |
| 長さ | 20ft(約6.1m) | 40ft(約12.2m) | 40ft(約12.2m) |

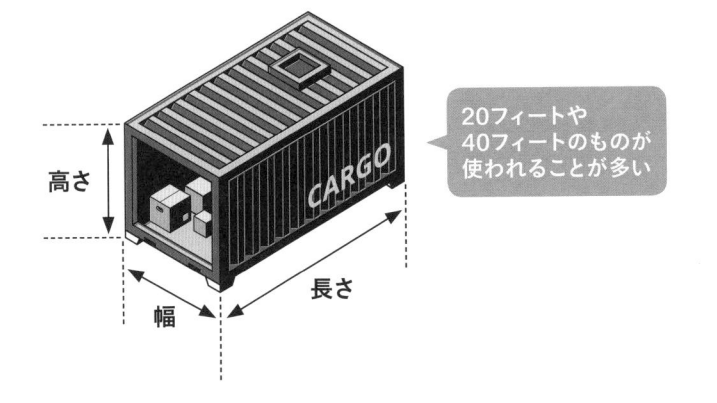

20フィートや40フィートのものが使われることが多い

輸出実務

# コンテナヤードに
# 商品を搬入する

(Point!) ☑ コンテナ輸送には、LCLとFCLがある
☑ コンテナに商品貨物を詰めることをバン詰めという

## ▶ コンテナスペースブッキングの方法

104ページで輸送手段の手配について解説しましたが、コンテナ輸送の場合、輸出者（あるいは輸入者）は船会社やリース会社の所有するコンテナのスペースを借りて、そこに商品を詰め込むことになります。少量の商品貨物の場合、コンテナスペースの一部を借りることになり、それを**LCL**といいます。反対に商品の量が多く、コンテナをまるごと借りる場合が**FCL**です。

このように、コンテナに商品貨物を詰めることを**バン詰め**と呼び、バン詰めをしたら、コンテナの中で航海中に**貨物が動かないように固定する**必要があります。また、**バン詰めにおいては、いかに多くの商品貨物を効率よく詰め込むかが、輸送費の増減に関わってきます。**

## ▶ LCLとFCLで違うコンテナ搬入の手順

LCLの場合、貨物は港の保税地域内にある**コンテナフレートステーション**（**CFS**)に運ばれます。そこは船会社が管理するコンテナヤードで、運ばれた貨物はほかの荷主の貨物と一緒に船会社の手でバン詰めされ、港湾の管理する**コンテナヤード**（**CY**)に運ばれます。貨物はコンテナヤードで本船側の手に渡り、コンテナ船に積み込まれていきます。

一方、**FCLの場合、輸出者が自社工場や倉庫にコンテナを持ち込み、そこで自らの手でバン詰めを行います。**バン詰めの終わったコンテナは直接港湾のコンテナヤードに運び込まれ、船会社に引き渡されてコンテナ船に積み込まれます。

▶ コンテナ輸送

# ❶ コンテナの一部を借りる(LCL)

商品貨物が少量の場合は、コンテナスペースの一部を借りる

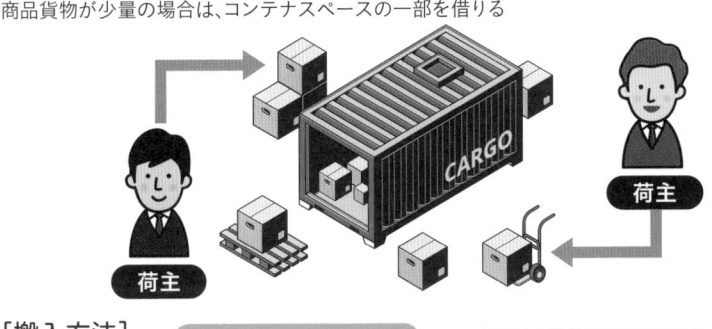

[搬入方法]

船会社がバン詰めする

本船側の手に渡る

荷物　→　搬送　→　CFS　→　CY　→

# ❷ コンテナをまるごと借りる(FCL)

商品の量が多い場合は、コンテナをまるごと1個借りる

借主(荷主)

[搬入方法]

輸出者がバン詰めする

工場　→　直接CYに運ぶ　CY　→

**輸出実務**

# フォワーダーに
# 輸出代行を依頼する

(Point!) ☑ フォワーダーに依頼するために船積み依頼書を用意
☑ フォワーダーと書類や貨物の受け渡しを取り決める

## ▶ S/Iでフォワーダーに依頼する要点

話が前後しますが、輸出者がフォワーダーに輸出の代行業務を依頼する手続きについて説明します。依頼するための書類を**船積み依頼書（S／I）**と呼びます。頻繁に輸出業務を行っている企業は、通常いつも依頼しているフォワーダーを持っているのが普通です。

**船積み依頼書は書面で出す場合もありますが、NACCSシステムを利用したオンライン手続きによる依頼も可能です**。船積み依頼書には、**インボイス（送り状）**、商品貨物の**梱包明細**、商品検査の証明書（報告書）、さらに商品によっては、経済産業省などから取得した輸出許可書、輸出承認書などが添付されます。

## ▶ 輸出者とフォワーダーの間の取り決め

書式に従って船積み依頼書に記載すれば、フォワーダーは輸出される商品の内容や明細、出荷、船積みの時期、輸送手段の詳細（本船名、便名など）と積み出す地点（港湾、空港）、さらには商品の仕向国と具体的な目的地などが把握できます。

フォワーダーは船積み依頼書の内容に沿って、税関に輸出申告をして許可を得るとともに、輸送手段への積み込み手配を行います。さらに、税関や輸送者より受け取った書類を輸出者に渡す必要もあります。それらを取り決めると同時に、**輸出者から出荷される貨物をフォワーダーがどこで受け取るかの取り決めも大事です**。

▶ **船積み依頼書(S／I)の書式**

# パイレーツ港運株式会社
横浜市中区○○5-9-3
電話:045-636-△△△△
**PIRATES PORT TRANSPORT COMPANY LTD.**

# SHIPPING INSTRUCTIONS
（船積み依頼書）

| | |
|---|---|
| 年月日: June30.2020 | OUR REFERENCE No.　PPTC0706-949 |

| 御依頼人: | 御依頼人連絡先: 輸出部　香取 |
|---|---|
| ○○興産株式会社<br>住所:東京都港区△△2-3-8 | (03-3435-△△△△)<br>Shipper's Reference No.(INVOICE No.):<br>KC-7117 |
| SHIPPER:　○○ Kosan Company LTD.<br>　同上　　2-3-8 △△,Minato-ku,Tokyo,Japan | 輸出貨物搬入場所及び入庫予定日:<br>横浜港CFS　2020年7月20日 |
| CONSIGNEE:<br><br>to Order | VANNING(場所、搬入場所、予定日時）:<br>横浜港CFS　2020年7月22日<br>(×)コンテナ船<br>(　)在来船 |
| NOTIFY PARTY:<br><br>South Indian Trading Company LTD.<br>Address: 2634 ○○, Mysore, India | コンテナタイプ、本数:　20ft·Dry　LCL<br>DATE及び発行地:　出港日、横浜 |

| | |
|---|---|
| 本船名(船会社名):　　Booking No.(担当者、電話番号):　　　入港予定日:　出港予定日:<br>"SHIBA QUEEN"(S-LINE)　YH-CH0231(稲垣:045-431-△△△△)　20-07-25　　20-08-03 | |

| 船積み港及び受渡し条件:　横浜港　CFS渡し |
|---|

| 揚げ港及び受渡し条件:　Chennai,<br>　　　　　　　　　　　India CFS渡し(CPT Chennai) | Final Destination: |
|---|---|
| Freight Payment:　(×) PREPAID<br>　　　　　　　　(　) COLLECT | その他船積条件:　Partial Shipment not allowed<br>　　　　　　　　　Transhipment not allowed |

| 必要書類　①B/L ORIGINAL:　②B/L COPY:　③その他: Commercaial Invoice 3 |
|---|
| 　　　　　　3　　　　　　　　5　　　　　　　　　Packing List 3<br>　　　　　　　　　　　　　　　　　　　　　　　Certificate of Origin 1 |

| Marking: | No. of Pakage: | Description of Goods: | Gross weight and/or Measurement: |
|---|---|---|---|
| SITC<br>E-PARTS<br>CHENNAI<br>MADE-IN-JAPAN | 30units<br>( Crate Packed) | Engine Parts | 3,360kg/2.40M3<br>(Details as per attached<br>Packing Lists) |

| | Delivery Term | Unit Price | Total Amount |
|---|---|---|---|
| | C&F Chennai | EUR3,000 | EUR90,000 |
| | FOB Yokohama | EUR2,700 | EUR81,000 |

| Remarks: | ＊Marine Insurance to be covered by the Importer.<br>＊L/Cnumber 100BBY-02535 to be mentioned on the Commercial Invoices. |
|---|---|

NACCSでは船積指図書となっているが、船積み依頼書と呼ぶのが一般的

**6**

輸出実務　輸出実務②　輸出手続き

# 税関申告に向け輸出ポイントへ搬出する

Point! ☑ 商品を保税地域以外に搬入する場合は税関の許可が必要
　　　 ☑ 特定輸出者は輸出手続きを簡便かつ迅速に行える

## ▶ 商品貨物のさまざまな搬出先について

　72ページで解説したEXWを除き、輸出ポイントまでの商品貨物の搬出は輸出者が行いますが、フォワーダーに輸送を代行してもらうことが多いようです。**搬出先は通常国際港や国際空港の保税地域ですが、商品貨物の形状や性質などから、例外的な措置もあります。**

　保税地域に持ち込めないような大型特殊貨物を特定の場所に搬入して輸出申告をしたり、本船や艀（はしけ）に積んだまま申告したりする場合もあり、いずれの場合も税関の許可が必要になります。その場合、税関員がそれらの場所に出向き、貨物を検査して輸出の許可を出します。

## ▶ AEOと特定輸出者の優遇制度について

　122ページで説明したように、現在、輸出申告は保税地域に貨物を搬入しなくても可能ですが、税関の輸出許可は貨物が保税地域に搬入されたあとに出されます。しかし、26ページに書いたAEO制度の元で**特定輸出者**に認定されれば、**保税地域に貨物を搬入する前に、税関の輸出許可が得られるので、輸出申告手続きを簡便かつ迅速に行うことができます。**

　この優良輸出者優遇制度は、貨物に対する安全対策と法令遵守体制の整備された企業が対象で、税関に申請し審査を経て認定されます。認定されれば、申告する税関の場所を輸出者が選ぶことも可能です。また、AEOの元では輸出者のみならず、輸入者、フォワーダー（通関業者）、保税地内倉庫業者、保税地での運送業者に対する優良事業者認定制度もあります。

▶貨物の搬出

# ❶通常は保税地域へ搬出する

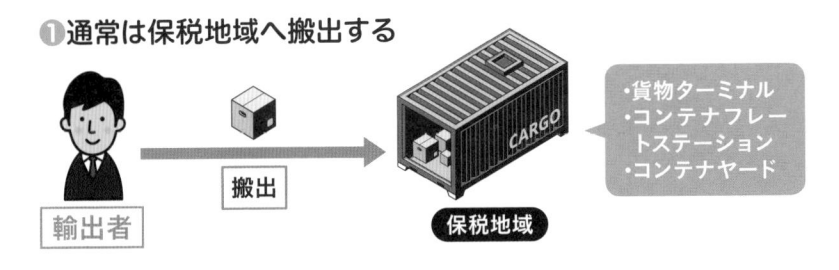

輸出者 → 搬出 → 保税地域

•貨物ターミナル
•コンテナフレートステーション
•コンテナヤード

# ❷指定地外での検査は申請が必要

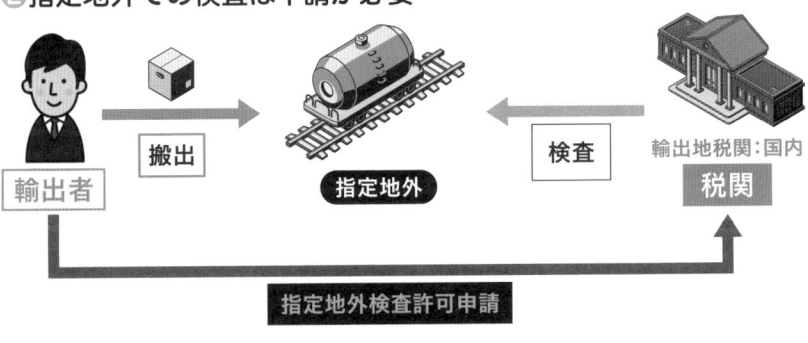

輸出者 → 搬出 → 指定地外 ← 検査 ← 税関

輸出地税関：国内

指定地外検査許可申請

# ❸本船や艀での検査は申請が必要

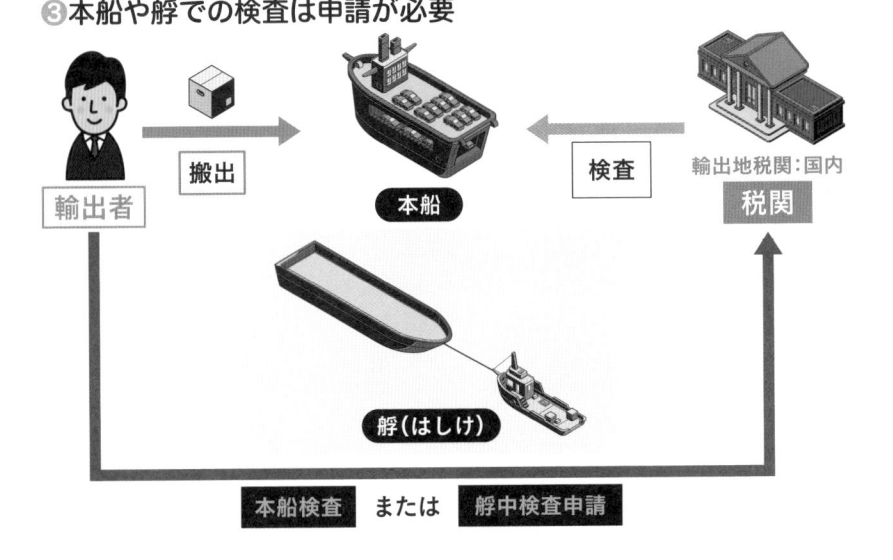

輸出者 → 搬出 → 本船 ← 検査 ← 税関

輸出地税関：国内

艀（はしけ）

本船検査　または　艀中検査申請

# 税関に輸出申告をして審査を受ける

Point! ☑ 税関への輸出申告はNACCSによりオンラインで行える
☑ 税関の審査では、書類に加え現物を検査することもある

## ▶ 輸出申告書の提出

　輸出者より依頼されたフォワーダーは、輸出者の代理人として、税関に**輸出申告書**を提出します。税関は、国際貨物を扱う港湾や空港には必ず存在する財務省管轄下の行政機関です。輸出申告書は輸出者名義で出され、代理人の欄にフォワーダーの名前が記載されます。

　**輸出申告はNACCSシステムによってほぼオンライン化されており（紙の書類でも可）、貨物の保税地搬入前に可能です**が、税関の許可は特定輸出者以外は、貨物が保税地に搬入されてから出されます。

　輸出申告書、**通関用インボイス**、梱包明細、さらには輸出許認可が必要な商品については、それぞれの許認可証の提出が求められます。輸出申告の金額は、74ページに書いたFOB条件下での梱包、輸出港までの輸送、輸出通関などの費用を含む円価額を記載することが求められます。それ以外の受け渡し条件の契約では、円価額FOBへの換算が求められます。FAS、FCA条件の場合は、そのままの金額をFOB額と読み替えて申告可能です。

## ▶ 税関審査と輸出許可発行

　輸出申告を受けた税関は、申告内容を審査して、問題がなければ**輸出許可通知書**をフォワーダーに発行します。輸出申告が特定輸出者による通常の輸出取引であれば、ほぼ自動的に許可が出されますが、それ以外のケースでは、**書類検査に加えて輸出しようとしている商品貨物の現物を検査することもあります**。

▶税関への輸出申告

# ❶輸出申告書の書式(一部)

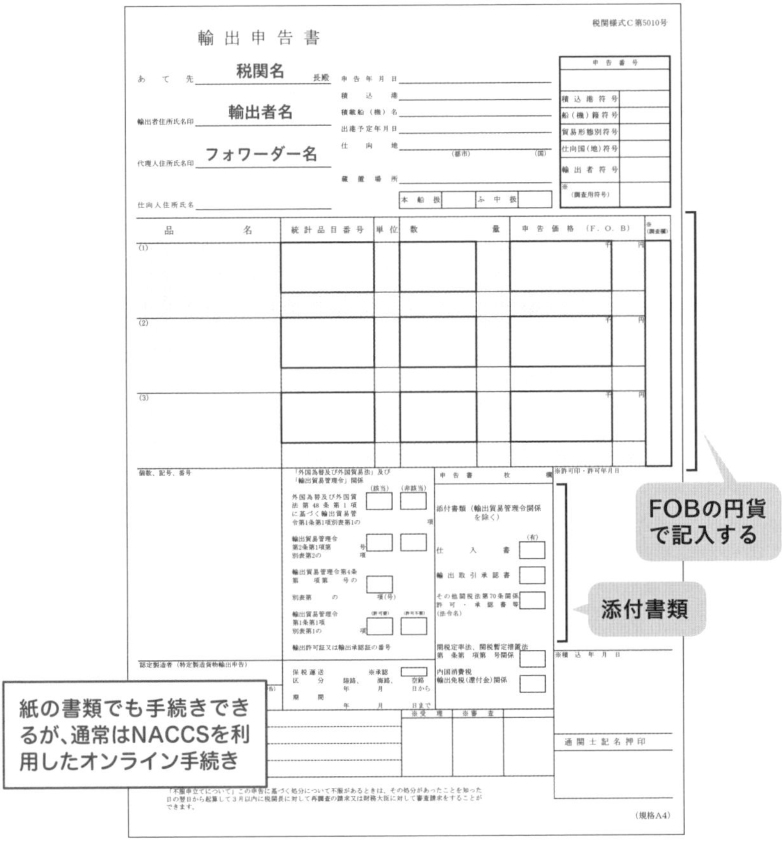

税関様式C第5010号

輸 出 申 告 書

あ て 先 ＿＿＿＿税関名＿＿＿＿長殿

輸出者住所氏名印 ＿＿＿輸出者名＿＿＿

代理人住所氏名印 ＿＿フォワーダー名＿＿

仕向人住所氏名 ＿＿＿＿＿＿＿＿＿＿＿

| 申告番号 |
|---|

申告年月日
積 込 港
積載船(機)名
出港予定年月日
仕 向 地 (都市) (国)
蔵 置 場 所

本 船 積 ふ 中 積

| 積 込 港 符 号 |
| 船(機)籍符号 |
| 貿易形態別符号 |
| 仕向地(地)符号 |
| 輸 出 者 符 号 (調査用符号) |

| 品 名 | 統計品目番号 | 単位 | 数 量 | 申 告 価 格 (F.O.B) | (調査用) |
|---|---|---|---|---|---|
| (1) | | | | 円 | |
| (2) | | | | 円 | |
| (3) | | | | 円 | |

記号、記号、番号

「外国為替及び外国貿易法」及び
「輸出貿易管理令」関係
外国為替及び外国貿易
法第48条第1項
に基づく輸出貿易管
理令第1項(別表第一)の
輸出貿易管理令
第2条第1項第1項(別表第二の)
輸出貿易管理令第4条
第 項第 号の
別表第 の 項(号)
輸出貿易管理令第1条
第1条第1項
(別表第1)の 項(号)
輸出許可証又は輸出承認証の番号

認定製造者(特定製造者等輸出申告)

| 申 告 番 枚 | |
|---|---|
| 添付書類(輸出貿易管理令関係を除く) | |
| 仕 入 書 | (有) |
| 輸 出 取 引 承 認 書 | |
| その他関係法第70条関係許 可 ・ 承 認 番 号 (告示名) | |
| 関税定率法、関税暫定措置法第 条第 項第 号関係 | |
| 内国消費税輸出の免税(還付金)関係 | |

輸出許可・許可年月日

許可・承認年月日

蔵置込年月日

審査区分

通 関 士 記 名 押 印

(規格A4)

> **FOBの円貨で記入する**

> **添付書類**

> **紙の書類でも手続きできるが、通常はNACCSを利用したオンライン手続き**

# ❷輸出申告から輸出許可までの流れ

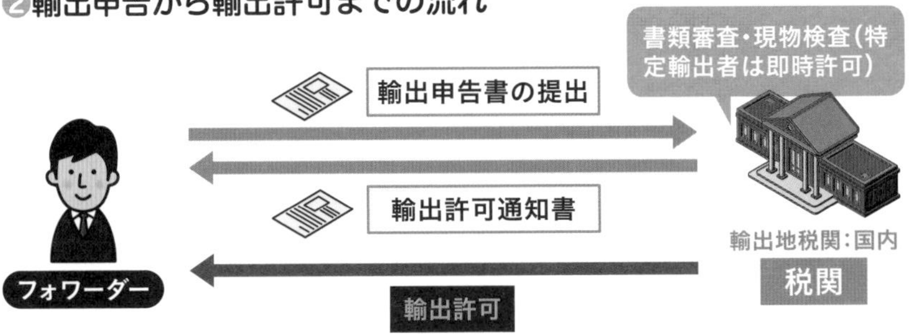

書類審査・現物検査(特定輸出者は即時許可)

🗎 **輸出申告書の提出**

🗎 **輸出許可通知書**

**フォワーダー**

**輸出許可**

輸出地税関：国内

**税関**

# 在来船における輸出船積み手続き

## ▶ 船積み指図書の発行とフォワーダーの役割

　税関から輸出許可通知書を受け取ったフォワーダーは、これを船会社に提示すると、船会社は**船積み指図書（S／O）**を発行します。実際の手順としては、あらかじめフォワーダーが保有する船積み指図書のフォームに必要事項を書き込んで、それを船会社が確認、署名します。

　署名により有効となった船積み指図書は、船会社から本船の船長への貨物積み込みを指示するための書類となります。フォワーダーは当該契約の受け渡し条件に従って貨物を岸壁などに運び、**船積み指図書と輸出許可通知書を本船側に提示すれば、貨物の本船への積み込みが始まります**。

## ▶ メーツレシートからB／Lの発行へ

　貨物の本船への積み込みが完了すると、本船側から**メーツレシート（M／R）**という書類が発行されます。この書類は本船から荷主への貨物の受取証で、船積みが完了したことを証明する書類にもなります。

　フォワーダーはメーツレシートと輸出許可通知書を税関に提示し、船積み確認印を受けたあと、これらの書類を輸出者（荷主）に渡します。36ページで説明した**船荷証券（B／L）は大事な船積み書類ですが、発行にはメーツレシートとの引き換えが必要です**。

　ただメーツレシート上には、船積み作業中に確認されたさまざまな貨物の損傷状態が書き込まれているので（**リマーク**）、このままでは輸出者のほしいB／Lは得られません。それについては146ページで説明します。

▶ **在来船船積みの手順**

フォワーダーは船積みに必要な手続きをして、輸出者に書類を渡す

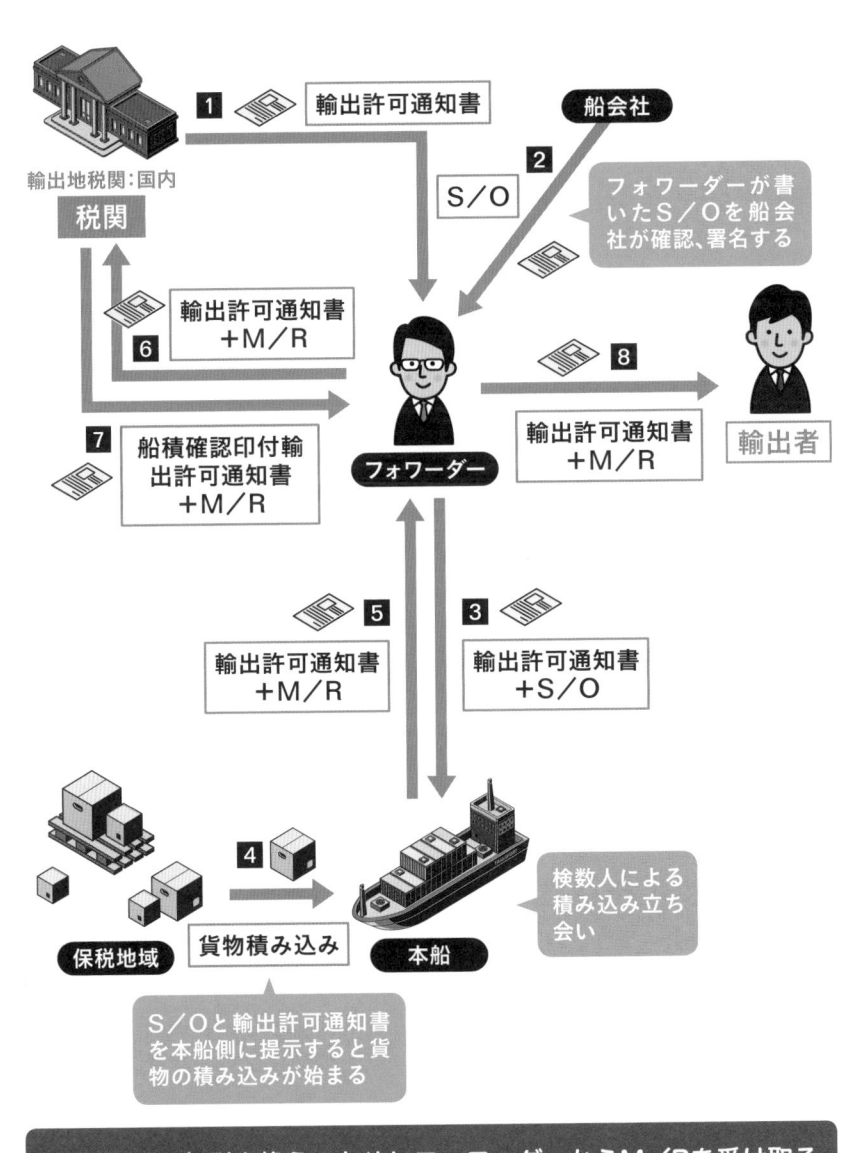

**輸出者はB／L引き換えのためにフォワーダーからM／Rを受け取る**

135

# コンテナ船における輸出船積み手続き

Point! ☑FCLではコンテナ貨物とCLPを一緒に船会社に渡す
☑LCLでは商品がCFSに運ばれ、CLPを船会社が作成する

## ▶ FCLにおける船積み手順

　FCL（126ページ参照）の場合、輸出者が自らの工場や倉庫などで商品のコンテナ詰め作業（バン詰め）を行い、輸出港などのコンテナヤード（CY）にコンテナ貨物を運びます。バン詰めの段階で、**コンテナ内積付表（CLP）**が作成され、税関から輸出許可通知書が出たら、コンテナ貨物はCLPと一緒に、コンテナヤードで船会社に引き渡されます。

　船会社はそれに応じて、フォワーダーに**ドックレシート（D／R）**を発行します。これは在来船におけるメーツレシートに相当する貨物の受取証で、輸出者が船会社からB／Lを発行してもらうために必要な書類です。FCLの場合コンテナごと船会社に引き渡されるので、ドックレシートへのリマークの書き込みはありません。

## ▶ LCLにおける船積み手順

　LCL（126ページ参照）の場合は、商品貨物がバン詰めされないまま、船会社が保税地域に管理する**コンテナフレートステーション（CFS）**に運ばれます。船会社の手によってほかの貨物と一緒にバン詰めされ、CLPは、船会社によって作成されます。

　税関から輸出許可通知を受け取ったフォワーダーは、CFSで貨物を船会社に引き渡すことになります。その際、船会社がドックレシートをフォワーダーに発行するのはFCLと同じですが、LCLではそこで認められた貨物の損傷がドックレシートにリマークとして記載されます。

▸コンテナ船船積みの手順

コンテナ船の場合は船会社からM／Rに代わりD／Rが発行される

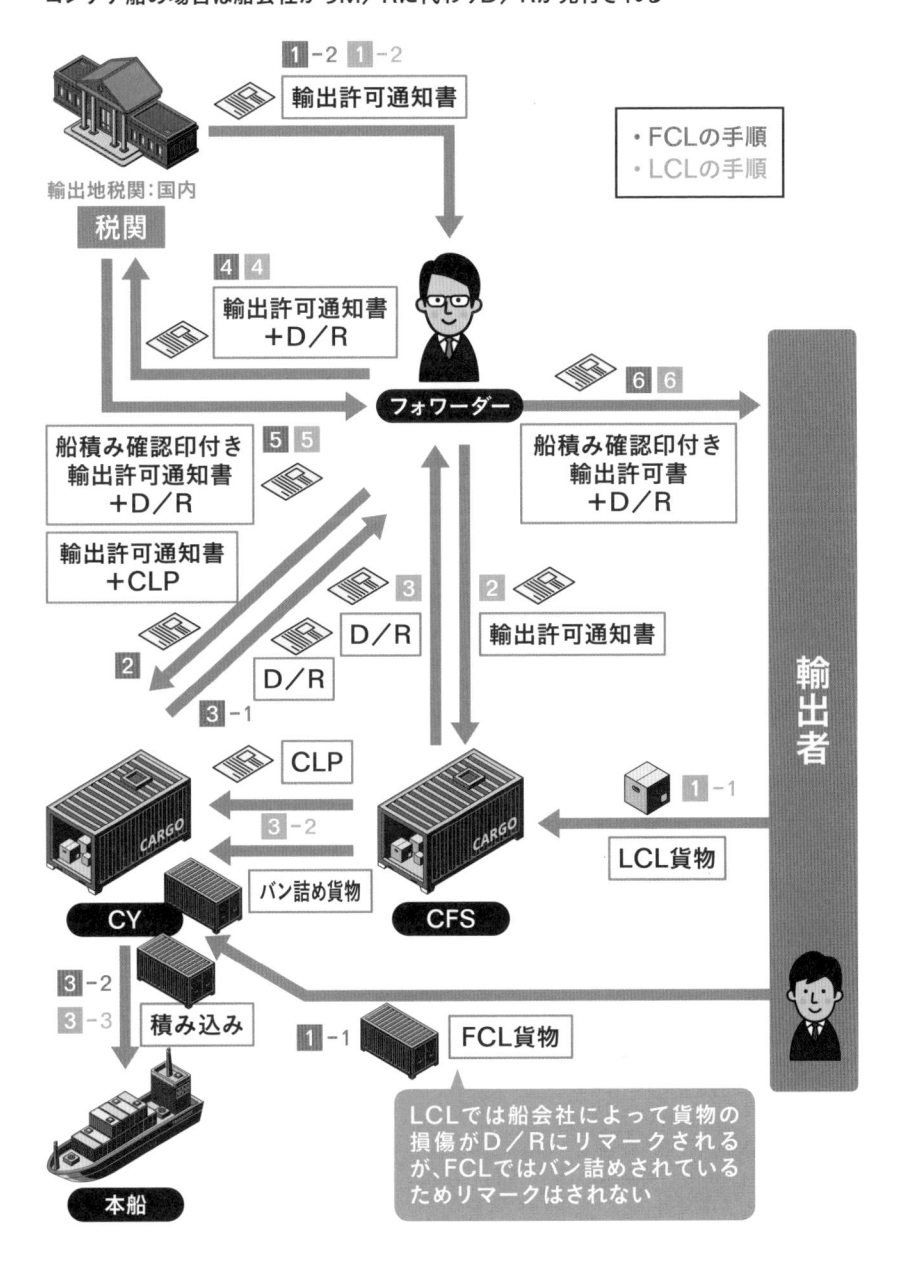

1-2　1-2

輸出許可通知書

・FCLの手順
・LCLの手順

輸出地税関：国内

税関

4　4

輸出許可通知書
＋D／R

フォワーダー

6　6

船積み確認印付き
輸出許可通知書
＋D／R

5　5

船積み確認印付き
輸出許可書
＋D／R

輸出許可通知書
＋CLP

3

D／R

2

輸出許可通知書

2

D／R

3-1

輸出者

CLP

3-2

バン詰め貨物

1-1

LCL貨物

CY

CFS

3-2
3-3

積み込み

1-1

FCL貨物

本船

LCLでは船会社によって貨物の
損傷がD／Rにリマークされる
が、FCLではバン詰めされている
ためリマークはされない

137

# chapter6 59 航空機輸送における輸出手続き

Point! ☑ 航空貨物代理店は航空会社に代わって集荷を行う
☑ エアウェイビル（AWB）は有価証券ではない

## ▶ 航空貨物代理店の業務とは

　航空会社は船会社と違い、自ら集荷を行いません。代理でそれを行う者は航空会社に指定されて**国際航空運送協会**に登録された業者と、小口の貨物を集荷して航空会社に対して荷主となる**利用航空運送事業者**（**混載業者**）に区別されます。しかし、実際には多くの**航空貨物取扱業者**（以下フォワーダー）が両方の事業を兼務しています。

　フォワーダーは受け取った貨物に対して、輸出者（荷主）に**エアウェイビル**（**AWB**）を発行します。エアウェイビルは船舶貨物の船荷証券（B／L）と対比されますが、有価証券ではありません。**AWBは航空会社の発行する運送状兼請求書ですが、輸出者に対しては貨物の預かり証となり、輸入者に対しては貨物の発送案内状となります。**

## ▶ 航空貨物の輸出手続き

　**航空機で運べる貨物には制限があります**。そのことは国土交通省主管の**航空法**に定められており、フォワーダーが集荷の際、貨物の引き受け可否をチェックします。

　輸出貨物はフォワーダーの貨物ターミナルに運ばれ、そこで梱包、検量、ラベル貼り（船舶貨物の荷印＝AWB番号など）を経て、輸出申告が行われます。その後、貨物は空港の保税地域に搬入され、税関より輸出許可通知書が出たら、各航空会社の国際線貨物ターミナルに移り、航空機に搭載されます。

## ❶ 貨物の動きとAWBの発行

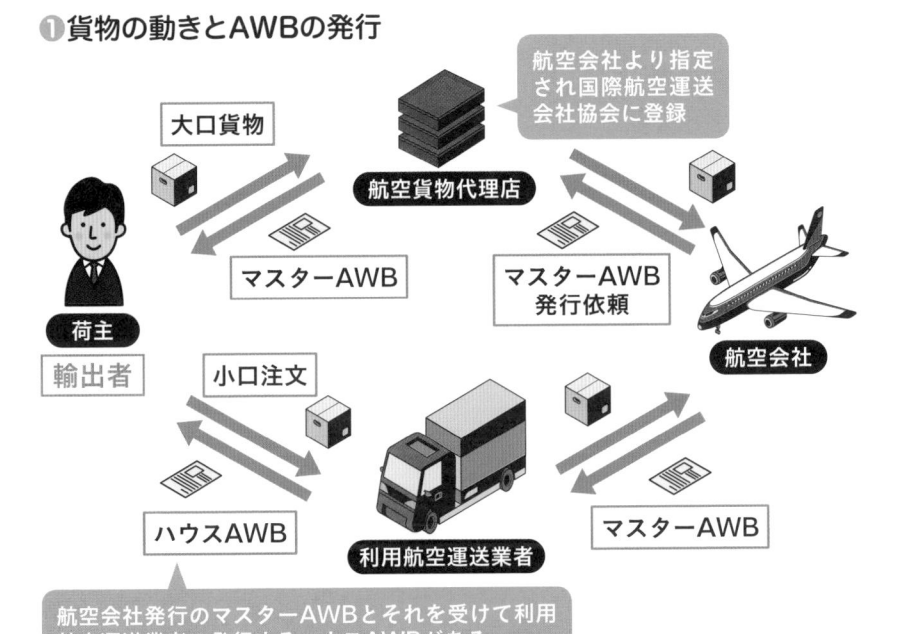

大口貨物

航空会社より指定され国際航空運送会社協会に登録

航空貨物代理店

マスターAWB

マスターAWB発行依頼

荷主

輸出者

航空会社

小口注文

ハウスAWB

利用航空運送業者

マスターAWB

航空会社発行のマスターAWBとそれを受けて利用航空運送業者の発行するハウスAWBがある

## ❷ AWBの持つ機能

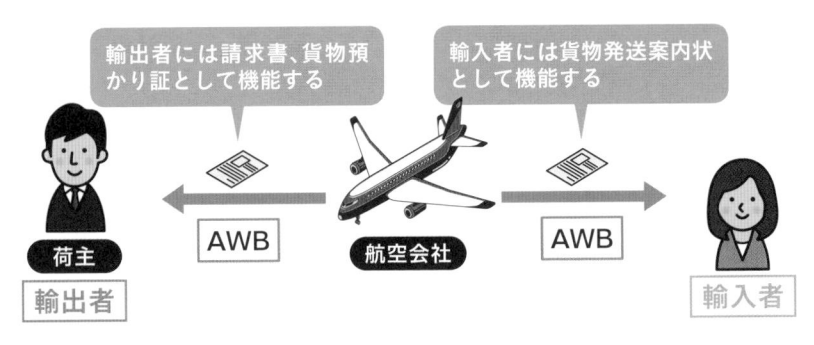

輸出者には請求書、貨物預かり証として機能する

輸入者には貨物発送案内状として機能する

荷主

AWB

航空会社

AWB

輸出者

輸入者

AWBは船舶輸送のB／Lと対比されるが、有価証券ではない

# AEO 制度と格差問題

近年、社会における格差の問題が顕著になっています。中間層が減少する一方で、富める者と貧しい者に社会が分断されてゆく。そして、富める者はますます富み、貧しい者はますます貧しくなる傾向にあります。日本は諸外国に比べれば、未だに中間層の多い比較的安定した社会であるとは思いますが、格差社会になりつつあるともいわれています。

世の中の格差社会化を思うとき、貿易実務の世界にもその影響が映し出されてきているように感じます。そこで連想されるのが、**AEO**、すなわち信頼のおける貿易事業者とそうでない事業者の間に、取り扱いで差別を付ける制度です。

信頼できる事業者に対しては、通関手続きなどで**優遇措置**を与え、そうでない事業者に対しては、検査など厳しく対処する。優遇措置の恩恵を受ける事業者は、主として先進諸国などの一流企業です。一方その恩恵に浴しないのは、テロ活動など社会秩序の攪乱に関わる疑いを払拭できないような事業者です。前者は富める地域に目立ち、後者はそうでない地域に目立ちます。

もちろんAEO制度は社会の格差問題と直接の関係はなく、筆者もこの制度を支持する1人です。AEO制度は国際的な広がりを見せ、主要国がこの制度を積極的に取り入れています。日本は、主要貿易パートナーである、欧米、ASEAN主要国、さらには中国、台湾、韓国などと相互承認の制度を確立して、双方のAEO認定業者への優遇を実施しています。しかしAEOは、優良事業者とそうでない事業者との格差をさらに広げる制度にも見えます。優遇措置を受ける者は貿易取引の円滑化でますます栄え、そうでない者は貿易取引からの富を得にくくなる。テロ活動や社会秩序の攪乱は主に社会の貧困化から生まれることを考えると、AEO制度に対してややアンビバレントな気持ちにもなります。

# chapter 7

商品を契約通りに出荷した輸出者として
は、商品の代金を回収する必要がありま
す。輸出者はいかなる手順をもって代金を
請求するか、順を追って解説します。

## chapter7
# 60
# 船積み後の
# 代金決済実務の流れ

Point! ☑ 船積み後、代金取り立ての準備を始める
☑ 代金取り立てに必要な船積み書類を作成する

### ▶ どの場合でも必要な輸出者の実務

　どの決済条件でも、**商品の出荷、船積みが終わった輸出者がやるべき仕事があります。それは、船積み書類を輸入者に送ることです**。船積み書類がなければ、輸入者は商品の受け取り手続きに支障をきたすからです。

　輸出者は輸入者に対し、商品の出荷、船積み情報をEメールなどで即刻送り、その後船積み書類が揃った段階で送ります。送金決済については、88ページで書いたように、さまざまなケースがありますが、いずれの場合にも**請求書（BILL）**を輸入者に送って、輸入者からの入金を待ちます。請求書を送るタイミングは契約条件によりますが、船積み書類については、商品出荷後なるべく早く送る必要があります。

### ▶ 荷為替手形を組んで銀行に持ち込む

　荷為替手形決済の場合でも、商品出荷後、輸入者にその情報を送り、船積み書類を揃える作業は、送金決済の場合と同じです。ただし、荷為替手形決済の場合、船積み書類は荷為替手形と一緒に、銀行経由で送られることになります。輸出者が揃えるべき船積み書類については、契約で規定されますが、**特にL／C決済の場合は、L／C上に揃えるべき書類の内容とその枚数が書かれているので、注意が必要です**。

　船積み書類を揃えたら、荷為替手形を作成して銀行に持ち込み、輸入者への代金取り立てを依頼します。L／Cの場合、銀行持ち込みの期限があるのでこれも要注意です。

▸代金決済の流れ

## ❶送金決済の場合

送金決済では請求書を輸入者に送り、輸入者からの入金を待つ

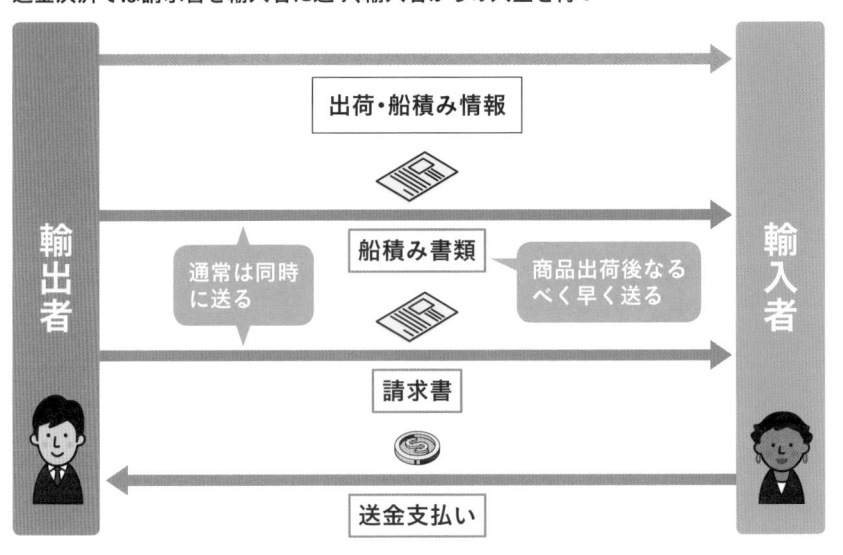

## ❷荷為替手形の場合

荷為替手形決済では船積み書類と荷為替手形を銀行経由で送る

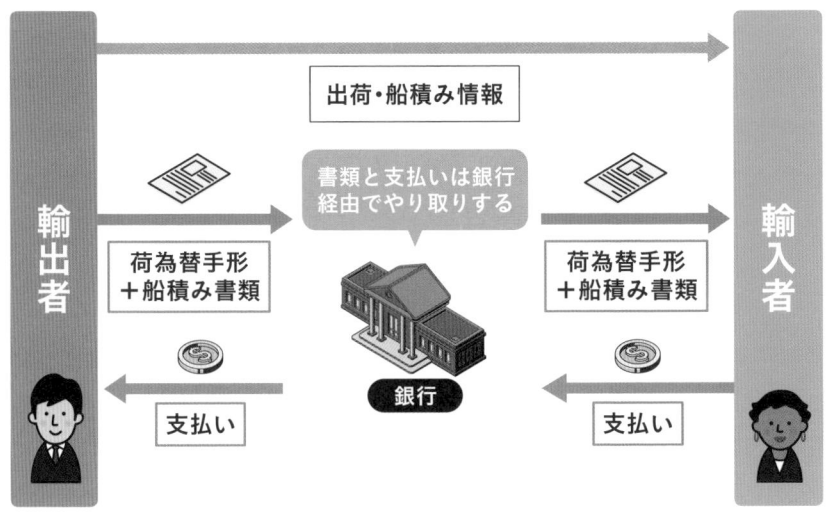

# chapter7 61

# 船積み作業が終わったら
# 船積み通知を送る

Point! ☑ 船積み通知で伝える内容は、商品の内容と輸送手段の詳細
☑ 航空機輸送の場合は、輸出地出発前に船積み通知を送る

## ▶ 船積み通知で何を送るか

輸出者は商品の出荷、船積み作業が終わったら、輸入者に対して、その旨を早急にメールなどで伝える必要があります。船積み通知で伝えるべき情報は、出荷した商品の内容や、それを積載した輸送手段の詳細です。

商品の性質によっては、実際出荷するまで最終の数量が定まらないものもあり、その場合は特に正確な出荷数量と、それによって定まる最終の輸出金額を、輸入者に伝えることが大事です。さらには、商品を積載した輸送手段の名前（船舶の名前や飛行機の便名など）や出発地情報（港湾や空港名、出発日時）、そしてもっと大事なのが、輸入地への到着情報（到着する港湾、空港名と到着予定日時）です。

近隣国への輸出や、航空機輸送の場合、すぐ輸入地に到着するので、輸出者は輸送手段が輸出地を出発する前から、予定のスケジュールで輸入者に船積み通知を送る配慮も必要です。

## ▶ 船積み通知を受けた輸入者の実務

船積み通知を受けた輸入者は、輸入商品の到着するときを見計らって、輸入準備を進めます。まず、商品が積載された輸送手段を扱う現地の代理店に、船積み通知の情報を再確認します。また、海上保険を輸入者側で掛ける契約の場合、実際の出荷前に保険を掛ける必要があり、輸出者に対して出荷前から商品の準備状況を知らせてもらいます。場合によっては、出荷後に判明する最終金額によって、保険金額を修正する必要もあります。

▶ 船積み通知例

**○○ INTERNATIONAL COMPANY LTD.**
2956-12, △△-choo, Chita-shi, Aichi-ken, Japan
Phone:0562-△△-5800 URL:www.samidar.com

Messrs.Debujya World Trading Company LTD.
New Extension ○○,Khartoum, Sudan

# SHIPPING ADVICE

Dear Sirs,

We are pleased to inform you that our shipment was complete as follows.

| Your Order Number: | Date of Order: |
|---|---|
| TOMIM2004JP | April 22th, 2020 |

**Description of Cargo:**

ANESAMA TRACTOR-SS359　50 Units

Total Net Weight: 22,000 KGS
Total Gross Weight: 26,500 KGS

Total Invoice Amout: US$192,857

数量や金額など
の商品情報

**Name of Vessel:**

"NOGIZAKA MARU" (Random Shipping co.)

**B/L Date & Port of Shipment:**

August 21, 2020 at Nagoya

出発情報

**ETA & Port of Discharge:**

October 4th, 2020 at Port Sudan

到着情報

Please contact the following Shipping Agent for cargo clearance.

BARBARY Forwarder Service Company

Address: ○○ Marina Road, Port Sudan, Sudan
Phone: 56663, 84359, △△△△

Yours Sincerely

for SAMIDER INTERNATIONAL COMPANY LTD.

**SIGNED**

General Manager, Export Division
August 22,2020

輸出実務

輸出実務③　代金決済手続き

# chapter7 62 船荷証券(B／L)の 機能と記載事項

**Point!** ☑ B／Lは所有者に商品貨物の所有権が生ずる有価証券
☑ B／Lの記載事項では特に日付に注意する

## ▶ B／Lの機能とクリーンB／Lについて

　**船荷証券(B／L)は、船積み書類の中でもっとも重要な書類で、その所有者に商品貨物の所有権が生ずる有価証券です**。所有権は、B／Lの所有者が自己署名のみの**白地裏書き**をすることで順次譲渡され、最終的にB／Lを受け取った輸入者が、貨物を受け取ることになります。

　コンテナ船のFCLの場合を除き、船積み完了後に受け取るM／R、D／Rといった書類上には、積み込み時に発見された貨物の損傷状況がリマークとして書き込まれます。輸出者はM／RやD／Rを船会社に持ち込んで、引き替えにB／Lを発行してもらいますが、これらのリマークはそのままB／L上に記載されます（**ファウルB／L**）。一方、輸入者は通常リマークなしのB／Lを要求するので、輸出者は船会社に**補償状（L／I）**を差し入れることで、リマークを削除した**クリーンB／L**を発行してもらいます。

## ▶ B／L上に記載される事項

　B／Lには、**荷受人**と**通知人**を記載する欄があり、荷受人に書かれた人が貨物の受け取り権を有します。輸出者配船の場合、**運賃前払い**となり、輸入者配船の場合は**運賃後払い**となります。

　B／Lの記載事項は右ページの通りですが、特に注目すべきは**B／Lの日付**です。通常輸出港の出港日ですが、本船の輸出港停泊期間内であっても可です。L／C決済の場合、B／Lの日付がその船積み期限内であることが求められます。

▶船荷証券（B／L）

# ❶B／Lのひな形

**RANDOM SHIPPING LINE**
**BILL OF LADING**

| Sipper: | 輸出者名 |
| Consignee: | 貨物受取人：輸入者あるいはto order（148ページ参照） |
| Notify Party: | 通知すべき人：通常は輸入者 |
| (Local Vessel) | |

Shipped on board the Vessel, the Goods ,or packages said to contain the cargo described below, in apparent good order and condition on board the Vessel for carriage to the port of Discharge or such other place as selected by the Carrier under the term and conditions of this Bill of Lading, with or without transhipment, as the Vessel and/or other connecting conveyances may safely get and to be delivered there in like ans condition unto order or assign, subject to the terms,conditions and on the face and back hereof.

| Ocean Vessel | Voy.No. | Port of Loading | | |
| Port of Discharge | | For Transhipment to | | Final Destination |
| Marks & Numbers | No of Pkgs | Description of Goods & Kind of Pkgs | | Gross Weight & Measurement |
| | | | | (Weight) | (measurement) |

運賃前払いのとき記載。後払いのときは"FREIGHT COLLECT"

| Total | | FREIGHT PREPAID | | |
| Total Number of Packages or Units (in words) | | | | |
| Revenue Tons | | Freight Rate | Per | Prepaid | Collect |

B／L date：本船出航日あるいは停泊期間のいずれの日

| Ex.Rate | Prepaid at | | Payable at | Place of B/L Issue | Dated |
| | Prepaid in Local Currency | Number of Original B/L | | **RANDOM SHIPPING LINE** | |

# ❷クリーンB／Lの取得手順

輸出者 ⟶ リマーク付きM／R(D／R) ⟶ 船会社

輸出者 ⟵ ファウルB／L ⟵ 船会社

輸出者 ⟶ L／I ⟶ 船会社

輸出者 ⟵ クリーンB／L ⟵ 船会社

# 輸送形態や記載内容などによるB／Lの種類

> **Point!** ☑ 荷受人欄に輸入者名が書かれたものがストレートB／L
> ☑ B／Lは輸送形態や記載内容などで呼び名が変わる

## ▶ 重要な荷受人欄の記載

146ページで解説したように、B／Lの荷受人欄に書かれた者が、貨物を受け取るべきその所有権者となります。通常なら輸入者の名前が書かれるべきで、これを**ストレートB／L**と呼びます。

しかし、**輸入者の支払いを貨物の引き渡しの条件とする荷為替手形では、荷受人欄に"to order"と記載することが普通です**。これは「B／L所有者の指図通り」という意味で、このB／Lを**オーダー（指図式）B／L**と呼びます。オーダーB／Lは荷為替手形に添付され、白地裏書きされながら最終的に輸入者が荷為替手形を決済したところで、受け取ることになります。

## ▶ B／Lの種類

本船名の記載されたB／Lを**Shipped B／L**と呼び、記載されていないものが**Received B／L**です。コンテナ船の場合CFSやCYで貨物が引き渡された段階では、本船名が決まっていない場合があります。**輸入者は通常Shipped B／Lを要求するので、輸出者は船が決まった段階で船会社から船積み証明を付けてもらい、Received B／Lから切り替えてもらいます**。

また、ひとつの船舶で最終目的地の港まで運ぶ普通のB／Lを**ダイレクトB／L**と呼び、複数の輸送手段に積み替えて内陸国などまでの輸送をカバーするものを、**スルーB／L**と呼びます。また、すぐ輸入地に到着してしまう近隣国貿易で、輸入者の貨物受け取りを円滑化するために考案されたのが**サレンダーB／L**です（右ページ参照）。

# ❶輸送形態や記載内容などによるB／Lの呼び名

| B／L | 内容 |
|---|---|
| ストレートB／L | 荷受人欄に輸入者名が記載 |
| オーダーB／L | 荷受人欄に"TO ORDER"と記載<br>白地裏書によって輸出者、輸出地銀行、輸入地銀行、輸入者の順で譲渡される |
| ダイレクトB／L | 1つの船で目的地までカバー |
| スルーB／L | 複数の輸送手段で目的地までをカバー |
| SHIPPED B／L | 本船名が記載されたB／L |
| RECEIVED B／L | 本船名が記載されていないB／L<br>船会社による船積み証明によってSHIPPED B／Lに切り替わる |
| サレンダーB／L | 近隣国貿易で輸入者の貨物受け取りを円滑化する（下図参照） |

# ❷サレンダーB／Lのしくみ

近隣国貿易でB／Lの到着が間に合わず貨物引き取りに支障をきたすことを避ける

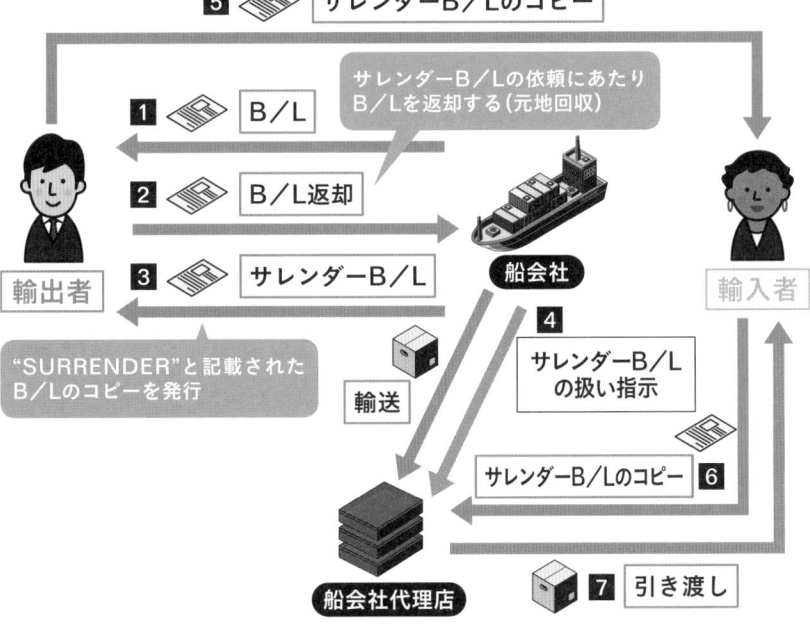

# chapter7 64 輸出者が準備すべき 船積み書類の種類と内容

> **Point!** ☑ 輸出者が準備すべき主な船積み書類は4種類
> ☑ 輸出者が海上保険を掛ける場合は保険証券を取得

## ▶ L／Cで要求される船積み書類の実例

　船積み書類について、83ページのL／Cひな型に記載の要求書類（Documents Required）に沿って説明します。

　まずはサイン付きでL／C番号記載の**コマーシャルインボイス**3通、次に**フルセット**のクリーンB／Lで、荷受人は"to order of shipper"（荷主の指図通りの意味）、白地裏書きして、運賃後払い、通知人はaccountee（輸入者名を書く）と記載することが要求されています。さらに**梱包明細（パッキングリスト）**3通と、**原産地証明書**1通を、荷為替手形に添付する旨要求されているため、輸出者はこれらの船積み書類を準備する必要があります。

　**コマーシャルインボイスは自ら作成可能です。B／Lは船会社から、梱包明細は商品の供給者から入手します。**原産地証明書は、**商工会議所**に発行を申請することで入手可能です（232ページ参照）。

## ▶ そのほかの船積み書類について

　加えて、輸出者が海上保険を掛ける場合は、**保険証券**の荷為替手形への添付が求められます。保険証券には、輸出者の白地裏書きが必要です。**輸出地以降の危険責任を輸入者が負う場合は、クレームの際この保険証券が手続きに要求されます。**

　ほかの船積み書類としては、契約の内容によりますが、116ページで書いた商品の検査証明書（報告書）や、輸出地にある輸入国政府公館の発行する証明書（**領事インボイス**）が必要な場合もあります。

## ▶船積み書類

## ❶インボイスのひな形

<table>
<tr><td colspan="6" align="center">**INVOICE**</td></tr>
<tr><td colspan="2" rowspan="2">Seller's Name & Address<br><br>輸出者名</td><td colspan="2">Invoice Number</td><td colspan="2">Date　インボイス日</td></tr>
<tr><td colspan="2">Contract Reference Number<br>契約番号</td><td colspan="2"></td></tr>
<tr><td colspan="2" rowspan="2">Buyer's Name & Address<br><br>輸入者名</td><td colspan="2">Country of Origin of Goods<br>商品の原産国</td><td colspan="2"></td></tr>
<tr><td colspan="2">Country of Final Destination<br>輸入国</td><td colspan="2"></td></tr>
<tr><td>Shipping Mark</td><td>Description of Goods</td><td>Quantity (units)</td><td>Unit Price Delivery Term</td><td colspan="2">Amount</td></tr>
<tr><td rowspan="2">荷印</td><td rowspan="2">出荷する商品の詳細</td><td rowspan="2">最終数</td><td rowspan="2">単価</td><td colspan="2">総額</td></tr>
<tr><td colspan="2">Total Contract Amount</td></tr>
<tr><td colspan="2">Name of Carrier ( Vessel/Flight Number/etc.)<br>本船名、便名</td><td colspan="4">Port of Loading & Date of Shipment<br>船積み港、出港日(B/L date)</td></tr>
<tr><td colspan="2">Inspection<br>商品検査情報</td><td colspan="4">Port of Discharge<br>荷卸し港</td></tr>
<tr><td colspan="2">Marine Insurance<br>海上保険条件</td><td colspan="4">Packing<br>梱包条件</td></tr>
<tr><td colspan="2">Payment<br>支払い条件　(L／C決済の場合、L／C番号も記載)</td><td colspan="4">Other terms and conditions<br>そのほかの条件</td></tr>
<tr><td colspan="6">Signature<br><br>for　輸出者署名</td></tr>
</table>

## ❷基本的な船積み書類

| 書類 | 内容 |
|---|---|
| インボイス | 船積み概要を記載(上図参照) |
| B/L | 輸入者が貨物引き取りに必要な最重要船積み書類。通常はフルセット3通(ORIGINAL、DUPLICATE、TRIRRICATE)が発行される |
| パッキングリスト | 出荷商品の梱包明細 |
| 原産地証明書 | 輸出地産品であることを証明 |

# 荷為替手形を作成し
# 銀行に持ち込む

(Point!) ☑ 荷為替手形を銀行に提出し買い取りを依頼する
☑ L／C決済の宛先は発行銀行、B／C決済の宛先は輸入者

## ▶ 輸出者が荷為替手形を銀行に持ち込む際のポイント

必要な船積み書類を揃えた輸出者は、荷為替手形を作成して、銀行に持ち込みます。この行為を通じて、輸出者は銀行に対して、荷為替手形の**買い取りを依頼**することになります。

その際輸出者が銀行に対して荷為替手形の買い取り**申請書**を提出しますが、申請書にはL／C決済用と、D／PやD／AなどのB／C決済の場合に用いられる非L／C決済用があります。

L／C決済の場合、輸出者は、そのL／Cを受け取った通知銀行に対して買い取り依頼をします。L／Cにはその旨が記載されているはずです。

B／C決済の場合、特に荷為替手形を持ち込む銀行の制約はありません。輸出者、輸入者それぞれの取引銀行、あるいは銀行間の関係を配慮しながら、円滑に作業が進む方法を相談して決めるのがよいでしょう。

## ▶ 荷為替手形の内容

銀行に買い取り依頼するための荷為替手形には、おおむね定型のフォームがあります。L／C決済の場合、荷為替手形の宛先は、L／Cの発行銀行になるのが普通です。B／C決済の場合は、宛先が輸入者になります。

荷為替手形にはインボイス金額（輸出代金の金額）を輸入者から取り立て、手形の買い取り銀行（輸出地銀行）に支払う旨を要請する文言が書かれています。右ページに載せた荷為替手形のひな形は、一覧払い（at sight）のL／C用で、輸出者から、L／Cの発行銀行宛に降り出されたものです。

▶ 荷為替手形

# ❶荷為替手形の買い取り依頼

## [L／C決済の場合]

L／C発行銀行宛ての荷為替手形を買い取ってもらう

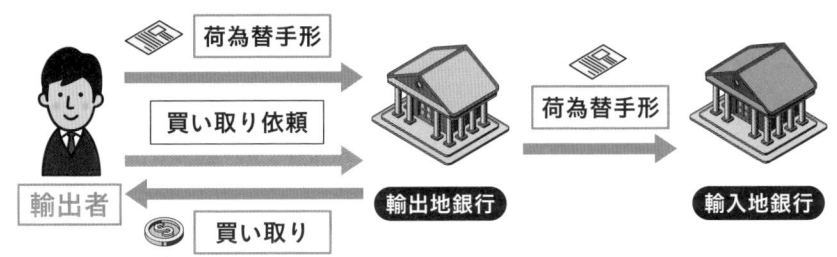

## [B／C決済の場合]

輸入者宛ての荷為替手形で銀行が取り立てをする

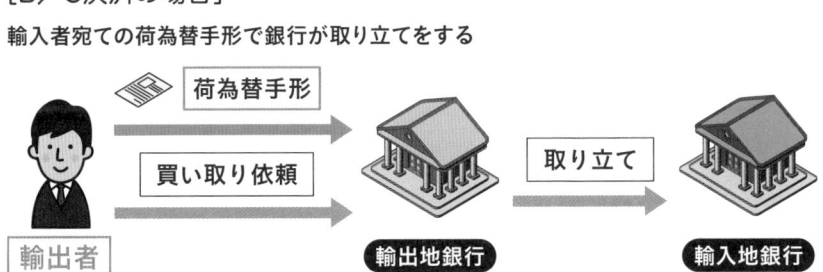

# ❷荷為替手形のひな形(一覧払いL／Cの場合)

---

**BILL OF EXCHANGE**

FOR　インボイス金額(数字)　　　　　　　　　　　　　　　　　　NO

AT　××××× (一覧払い)　SIGHT OF THIS FIRST BILL OF EXCHANGE (SECOND OF THE
SAME TENOR AND DATE BEING UNPAID) PAY TO　輸出地の買い取り銀行名
OR ORDER THE SUM OF　インボイス金額(文字)


VALUE RECEIVED AND CHARGE THE SAME TO ACCOUNT OF　輸入者名

DRAWN UNDER　L／C発行銀行名

L／C NO.　　　　　　　　　DATED　輸出者署名　日付

TO　L／C発行銀行名

---

輸出実務

# L／C決済における
# 荷為替手形の取り扱い

Point! ☑ 荷為替手形に問題がなければ、そのまま買い取られる
☑ 荷為替手形に問題があれば、買い取り拒否の可能性がある

## ▶ 荷為替手形の内容に問題のない場合

　輸出者より荷為替手形の買い取り依頼を受けた輸出地の銀行は、持ち込まれた荷為替手形の中身を慎重に調べます。ポイントは、L／Cに記載された諸条件通りに、荷為替手形が作成されているかどうかです。**問題がなければ荷為替手形は買い取られ、輸出者に対して支払いが行われます**。

　一覧払い条件のL／Cであれば、荷為替手形の金額がそのまま支払われますが、**ユーザンス付きL／C**（84ページ参照）の場合、ユーザンス（支払い猶予）期間分の金利を差し引いた金額が輸出者に支払われます。つまり、輸出者はあらかじめその間の金利分を価格に上乗せしておく必要があります。荷為替手形を買い取った輸出地の銀行は、輸入地のL／C発行銀行に対して、荷為替手形を送り、代金を取り立てます。

## ▶ 荷為替手形に問題がある場合

　**買い取り銀行が荷為替手形の内容に不備を見つけた場合、買い取りを拒否することもあります**。L／Cの要求と荷為替手形内容の不一致を、**ディスクレ**といいます。ディスクレが軽微である場合は、輸出者が**保証状**を差し入れることを条件に、買い取りに応じます。ディスクレが軽微でも銀行として判断が微妙なときは、L／C発行銀行経由輸入者に問い合わせて、了解を取り付けた上で、荷為替手形を買い取ります。

　また、L／C発行銀行の信用に不安がある場合、まずは発行銀行に決済を求め、発行銀行から入金後に、荷為替手形を買い取るケースもあります。

▶荷為替手形の買い取り

# ❶L／C決済の荷為替手形の買い取り

| 荷為替手形 | 銀行の対応 |
|---|---|
| 内容問題なし | 買い取り(輸出者へ代金支払い) |
| 内容問題あり(ディスクレ) | 買い取り拒否 |
| | 輸出者の保証状で買い取り(L／Gネゴ) |
| | 輸入者の確認取り付けの上で買い取り(CABLEネゴ) |

荷為替手形の内容に不備があった場合の
銀行の対応は3通り考えられる

# ❷荷為替手形による代金回収

輸出者から買い取った荷為替手形をもとに輸入者に支払いを求める

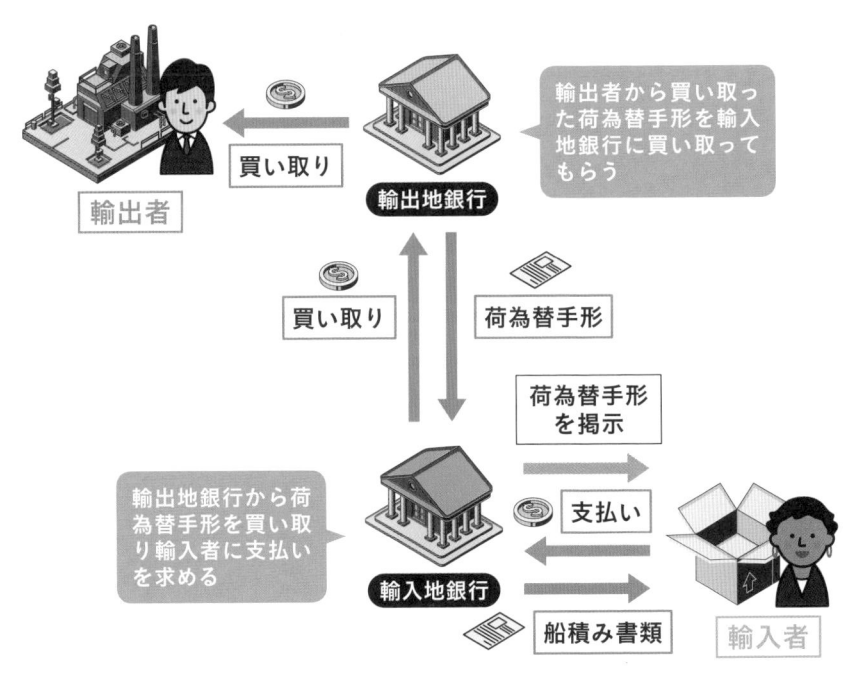

荷為替手形に不備がなければ、支払いを受けられる

# chapter7
# 67
# B／C決済における
# 荷為替手形の取り扱い

Point! ☑D／P決済では支払いを一定期間遅らせる条件がある
☑D／A決済では手形満期までに支払う約束の条件がある

## ▶ D／P決済における荷為替手形の買い取り

B／C決済の場合、銀行は荷為替手形をすぐ買い取ってくれません。荷為替手形は輸入地の銀行経由輸入者に提示され、輸入者が支払い（手形決済）を行うことで、ようやく荷為替手形が買い取られることになります。

**D／Pの場合、荷為替手形の提示を受けた輸入者が支払えば、輸入者は船積み書類を受け取り、輸入地に運ばれた商品貨物を引き取ることができます。** D／P決済は、一覧払い（D／P at sight）条件が多いですが、荷為替手形を提示された日から〇日後に支払いをするような、**D／P〇days after sight**といった条件のものもあります。荷為替手形の買い取りがその分遅れるため、輸出者としては、代金回収が遅れる分の金利コストを、あらかじめ採算に織り込んでおく必要があります。

## ▶ D／A決済における荷為替手形の買い取り

D／A決済の場合、**D／A〇days after B／L date**といった条件となり、輸入者からの支払いを、B／L date後〇日の**手形満期**まで、待たねばなりません。D／A決済では、荷為替手形が輸入地の銀行によって輸入者に提示されますが、輸入者は**満期までの支払いを約束する**ことで、船積み書類を受け取ることができ、手形決済の前に、貨物の引き取りが可能となります。

**輸出者にはリスクの大きい決済条件なので、その間の金利コストを価格に上乗せすると同時に、輸出手形保険（115ページ参照）を掛けてリスクをカバーします。**

▸D／P決済とD／A決済

# ❶D／P決済の代金回収

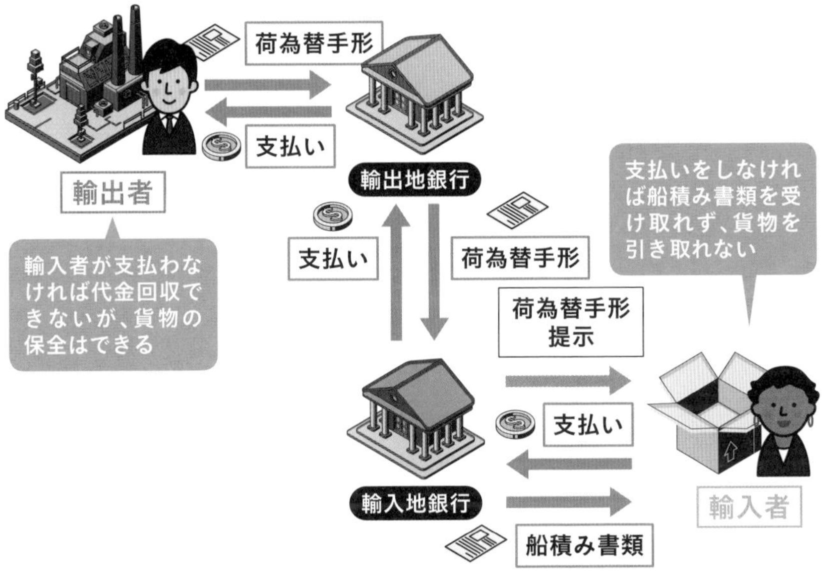

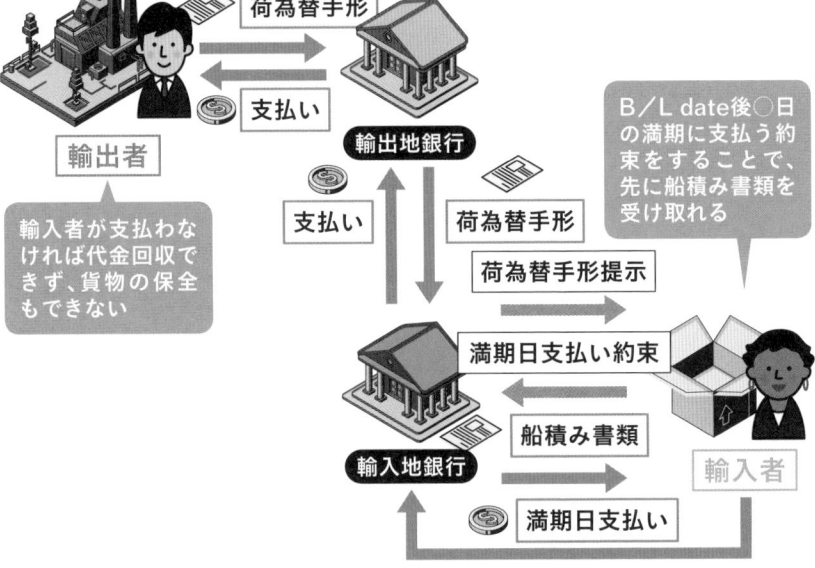

荷為替手形

支払い

輸出者

輸出地銀行

輸入者が支払わな
ければ代金回収で
きないが、貨物の
保全はできる

支払いをしなけれ
ば船積み書類を受
け取れず、貨物を
引き取れない

支払い

荷為替手形

荷為替手形
提示

支払い

輸入地銀行

輸入者

船積み書類

# ❷D／A決済の代金回収

荷為替手形

支払い

輸出者

輸出地銀行

輸入者が支払わな
ければ代金回収で
きず、貨物の保全
もできない

B／L date後○日
の満期に支払う約
束をすることで、
先に船積み書類を
受け取れる

支払い

荷為替手形

荷為替手形提示

満期日支払い約束

船積み書類

輸入者

輸入地銀行

満期日支払い

# chapter7 68 航空機輸送貨物の 代金決済手段

Point! ☑ 商品引き換え払いで輸出者のリスクを回避する方法がある
☑ 貨物を担保物件とすることで荷為替手形決済も使える

## ▶ 航空貨物は通常送金決済だが……

航空貨物はすぐ輸入地に到着するので、銀行経由で船積み書類を送る荷為替手形決済には馴染みません。したがって多くは送金決済で行われ、船積み書類は輸出者から輸入者に直送されます。エアウェイビル（AWB）の荷受人欄も輸入者の名前が書かれるので、代金前払い契約を除けば、輸入者は代金決済前に、商品貨物を受け取れます。

輸出者が代金不払いリスクを回避する方法に、88ページで触れた**商品引き換え払い決済**の方法があります。輸出者は輸入地に**代理店**あるいは子会社、支店を置き、AWBの荷受人をそれら輸入地の代理店などとします。**輸入者が代金決済をすれば、代理店などが商品を引き渡すやり方です。**

## ▶ 航空貨物における荷為替手形決済の方法

航空機貨物の場合でも、荷為替手形決済にできる方法もあります。輸出者はAWBの荷受人欄に輸入地の銀行名を書きます。航空便で送られた貨物の受け取り権は輸入地の銀行が持つことになります。

そこで銀行は、輸入者が荷為替手形到着時の支払いを確約する約束手形と、手形決済まで貨物が銀行の担保物権であることを認める**輸入担保荷物保管証**を差し出すことで、航空会社に対して輸入者へ貨物を引き渡す旨を指示する**リリースオーダー**を輸入者に与えます。輸入者はリリースオーダーをもって航空会社から貨物を引き取り、その後**荷為替手形を決済することで、貨物に掛けられた銀行の担保権を解除してもらいます。**

▶ 航空貨物取引のリスク回避方法

# ❶ 輸入地に輸出者の代理人を置く

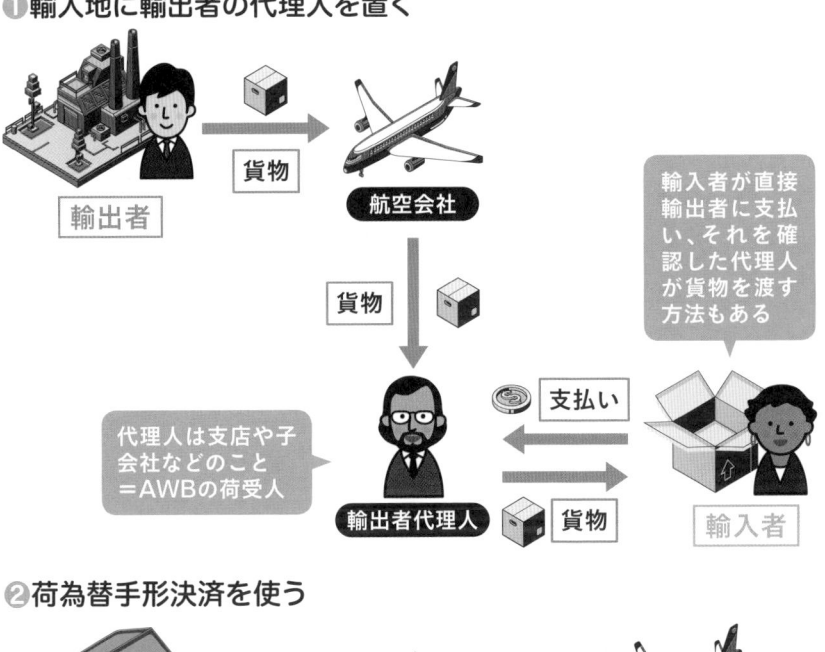

貨物

輸出者

航空会社

貨物

輸入者が直接輸出者に支払い、それを確認した代理人が貨物を渡す方法もある

支払い

代理人は支店や子会社などのこと＝AWBの荷受人

輸出者代理人

貨物

輸入者

# ❷ 荷為替手形決済を使う

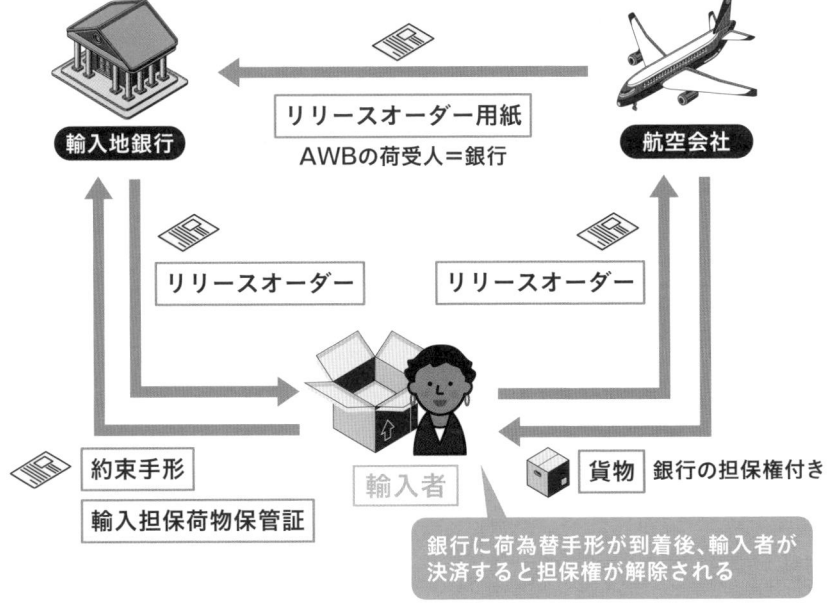

輸入地銀行

リリースオーダー用紙
AWBの荷受人＝銀行

航空会社

リリースオーダー

リリースオーダー

約束手形

輸入担保荷物保管証

輸入者

貨物　銀行の担保権付き

銀行に荷為替手形が到着後、輸入者が決済すると担保権が解除される

# Ｂ／Ｌの危機について

近年、「**Ｂ／Ｌの危機**」という言葉が貿易業界に存在します。船舶輸送の高速化、効率化により、荷為替手形に添付されて銀行経由で送られるＢ／Ｌが、タイムリーに輸入者に届かなくなり、貨物引き取りに支障が出るケースが増えたからです。

経済成長を遂げているころの日本は、国産製品を世界中に輸出していましたが、近年、日本製品の輸出先の多くは、中国を中心とするアジアの近隣地域に限定されるようになりました。そのため、短い期日で輸入地に貨物の到着する取引が増え、日本の貿易業界にも「Ｂ／Ｌの危機」が大きな影響を及ぼしてきました。

そこで編み出されたのがサレンダーＢ／Ｌです。これは、輸入地での貨物引き取りを円滑化するために、本来有価証券という機能を持つＢ／Ｌからその機能を敢えて取り払ってしまうことなので、輸出者や船会社にリスクが残ります。

有価証券の機能を失ったサレンダーＢ／Ｌには債権保全能力がなく、荷為替手形を構成する書類であることを、銀行は認めていません。サレンダーＢ／Ｌは、アジアの限定的な貿易業界で通用する慣習的な方法といえます。航空機貨物輸送には、Ｂ／ＬではなくAWBが使われますが、船舶輸送用には、これと同じ機能を持つシーウェイビル（**SWB**=Sea Waybill）があります。AWB同様、有価証券ではありませんが、サレンダーＢ／Ｌに代わる機能を持つと考えられます。そして、SWBはサレンダーＢ／Ｌと違い、国際的統一ルールを持つ書類で、国際的な信用状統一規則の中でも規定されています。欧米などでは、サレンダーＢ／Ｌではなく、SWBが通常使われています。サレンダーＢ／Ｌは、手続きの行き違いによるトラブルの起こる可能性があり、国際的なルールもありません。国際ルールが確立され、取り扱いも簡便なSWBが、今後さらに普及すると考えます。

# chapter 8

輸入実務① 商品の受け取り

輸出者が輸出手続きを終えたら、輸入者は
輸入の準備に入ります。輸入者が商品到着
までに行う準備と、到着後の商品を受け取
るまでの手順を解説していきます。

# chapter8 69 輸入手続きの 大まかな流れ

Point! ☑ まず、前払いやL／C決済の手続きをする
☑ 商品貨物の受け取りはフォワーダーに依頼する

## ▶ 輸出地出荷前と、貨物の輸入地到着前の輸入者の実務

すでに触れてきましたが、**輸出者との契約条件次第では、輸出者が商品を出荷する前から、輸入者のやるべき仕事はいろいろあります**。まず支払い条件が前払い送金決済あるいはL／C決済の場合、その旨の手続きが必要です。受け渡し条件によっては、輸送手段の手配や、海上保険の手続きもあります。外貨決済取引の場合の先物為替予約や、商品検査を輸入者側で手配する場合もあります。さらに輸入商品によっては、政府からの輸入許可を受けるための手続きも求められます。

そして、輸出者から船積み通知が届いたら、商品貨物の到着に合わせて、フォワーダーへ輸入手続きの代行を依頼します。輸出地から送られる船積み書類や荷為替手形に応じて、代金の決済手続きもしなくてはなりません。

## ▶ 貨物到着後の輸入者の実務

商品貨物到着後、船会社や航空会社の代理店から貨物の到着案内、あるいは到着予告案内が入ります。特に**船舶輸送の場合は、貨物の引き取りに船荷証券（B／L）が必要なので、必要書類を揃え、輸入代行を依頼したフォワーダーに渡します**。

フォワーダーは貨物の受け取りを行いますが、船舶の在来船とコンテナ船、航空貨物でそれぞれ手順が異なります。貨物が動植物や食品の場合は、検疫の手続きも必要です。それらの手続きを経て受け取った貨物は、保税地域に運ばれ、税関に対する輸入申告手続きへと進みます。

▸ **輸入手続きまでの流れ**

フォワーダーに依頼する前に契約条件によってさまざまな手続きが発生する

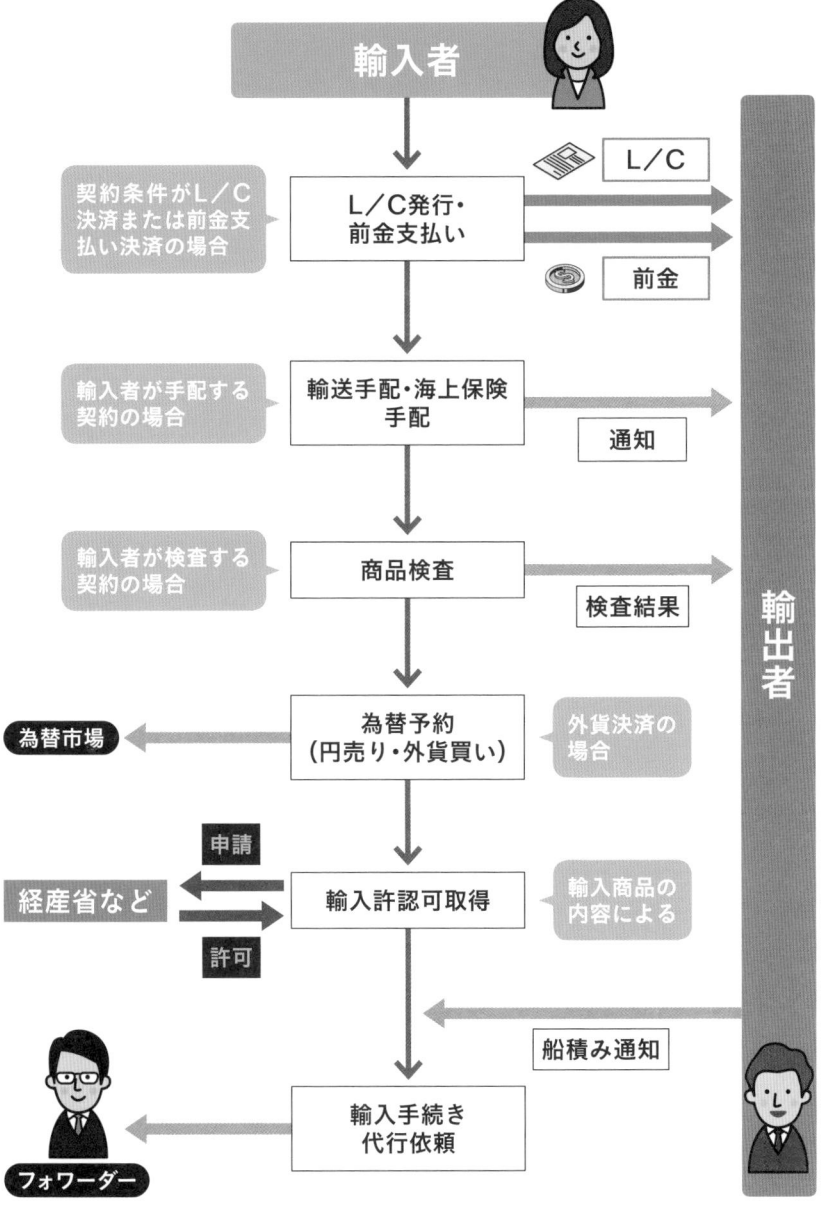

163

# chapter8
# 70

# 契約締結直後の
# 輸入者の実務

Point! ☑ 前払い決済の場合、現金化までの金利分を採算に組み込む
☑ L／C決済の場合、速やかにL／C発行を銀行に依頼する

## ▶ 前払い決済条件の場合の輸入者の実務

　契約の支払い条件が前払い決済の場合、輸入者は契約締結のあと速やかに送金の手続きをしなくていけません。送金は通常、銀行経由の**T.T.Remittance**で行われます。商品を受け取る前に支払うので、輸入者にとっては不利な条件ですが、早急に手配しないと輸出者の商品準備開始が遅れ、納期や船積み時期に影響が出る恐れがあります。

　輸入者としては、送金から輸入商品の現金化まで時間を要するので、その間の金利分を、輸入コストの採算に組み入れておくべきです。また、契約が外貨決済条件の場合、前払い資金の外貨を調達する必要があるかもしれません。その場合、前金送金のタイミングに合わせ、直物あるいは先物相場での円売り、外貨買いによる為替コストも採算に見込んでおきます。

## ▶ L／C発行手続きにおける輸入者の実務

　L／C決済契約の場合、契約締結後速やかにL／Cの発行を銀行に依頼しなくてはいけません。L／C発行の依頼は、取引銀行に対して行われ、金額がその銀行から受けている**与信枠**内か確認する必要があります。

　L／Cを発行してもらうためには、発行に関わる費用を負担することになります。輸入者が銀行から得ている信用度によって、費用は変わる可能性もあります。発行してもらうL／Cの内容をいかに規定するかも大事です。契約によって輸出者が負う義務を果たせるよう、出荷の期限や準備すべき船積み書類を、正しくL／C上に記載する必要があります。

▶輸入者の採算コスト

# ❶前金決済の場合

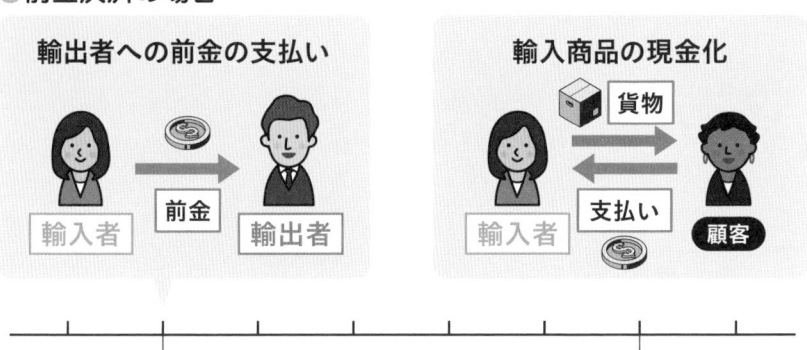

# ❷外貨決済の場合

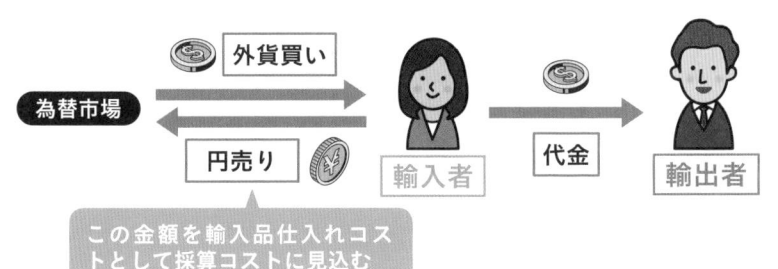

# ❸L／C決済の場合

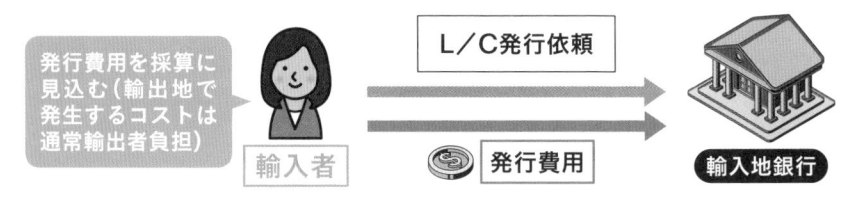

# 輸入者に求められる輸入許認可

> Point! ☑ 輸入する年間数量が規制されている商品をIQ品目という
> ☑ 輸入に許認可が必要な国や商品がある

## ▶ 量的規制された商品の輸入について

　商品によっては、輸入する年間数量が規制されているものがあります。理由は、国内産業保護のためや、国際条約によるものです。それらの商品はIQ品目と呼ばれ、これらを輸入するためには、輸入割当申請書を経済産業省に提出し、輸入割当証明書を得ます。

　証明書の期限は通常6カ月で、輸入者はその期限内に割り当てられた数量を限度とした輸入承認申請書を提出し、承認証を得ることで、当該商品の輸入が可能になります。IQ品目は、経済産業省が告示する輸入公表第1号に記載され、主に水産品が対象となります。

## ▶ さらに必要な輸入許認可制度

　IQ品目以外では、特定国からの輸入や、特定商品を輸入する場合に、許認可を必要とする場合があります。これらの対象国や商品については、輸入公表第2号および第2の2号に記載されています。

　この許認可を得るためには、上記輸入割当申請と共用書式の輸入（承認・割当）申請書を経済産業省に提出します。さらに輸入の事前確認義務という制度があり、輸入公表第3号に記載されている品目については、輸入状況が監視されていて、対象品目を輸入する場合は、事前に経済産業省に確認することが義務づけられています。ここまでは外国為替及び外国貿易法に基づく規制ですが、他法令によって輸入が規制されている商品もあります（右ページ参照）。

▶輸入許認可

# ❶経済産業省管轄の輸入許認可制度

| 対象品目 | 手続き |
|---|---|
| 輸入公表第1号記載品目(IQ品目) | 輸入割当申請書※、<br>輸入承認申請書※を提出 |
| 輸入公表第2号および<br>第2の2号記載原産国および品目 | 輸入承認申請書※を提出 |
| 輸入公表第3号記載品目 | 経産省への事前確認 |

※輸入(承認・割当)申請書という共通書式あり

## 外為法以外に輸入許認可を求める法令

- 銃砲刀剣類所持等取締法
- 毒物及び劇物取締法
- 火薬類取締法
- 化学物質検査及び製造規制法
- 印刷等模造取締法
- 薬事法
- 高圧ガス取締法
- など

# ❷IQ品目の許認可取得の流れ

輸入に際して2度申請書を提出する必要がある

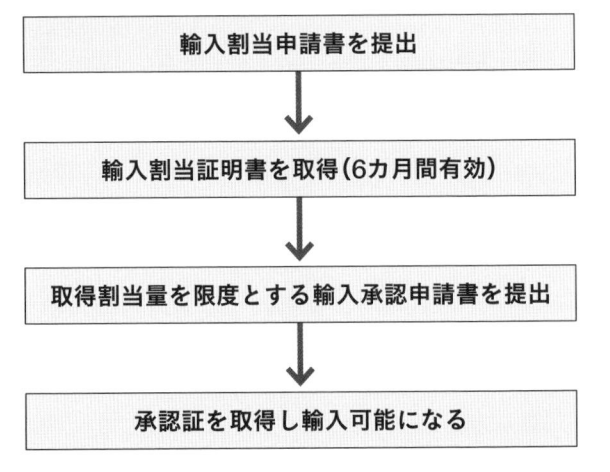

輸入割当申請書を提出

↓

輸入割当証明書を取得(6カ月間有効)

↓

取得割当量を限度とする輸入承認申請書を提出

↓

承認証を取得し輸入可能になる

輸入実務

# 輸入者に求められる 輸入前の手続き

☑ 輸入者が輸送を手配する場合、輸出者と入念に連絡を取る
☑ 保険手配と商品検査をする場合、出荷状況をよく確認する

## ▶ 輸入者の輸送手配は注意すべきことが多い

　契約の受け渡し条件が輸出地渡しの場合、輸入者側で輸送の手配をすることになります。輸送する商品は輸出者が手配しているので、輸出者自身が輸送手配する場合に比べて、トラブルが生じがちです。

　**輸入者が輸送手配をするにあたっては、商品の準備にあたる輸出者との、十分なコミュニケーションが求められます**。輸送手段のスペースを予約するためには、商品の形状、梱包状態、容積、重量などを正確に把握します。また、商品の引き渡し場所やタイミングについても、輸出者側との入念な相互連絡が求められます。連絡の行き違いから、スペースブッキングのキャンセルや内容変更が生じることを防ぐ必要があります。

## ▶ 輸入者手配の海上保険と商品検査について

　**輸入者が海上保険を手配する場合、輸出者が準備する商品の出荷状況をよくチェックする必要があります**。海上保険のカバー範囲は、通常商品が輸出者から出荷された時点より始まるので、その前の時点から保険を掛けておく必要があります。商品によっては、出荷時点まで最終的な数量や金額が決まらないものもあるので、当初は**予定保険**を掛け、最終的な数字が出た段階で**確定保険**に切り替えることもあります。

　輸出地における商品検査を、輸入者が検査員を派遣して行う契約もあります。この場合でも、商品の準備状況を輸出者側とよく打ち合わせして、輸出者への検査員派遣のタイミングを決めなくてはなりません。

▶ 輸入者負担条件

## ❶輸送手段の手配

輸出者が発送した商品の情報を把握する

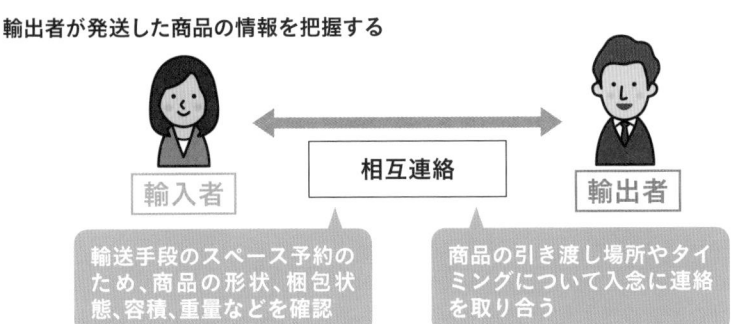

相互連絡

輸入者

輸出者

輸送手段のスペース予約のため、商品の形状、梱包状態、容積、重量などを確認

商品の引き渡し場所やタイミングについて入念に連絡を取り合う

## ❷海上保険の手配

保険をいつまでに掛けるか確認する

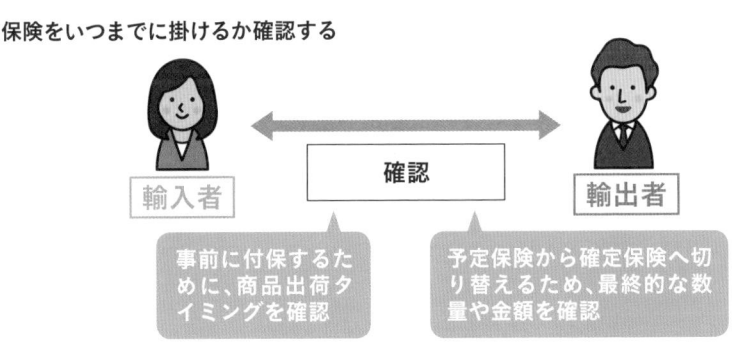

確認

輸入者

輸出者

事前に付保するために、商品出荷タイミングを確認

予定保険から確定保険へ切り替えるため、最終的な数量や金額を確認

## ❸商品検査の手配

商品の準備状況を輸出者側に確認する

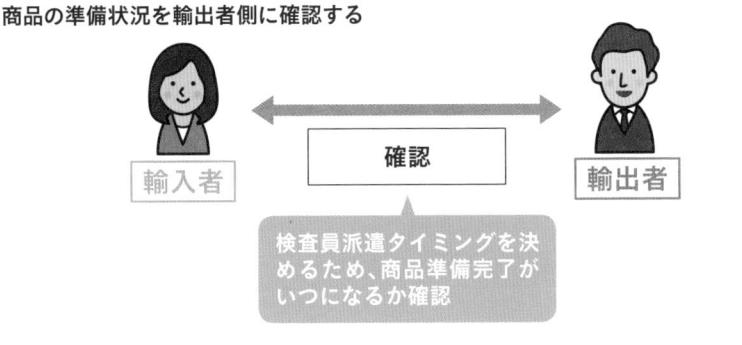

確認

輸入者

輸出者

検査員派遣タイミングを決めるため、商品準備完了がいつになるか確認

# chapter8
# 73
## 貨物到着案内を
## 受け取ってからの実務

Point! ☑ 輸入手続きはフォワーダーに代行してもらう
☑ 貨物到着案内の情報をフォワーダーに伝える

## ▶ 輸入手続きもフォワーダーが代行する

輸出手続き同様、輸入者も輸入手続きをフォワーダーに代行してもらいます。輸出者からの船積み通知を受けた輸入者は、貨物の到着するタイミングを見計らって、フォワーダーに**輸入手続き依頼書**を発行します。

さらに、輸入者は貨物を輸送手段から引き取るための船積み書類を、フォワーダーに渡す必要があります。**特にB／Lが大切なので、それを確実に入手しなくてはいけません**。荷為替手形決済の場合、一覧払いL／CやD／P条件であれば、銀行で手形決済をしてB／Lを受け取ります。D／Aやユーザンス付きL／C条件（84ページ参照）であれば、手形の引き受けを約束することでB／Lを入手して、フォワーダーに渡します。

## ▶ 貨物到着案内を受けた輸入者の仕事

B／Lの通知人欄（notify party）には通常輸入者の名前が書かれるので、**貨物の到着案内**は船会社やその輸入地代理店から輸入者に届きます。

案内には、本船などの到着（予定）日時と場所、そしてB／Lの提出場所、貨物の引き取り場所、引き渡し関連書経費の請求額などが書かれています。また、本船などを輸入者が手配した場合（輸出地受け渡し条件）は、**運賃後払い条件**なので、貨物到着案内が運賃の請求書も兼ねます。

**輸入者はこれらの情報を、輸入手続き代行を依頼しているフォワーダーに伝え、貨物の引き取り手続きを代行してもらい**、必要に応じて船会社などへの運賃支払い手続きを進めます。

▶ **輸入手続き代行依頼**

# ❶輸入者の輸入準備の流れ

フォワーダーに代行を依頼し、輸入準備を進める

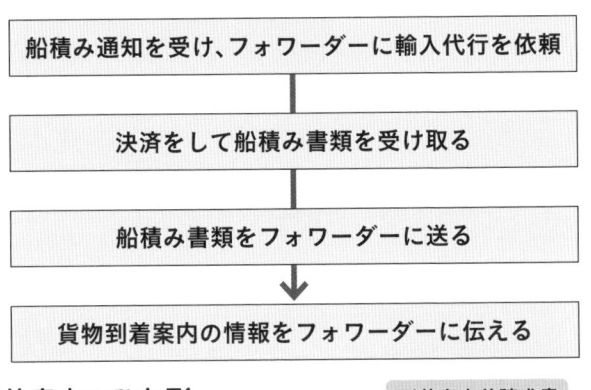

船積み通知を受け、フォワーダーに輸入代行を依頼

決済をして船積み書類を受け取る

船積み書類をフォワーダーに送る

貨物到着案内の情報をフォワーダーに伝える

# ❷貨物到着案内のひな形

到着案内兼請求書

| Messrs. 輸入者名 | | | **ARRIVAL NOTICE/DEBIT** | | | B/L No. | |
|---|---|---|---|---|---|---|---|
| | Ocean Vessel | Voyage No. | Type of Service | Port of Loading | Port of Discharge | Estimated Date of Arrival | |
| | | | | | | 本船到着予定 | |
| Container No. | No. of Container or Pkgs | | Description of Goods | | Gross Weight | Net Weight | |
| Delivery Point:　貨物引き渡し場所 | | | | | | | |
| Freight & Charges | Rate Per | Collect | Total Freight | | | | |
| Ocean Freight | | | | 運賃後払いの場合に記載 | | | |
| EBS | | | Ex. Rate | In Yen | | | |
| CFS Charges | | | | | | | |
| C.H.C | | | CFS Delivery Charge | | | | |
| D/O Fee | | | | | | | |
| Co-Load Fee | | | | | | | |
| | | | Total Amount in Yen | | 船会社・代理店の署名 | | |
| Total: | | | 諸経費請求額 | | | | |
| Remark | | | お振込みの際は、弊社入金確認のため、振り込み通知書に、船名、VOY NO、B/L NO.を記入の上、ファックス願います。 | | | | |
| | | | 振込み先<br>xx銀行港町支店<br>普通預金口座　xxxxxx<br>横浜市xx区xxx町x-x-x<br>(株)xx海運横浜支店<br>TEL:045-xxx-xxxx<br>ファックス:045-xxx-xxxx | | | | |

輸入実務

# 在来船からの貨物の引き取り

Point! ☑ 荷渡し指図書（D／O）を取得し貨物を受け取る
☑ 荷卸し完了時にカーゴボートノートが発行される

## ▶ B／LとD／Oの交換、本船からの荷卸し

輸入者から手続き代行を依頼されたフォワーダーは、輸入者から受け取ったB／Lを船会社、あるいはその現地代理店に渡して、**荷渡し指図書（デリバリーオーダー：D／O）**を受け取ります。これは船会社から本船の現場に対して、当該貨物の荷卸しと引き渡しを指示するための書類で、船積み時に発行するS／O（134ページ参照）に相当します。

**運賃後払いの場合は、運賃支払いがD／O受け取りの条件となります。**D／Oを受けた本船の現場では、荷卸し作業が行われます。定期船（**ライナー**）の場合は、船会社側で荷卸し（**総揚げ**）を行いますが、不定期船（**トランパー**）の場合、多くは輸入者側で荷卸し手配と費用を負担（**自家揚げ**）することになります。

## ▶ 貨物引き取り時に必要なこと

本船から荷卸しされた貨物は、輸入者側のフォワーダーに引き渡されますが、その際荷卸し完了時に**カーゴボートノート**という書類が発行されます。これは荷卸しに立ち会い、陸揚げされた貨物の数量などを確認する**立会人（検数人）**が発行する書類で、輸入者側のフォワーダーと船会社側（本船）双方に渡されます。

**荷卸し中に貨物の損傷が見つかった場合、リマークとしてカーゴボートノートに記載されます。**それらの損傷は本船の航海中に生じたものと見なされ、輸入者の保険クレーム（206ページ参照）の対象となります。

▸在来船の荷卸し

# ❶在来船の貨物引き取り

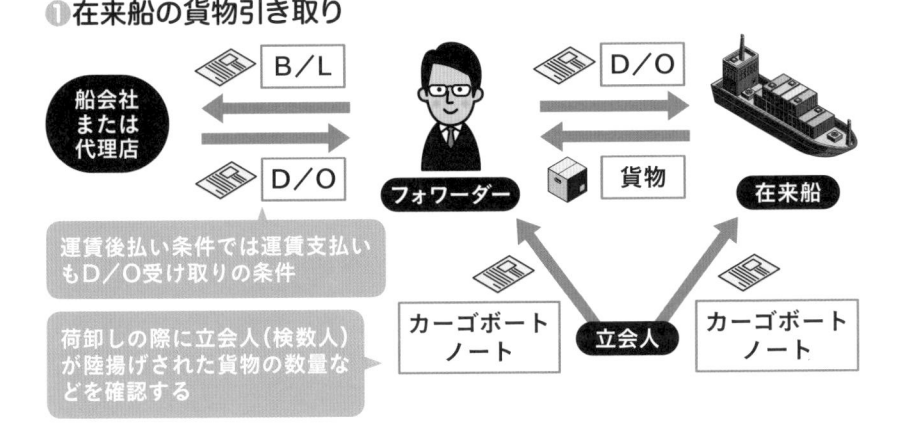

船会社または代理店 ← B/L ← フォワーダー ← D/O ← 在来船
船会社または代理店 → D/O → フォワーダー ← 貨物 → 在来船

運賃後払い条件では運賃支払いもD/O受け取りの条件

荷卸しの際に立会人(検数人)が陸揚げされた貨物の数量などを確認する

カーゴボートノート → 立会人 ← カーゴボートノート

# ❷本船における貨物積み卸しの責任

定期船(ライナー)と不定期船(トランパー)で積み卸しの責任者が変わる

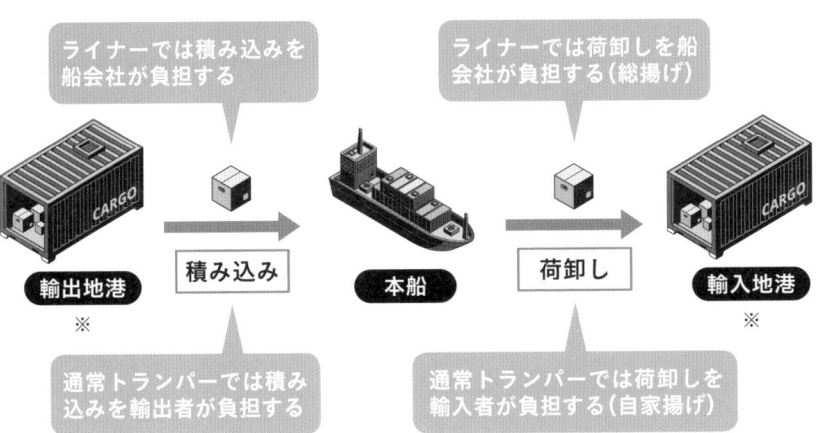

ライナーでは積み込みを船会社が負担する

ライナーでは荷卸しを船会社が負担する(総揚げ)

輸出地港 ※ → 積み込み → 本船 → 荷卸し → 輸入地港 ※

通常トランパーでは積み込みを輸出者が負担する

通常トランパーでは荷卸しを輸入者が負担する(自家揚げ)

※輸出入地の積み込み、荷卸しを船会社が行う条件ををバースタームという

# コンテナ船からの貨物の引き取り

Point! ☑ 在来船とコンテナ船はD／Oの宛先が異なる
☑ LCLではデバンニングレポートが発行される

## ▶ 荷渡し指図書の宛先が違う

　輸入者から輸入手続き代行を依頼されたフォワーダーが、船会社（あるいはその代理店）にB／Lを渡し、D／Oを受け取るまでは、在来船の場合と同じです。**違うのは、在来船のD／Oが本船の現場責任者宛に発行されるのに対し、コンテナ船の場合、FCLではCYの責任者宛、LCLではCFSの責任者宛になるところです**。コンテナ船では、本船からの荷卸し作業は、すべて船会社側で行われます。

　FCLの場合、D／Oと引き替えに、CYで貨物がコンテナごと輸入者側のフォワーダーに引き渡されますが、LCLの場合、CY経由でCFSに運ばれたコンテナが船会社によって開けられ（**バン出し**）、中の貨物が輸入者側のフォワーダーに引き渡されます。

## ▶ 貨物に損傷がある場合

　LCLの場合、船会社のバン出し作業に立会人が伴い、作業終了後に**デバンニングレポート**という書類を船会社側と輸入者側に発行します。デバンニングレポートは、在来船で発行されるカーゴボートノート（172ページ参照）に相当します。引き渡し時に認められた損傷が、リマークとして記載されるのも同じで、保険クレームの際に必要な書類となります。

　コンテナごと引き取られるFCLの場合、デバンニングレポートは発行されないので、**輸入者は輸入手続き終了後早急にバン出しして、貨物損傷の有無を確かめる必要があります**。

▶コンテナ船の荷卸し

# ❶FCLの荷卸し

CYで貨物がコンテナごとフォワーダーに引き渡される

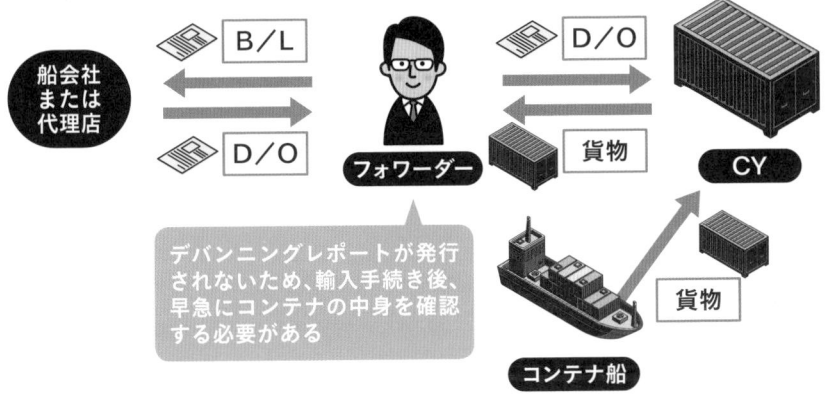

デバンニングレポートが発行されないため、輸入手続き後、早急にコンテナの中身を確認する必要がある

# ❷LCLの荷卸し

CY経由でCFSに運ばれたコンテナが船会社によってバン出しされる

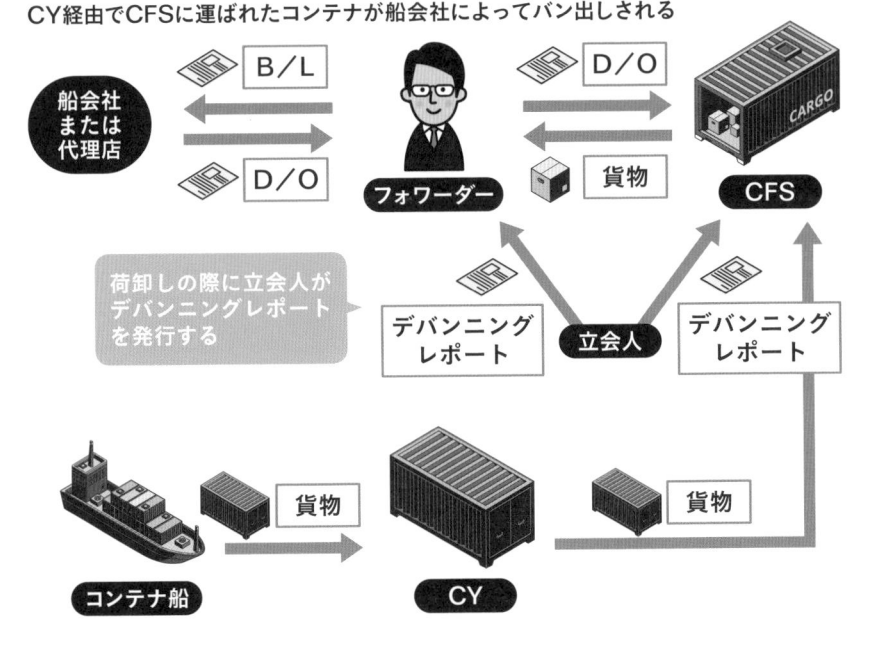

荷卸しの際に立会人がデバンニングレポートを発行する

# chapter8
# 76

# 航空機輸送における
# 貨物の引き取り

Point! ☑ 航空貨物の多くは輸出先のフォワーダーが輸入も代行する
☑ AWBの荷受人が輸入者なら支払いに関係なく受け取れる

## ▶ 航空貨物を扱うフォワーダーについて

　航空機で運べる商品貨物には制限があるので、主流は小口の貨物で**ドアトゥドアサービス**で行われます。したがって、**輸出手続きを代行するフォワーダーの関係先が、輸入手続きも代行するのが普通です**。その場合、輸入者は新たなフォワーダーに輸入手続きの代行を依頼しません。

　航空貨物輸送にはB／Lの代わりにAWBが使われます。138ページで説明したように、AWBは輸入者にとっては貨物の発送案内状となります。AWBの荷受人欄は通常輸入者になりますので、その場合輸入者には貨物を受け取る権利があるので、空港の貨物ターミナル（コンテナヤード）渡しの受け渡し条件（CIPおよびCPT）の場合は、AWBを提示することで、貨物を受け取ることができます。

　これらの作業は、フォワーダーが代行します。また、輸入地内まで輸出者が運ぶ受け渡し条件のうち、DDPとDAPでは輸送手段からの荷卸しは、輸入者が負担することになっています。

## ▶ 荷受人が輸入者でない場合の貨物引き取り

　航空貨物の場合、**AWBの荷受人欄に記載された者に貨物を受け取る権利が生じます**。輸入者が荷受人に指定されれば、輸入者は代金の支払いをせずに貨物を受け取れることになります。その場合、輸出者にリスクが生じるので、代金回収に不安があるときは、荷受人を輸入地の銀行あるいは輸入地での輸出者代理人として、代金支払いと結び付けることもできます。

▶ドアトゥドアサービス

## ❶航空貨物の輸出の流れ

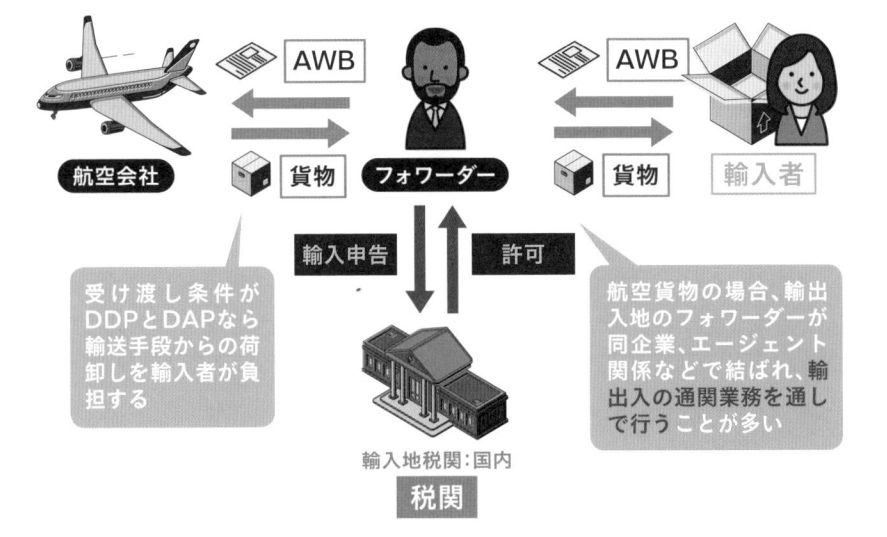

AWB

貨物

輸出者

AWBの荷受人を
輸入者にすると代
金回収のリスクが
ある

フォワーダー

輸出申告　許可

AWB

貨物

航空会社

輸入者にとって発
送案内状となる
AWBを発行

輸出地税関：海外

税関

## ❷航空貨物の輸入の流れ

航空会社

AWB

貨物

フォワーダー

輸入申告　許可

AWB

貨物

輸入者

受け渡し条件が
DDPとDAPなら
輸送手段からの荷
卸しを輸入者が負
担する

航空貨物の場合、輸出
入地のフォワーダーが
同企業、エージェント
関係などで結ばれ、輸
出入の通関業務を通し
で行うことが多い

輸入地税関：国内

税関

# 動植物、食品の輸入には検疫が必要

Point! ☑ 動植物、食品の輸入には審査あるいは検査がある
☑ 食品の輸入には2度の検疫が必要な場合もある

## ▶ 検疫制度の概要

輸入地の港や空港で貨物を受け取った輸入者（フォワーダー）は、税関に対して輸入申告を行いますが、動植物や食品を輸入する場合は、税関申告の前に**検疫所**での審査あるいは検査が求められます。

輸入する内容によって検疫所は、農林水産省管轄と厚生労働省管轄に分かれます。それらに合格すれば税関への輸入申告へと進みますが、不合格の場合、対象物は廃棄、輸出地への積み戻しなどの措置が取られます。検疫対象免除のものもあるので、事前に検疫所に相談するべきです。

また、検査にあたっては輸出国側の証明書などが要求されることもあるので、**輸入者は契約前の段階で検疫所と打ち合わせ、必要書類の要求などを、輸出者との契約条件に加える必要もあります。**

## ▶ 輸入商品によって違う検疫検査

動物及び動物性食品については、農水省管轄の**動物検疫所**での検査が求められます。植物及び植物性食品については、同省管轄の**植物防疫所**での検査が必要です。それらのうちの食品については、さらに厚生労働省管轄の検疫所を通る必要があります。

さらにほかの食品や添加物、包装容器、乳幼児用のオモチャなども、**厚労省の検疫所での検査が求められています。**各検疫所での検査は、動物検査にあたっては家畜伝染病予防法、植物検査にあたっては植物防疫法、食品検査にあたっては食品衛生法が、それぞれ適用されます。

8 輸入通関 ① 通関の仕組み

▶輸送の流れ

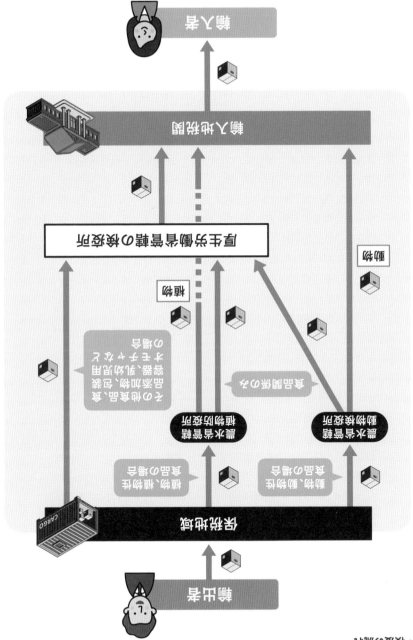

# ダンピングとセーフガードについて

どの国も輸出には基本的に前向きです。自国産品を外国に売れば、その分国が潤います。だから、輸出規制措置はあまり行いません。その国にとっての稀少な産品や、世界平和を乱したり、国際的な約束を破ったりするような輸出案件でなければ、一般的に輸出は奨励されています。

一方、輸入になるとどの国も一転慎重になります。外国から輸入した産品が、その国の社会に何らかの悪影響を与えないか、自国の産業や市場への攪乱要因にならないだろうかと、慎重に構えるようになります。

輸入規制については、政府による許認可制や、水際で食い止める方策以外に、輸入品から自国産品を守るために、**ダンピング**（不当廉売）と**セーフガード**という方策が、WTOのルールで定められています。

ダンピングとは、ある国が同じ物品を、その国の売価より遙かに安く輸出したときの規制です。輸入国は当該輸入品に特別関税を掛けること

で国内産業を保護できます。

セーフガードとは、特定物品の輸入が急増することで、国内市場や産業に打撃を与えたと認めた場合、セーフガード措置を発動して、当該物品に特別関税を掛けたり、輸入の数量制限をしたりすることができます。特定輸出国に照準を定めたダンピングと違い、セーフガードの発動は特定物品に照準を定めているので、輸出国を特定することはありません。ダンピングやセーフガードは、恣意的に乱発されないように、決められたプロセスを経て発動されることになっています。また、ある国が定めた措置に対して、それを認めない他国から提訴される可能性もあるので、慎重な判断が求められます。

貿易の世界では、自由化を広げる努力が成される一方で、保護主義的な行為も横行しています。貿易実務の担当者は、自国はもちろん、相手国の状況をよく見ながら仕事を進めることが求められています。

# chapter 9

輸入実務 輸入実務② 輸入申告と関税

輸入の場合、貨物の審査は輸出以上に厳しいですが、特例もあります。また、輸入手続きでは関税などの納税手続きも求められます。chapter9では、貿易実務における最終過程を順を追って解説します。

# chapter9 78

# フォワーダーが行う 輸入申告と納税手続き

> Point! ☑ 外貨建て契約の場合、輸入時に円価格に換算して申告
> ☑ 輸入申告に伴い、関税と消費税の納税義務が発生

## ▶ 輸入申告はCIF額で行う

　輸入手続きを代行するフォワーダーは、輸送手段から荷卸しされた貨物を保税地域に運んで、税関に対して輸入申告を行います。このとき税関に提出される書類が、**輸入（納税）申告書**です（右ページ参照）。

　この書式には、輸入する商品貨物の内容と、金額が記載されます。輸出申告のときはFOB条件下での円価額でしたが（132ページ参照）、輸入の場合はCIFの円価額での申告が求められます。違う受け渡し条件の契約のときは、CIF額へ換算する必要がありますが、CFRなど別のC型条件の場合は、そのままの金額をCIFに読み替えて申告することができます。**外貨建て契約での輸入の場合は、税関がつど提示する変換レートで、円価額に換算して申告することになります。**

## ▶ 輸入申告に必要な書類と納税義務

　輸入申告には、上記申告書のほかに、インボイスや原産地証明書、また商品や輸出国によっては、輸入承認書や178ページに書いた検疫制度の合格証の提示が必要です。これらの手続きは現在、NACCSシステムを利用したオンライン処理で行うことができます。

　そして、**輸入手続きには商品貨物の申告のほかに、関税と消費税に関する納税の手続きが必要です。**日本における積極的な貿易自由化政策の過程で関税のかからない品目も増えていますが、輸入品目すべてに消費税がかかります。申告書には、納税額を計算して記載する必要があります。

▶輸入納税申告

# ❶輸入（納税）申告書のひな型

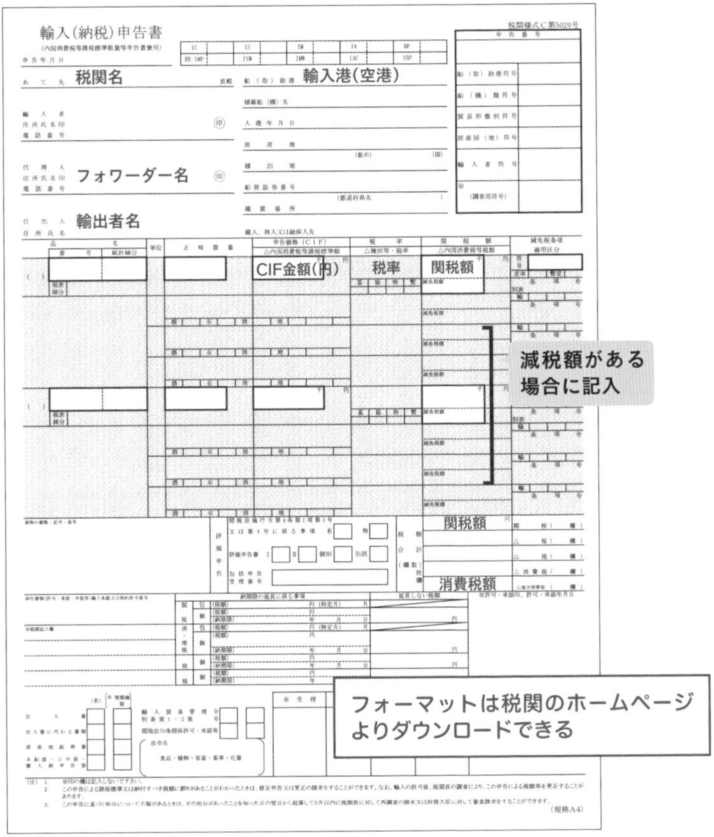

輸入（納税）申告書

（内国消費税等徴収標準数量等申告書兼用）

**税関名**　←宛先　船（取）卸機　**輸入港(空港)**

輸入者
住所氏名印
電話番号

代理人
住所氏名印
電話番号　**フォワーダー名**

住所氏名　**輸出者名**

**CIF金額(円)**　**税率**　**関税額**

減税額がある
場合に記入

**関税額**

**消費税額**

フォーマットは税関のホームページ
よりダウンロードできる

（税関様式C第5020号）

（様式A4）

# ❷フォワーダーによる輸入納税手続き

NACCSシステムを利用し、税関に輸入手続きをする

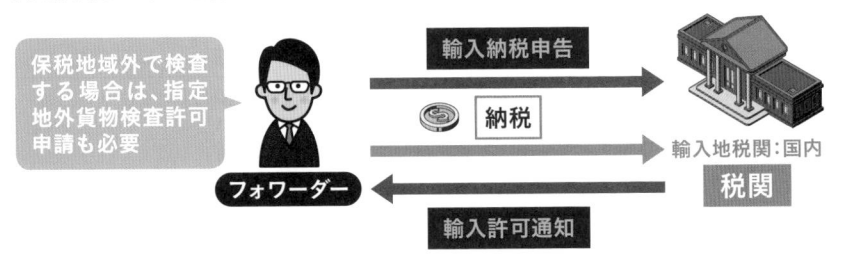

保税地域外で検査
する場合は、指定
地外貨物検査許可
申請も必要

輸入納税申告

納税

輸入許可通知

輸入地税関：国内
**税関**

フォワーダー

9

輸入実務

輸入実務②
輸入申告と関税

183

# chapter9
# 79 関税を規定する法律と関税申告の方法

Point! ☑ 関税を規定する関税法、関税定率法、関税暫定措置法
☑ 関税申告の方法は申告納税方式と賦課課税方式

## ▶ 関税のすべてを定める三法

　輸入者は商品の輸入に際して、その商品に課される関税を支払う義務があります。具体的な納税申告額の計算方法は186および190ページで説明しますが、その根拠を規定しているのが、関税に関する3つの法律です。

　その中の基本となるのが**関税法**で、賦課、徴収、通関手続き、取締法、罰則といった関税に関わる基本ルールを定めています。**関税定率法**では、輸入商品の税率のほか商品の分類、課税基準、輸入禁制品、恒久的な特例なども定めます。**関税暫定措置法**では、内外の諸事情を反映した暫定的あるいは追加的な措置を定めるもので、**法律の期限は一時的ですが、その有効期限内では、上記関税法や関税定率法よりも優先適用されます**。これら関税三法は、財務省の管轄下で定められています。

## ▶ 関税申告のやり方について

　輸入関税の納税には、**申告納税方式**と**賦課課税方式**があります。**通常の輸入関税の納税は、申告納税方式が採られます**。輸入者が自主的に判断して申告するやり方で、輸入者の良心が申告の基本となります。申告を受けた税関は、その妥当性を審査、検査して、許可を判断します。一方の賦課課税方式は、税関側で判断、決定して、輸入者に関税を賦課するやり方です。20万円以下の少額輸入や、入国者の携帯品、引っ越し荷物などの別送品、土産物など、非売品であるべきものなどが、この方式の適用対象となります。

▶ **関税申告**

## ❶関税三法

### 関税法
**恒久法**

賦課、徴収、関手続き、取締
法、罰則などの関税に関す
る基本ルールを定める

### 関税定率法
**恒久法**

輸入商品の税率、物品分類、
輸入禁制品、免税、減税、戻
し税など恒久的な特例など
を定める

### 関税暫定措置法
**時限法**

内外の諸事情による還付な
どの暫定的変更、あるいは
追加措置を定める

> **関税暫定措置法は一時的だが恒久法より優先される**

## ❷関税申告の方法

**通常は申告納税方式が採られるが、少額輸入などは賦課課税方式が採られる**

| 申告方式 | 方法 | 内容 |
|---|---|---|
| **申告納税方式** | 輸入者が自主的に申告する | 通常の輸入申告 |
| **賦課課税方式** | 税関の決定で納税指示される | 少額輸入（20万円以下）、携帯品、引っ越し荷物などの別送品、土産物、非売品などが対象 |

申告は良心に基づいて行う。疑問がある場合は、税関に事前に相談する

# chapter9 80

# 輸入時の関税を
# どのように算出するか

Point! ☑ 関税額算出の方法は3種類
☑ 関税額算出の根拠となるルールブックがある

## ▶ 関税額算定の3つの方式

　**関税額の計算には、3つの方法があります**。1つが**従価税方式**で、輸入金額の何パーセントというかたちで計算されます。182ページで書いたように輸入申告はCIF額で行うので、たとえばCIFの2%といった形で計算するのは、従価税方式です。

　2つ目は輸入する量（重量や容積）を基準に関税額を計算する、**従量税方式**です。たとえば、1キログラムあたり250円などと定めます。

　3つ目は**従価従量税方式**という、ミックス型の計算方法です。CIFの一定割合と総量の一定割合を比較して、大きい方の数字を、関税額として定めます。たとえば、CIFの5%と1メートルあたり130円の大きい方の数字を、申告する関税額とします。

## ▶ 実行関税率表

　輸入者は輸入する物品の関税を、どうやって計算するかを知る必要があります。そのためのルールブックが、**実行関税率表**です。**貿易に携わる人や組織には、不可欠な冊子です**。あらゆる商品の関税率を網羅した大冊の印刷物で、貿易取引で扱い可能な商品が、部、類、項、号の順で区分され、その分類方法は、159カ国・地域（2020年4月現在）の間では共通になっています。記載される税率は、もちろん各国によって違います。日本では、毎年日本関税協会より改訂版が発行され、関税定率法や関税暫定措置法の改訂などがつど反映されて、内容が部分的に変更されていきます。

# ❶関税率の種類

| 方式 | 内容 | 例 |
|------|------|-----|
| 従価税方式 | 輸入申告金額の一定率 | CIFの2% |
| 従量税方式 | 輸入申告量の一定率 | 1kgあたり250円 |
| 従価従量税方式 | 従価従量の組み合わせ | CIFの5％と1kgあたり250円の大きい方 |

# ❷実行関税率表

第1部「動物及び動物性生産品」の第1類「動物」の税率表の一部

第1部　動物（生きているものに限る。）及び動物性生産品
第1類　動物（生きているものに限る。）
2020年4月1日現在

**ひとつの商品に複数の関税がある**

| 統計番号 Statistical code | | 品名 Description | 関税率 Tariff rate | | | | | | | |
|---|---|---|---|---|---|---|---|---|---|---|
| 番号 H.S. code | | | 基本 General | 暫定 Temporary | WTO協定 WTO | 特恵 GSP | 特別特恵 LDC | シンガポール Singapore | メキシコ Mexico | マ M |
| 01.01 | | 馬、ろ馬、ら馬及びヒニー（生きているものに限る。） | | | | | | | | |
| | | 馬 | | | | | | | | |
| 0101.21 | | 純粋種の繁殖用のもの | | | | | | | | |
| | 100 | 1 サラブレッド種、サラブレッド系種、アラブ種、アングロアラブ種又はアラブ系種の馬（以下この項において「軽種馬」という。）以外のものである旨が関税率法施行令（以下この類において「政令」という。）で定めるところにより証明されたもの | 無税 | | （無税） | | | 無税 | 無税 | |
| | | 2 その他のもの | | | | | | | | |
| | 210 | (1)軽種馬（競馬の競走用以外の用途に供するものであり、かつ、妊娠していないものである旨が政令で定めるところにより証明されたものに限る。） | 無税 | | （無税） | | | 無税 | 無税 | |
| | 290 | (2)その他のもの | 4,000,000 円/頭 | | 3,400,000 円/頭 | | | | | |
| 0101.29 | | その他のもの | | | | | | | | |
| | 100 | 1 軽種馬以外のものである旨が政令で定めるところにより証明されたもの | 無税 | | （無税） | | | | | |
| | | 2 その他のもの | | | | | | | | |
| | 210 | (1)軽種馬（競馬の競走用以外の用途に供するものであり、かつ、妊娠していないものである旨が政令で定めるところにより証明されたものに限る。） | 無税 | | （無税） | | | 無税 | 無税 | |
| | 290 | (2)その他のもの | 4,000,000 円/頭 | | 3,400,000 円/頭 | 無税 | | | | |
| 0101.30 | 000 | ろ馬 | 無税 | | （無税） | | | 無税 | 無税 | |
| 0101.90 | 000 | その他のもの | 無税 | | （無税） | | | 無税 | 無税 | |

**この商品の場合、基本税率とWTO協定税率があり、低い方を適用する（188ページ参照）**

# 1つの物品に複数ある関税率の優先順位

Point! ☑ 税率は大きく分けて国定税率と国際間協定による税率
☑ 国定税率の中では基本税率より暫定税率が優先

## ▶ 関税率の種類について

関税率を大きく分けると、国内法で定められた**国定税率**と、国際間協定によって定められた税率があります。国定税率は、**基本税率**と**暫定税率**に分かれます。一方の国際間協定で定められた税率の基本は、WTO（世界貿易機関）加盟国間で適用される協定税率ですが、近年はWTO加盟国の間の特定の国々によって、**FTA**や**EPA**などの自由貿易協定が次々と結ばれていて、それらの個別協定に適用される関税率（FTA税率あるいはEPA税率）が協定税率と並存しています。

さらには、開発途上国の産品に適用される**特恵税率**や、WTO非加盟国で特に相手から差別待遇を受けていない場合に適用される便益税率があります。20万円以下の少額輸入や、別送品、個人の携帯品などの非売品に対しては、消費税と合算算出される賦課課税方式の簡易税率があります。

## ▶ 複数の関税率の中での優先順位

国定税率の中では、基本税率より暫定税率が優先されます。国定税率と協定税率の間では、税率の低い方が適用されます。また特恵税率は協定税率より優先されますが、より低いFTA、EPA税率が存在すれば、これらの税率が優先されます。便益税率には、事実上は国定税率が適用されることになります。日本は近年積極的に各国とEPAや広域に跨がる**TPP**協定などを締結しており、1つの商品を対象とした税率が複数存在するものも多く、輸出国、原産国をよく見ながら納税申告をする必要があります。

▶税率の種類と優先順位

# ❶関税率の優先順位

| 種類 | | 内容 |
|---|---|---|
| 国定税率 | 基本税率 | 恒久的税率 |
| | 暫定税率 | 暫定的税率<br>（基本税率より優先） |
| WTO加盟店<br>への税率 | 協定税率 | WTO加盟国に適用される<br>（国定税率と比べ低い方を適用） |
| | FTA(EPA)<br>税率 | FTA(EPA)締結国に適用される<br>（協定税率より優先。FTA(EPA)税率と特恵<br>税率は低い方をを優先。同じならFTA(EPA)<br>税率を優先） |
| WTO非加盟店<br>への税率 | 特恵税率※ | 開発途上国からの輸入に適用される<br>（協定税率より優先。FTA(EPA)税率と特恵<br>税率は低い方をを優先。同じならFTA(EPA)<br>税率を優先） |
| | 便益税率 | WTO非加盟店で特に差別待遇を受けてい<br>ない国に適用される（国定税率を適用） |
| 簡易税率 | | 少額輸入（20万円以下）、携帯品、引っ越し荷<br>物などの別送品などが対象（消費税合算で<br>算出） |

※より開発の遅れたLDC国に対する特別特恵税率とそれ以外の一般特恵税率がある

# ❷1つの商品に複数の税率

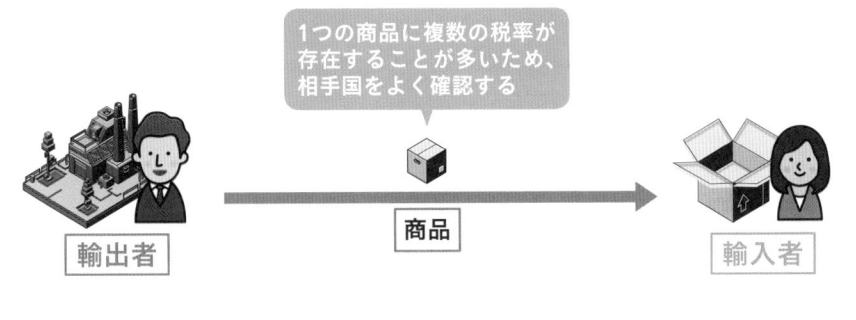

1つの商品に複数の税率が
存在することが多いため、
相手国をよく確認する

輸出者　商品　輸入者

9
輸入実務　輸入実務②　輸入申告と関税

189

# chapter9 82
# CIF金額をもとにした輸入納税額の計算方法

Point! ☑ 従課税率方式による関税の計算例
☑ 関税は自国の産業を守るために使われることが多い

## ▶ CIF金額を基準とした税額の計算プロセス

CIF金額を基準とする従価税方式で計算する例として、**1000円未満切り捨てのCIF総額に関税率を掛けて、関税額を算出します**。数字の100円未満は切り捨てます。次に消費税を、現行の10％で計算します。輸入納税申告書には、地方消費税額（10％のうちの2.2％）も記載することが求められているので、分けて計算する必要があります。

まずはCIFと関税額の合算額に7.8％（10−2.2）を掛けて、消費税額を計算し、2.2％を掛けて地方消費税を計算します。数字は関税額と同様に、100円未満を切り捨てます。最後に、関税額、消費税額、地方消費税額を、輸入（納税）申告書（183ページ参照）の所定欄に記載します。

## ▶ なぜ関税を課すのか

そもそも関税はなぜ必要なのでしょう。まず考えられるのが、国家の収入としての位置付けです。確かに、税収の乏しい国家には、重要な財源とはなりますが、貿易の自由化を進める日本を含む先進諸国にとって、関税は大きな税収源とは見なされていません。むしろ**自国の産業を守るために関税が使われることが多く**、これを**保護関税**といいます。

また、特定国の通商行為に同意できず、その国を標的とする**制裁関税**や、それに対抗する**相殺関税**の応酬が始まれば、関税を武器とする貿易戦争へと発展することになります。

▸ **輸入税額の計算（従価税方式）**

```
┌─────────────── 前提条件 ───────────────┐
│                                        │
│  ●CIF総額      69万3925円               │
│  ●関税率       CIFの4%                  │
│  ●消費税率     10%（うち地方消費税率2.2%）│
│                                        │
└────────────────────────────────────────┘
```

## ❶ 関税額の計算

CIF総額69万3925円の1000円未満を切り捨て、69万3000円
これに関税率4%を掛ける

$$69万3000円 × 4\% = 2万7720円$$

100円未満を切り捨て、　| 2万7700円 |
　　　　　　　　　　　　　　　　関税額

## ❷ 消費税額の計算

CIF額と関税額を足す

$$69万3925円 + 2万7700円 = 72万1625円$$

1000円未満を切り捨て、72万1000円
これに7.8%を掛ける

$$72万1000円 × 7.8\% = 5万6238円$$

100円未満を切り捨て、　| 5万6200円 |
　　　　　　　　　　　　　　　　消費税額

> 7.8%＝10%－2.2%
> （消費税率から地方消費税率を引いた税率）

## ❸ 地方消費税額の計算

②の72万1000円に地方消費税率2.2%を掛ける

$$72万1000円 × 2.2\% = 1万5862円$$

100円未満を切り捨て、　| 1万5800円 |
　　　　　　　　　　　　　　　地方消費税額

---

### 関税額、消費税額、地方消費税額を輸入（納税）申告書に記載

# chapter9
# 83

# 関税における
# 免税あるいは減税の特例

Point! ☑ 関税をゼロにする免税措置と減らす減税措置
☑ 戻し税と還付により、税金が戻ってくる場合がある

## ▶ 免税と減税の違い

**本来なら課される関税を、特殊な事情によってゼロにする措置があります。**それを**免税**措置といい、ゼロにはなりませんが、本来の関税額を減らすのが**減税**措置です。これらの措置は、関税定率法や関税暫定措置法によって規定されています。無条件の免税対象としては、皇室用、外国のVIP、外交官用として輸入される物品、あるいは、学術振興に関連する物品（研究材料など）、さらには、国策によって保護育成を推進する特定産業に関わる物品などです。

ほかにも、特定事情の程度によって、減免どちらかの措置がとられます。具体的には、損傷した物品の輸入、欠陥輸入品を海外で修理したあとの再輸入、あるいは、輸出した物品が返品されたときの輸入のケースなどに適用を受けます。この措置を受けるためには、輸入（納税）申告書にある減免税条項欄に根拠となる法令と減免額を記載して、税関申告します。

## ▶ 戻し税と還付の違い

いったん輸入納税申告を終えたあとに、納めた関税や消費税の全部あるいは一部を払い戻してもらえる、**戻し税**の制度があります。**輸入した商品に損傷や変質がある、あるいは契約と違っていた場合などに適用されます。**

また、輸入した商品を何らかの理由で、そのまま再輸出する場合にも適用されます。輸出商品の原材料として輸入した物品も対象です。戻し税は輸入者のみに還付される制度ですが、輸入品を利用した輸入者以外の者でも減税措置をうける**還付**という制度もあります。

▸ 関税の特例

# ❶免税・減税・戻し税・還付

| 制度 | 内容 | 対象 |
|---|---|---|
| 免税 | 特定の事由で関税免除 | 皇室用、外国のVIP、外交官用として輸入される物品<br>研究材料など学術振興に関連する物品<br>国策によって保護育成を推進する特定産業に関わる物品 |
| 減税 | 特定の事由で本来の関税が差し引かれる | 損傷した物品の輸入<br>欠陥輸入品を海外で修理したあとの再輸入<br>輸出した物品が返品された場合　など<br>（これらの事由で免税となる場合もある） |
| 戻し税 | いったん納めた関税や消費税の全部あるいは一部を払い戻し | 輸入商品の異変を後で知った場合<br>輸入品をそのままの形で再輸出した場合<br>輸出商品の原材料として輸入した場合　など |
| 還付 | 輸入品を利用した輸入者以外の者を含めた減税措置 | 関税暫定措置法でつど規定 |

# ❷特例の対象者

**輸入品の税金に関する特例は輸入者のほか輸入品利用者も対象**

### 免税、減税、戻し税は輸入者が対象

輸入者

特定の商品、または事情による
輸入に際して適用される

### 還付は利用者も対象

顧客

# chapter9 84

# 事前教示制度と
# 価格評価制度

Point! ☑ 輸入申告税額について税関に相談する事前教示制度
☑ 税関により輸入申告内容の正当性を評価される制度

## ▶ 関税がわからないときは税関に相談

科学技術の進化などにより、貿易で扱う物品も多様性や複雑性を増しています。輸入する商品が実行関税率表にある膨大な項目のどれに該当するのか、輸入者やフォワーダーだけでは判断がつきかねるケースがあります。そのとき利用されるのが、**事前教示制度**です。輸入申告手続きを行う前に、右ページに掲げた「事前教示に関わる照会書」を、対象となる輸入予定商品の資料と共に税関に提示して相談します。

照会を受けた税関は、回答を出しますが、その回答は3年間の有効期限を持ちます。また照会者（輸入者）が同意すれば、税関の回答は公表され、ほかの輸入者の参考にもなります。

## ▶ 厳しくチェックされる輸入申告の正当性

前にも書きましたが、税関の審査は一般的に輸出より輸入の方が厳しくなっています。輸入には納税が絡むので、輸入額を実際より少なく申告して、納税額を安くしようとする不心得な輸入者がたまにいるからです。

現在は税関申告のオンライン化によってデータが蓄積されたお陰で、不正申告がチェックできるようになっています。また、正当な理由で輸入申告価格が提出のインボイス価格と異なるような場合、輸入者は税関に**評価申告書**を提出して、その理由を説明する必要があります。たとえば、クレーム金相殺のため、価格がその分安くなっているようなときは、その旨の説明と共に相殺金を除いた正規の金額で輸入申告をしなくてはなりません。

| 受付番号<br>(税関記入欄) | | 登録番号<br>(税関記入欄) | | | |
|---|---|---|---|---|---|
| | | 事前教示に関する照会書 | | | 税関様式C第1000号 |

| 令和　年　月　日 | 照 会 者 の<br>住所、氏名・印<br>代 理 人 の<br>殿　住所、氏名・印 | | 輸入者符号 | |
|---|---|---|---|---|

フォーマットは税関のホームページよりダウンロードできる

| 下記貨物の | □関税率表適用上の所属区分　　□関税率　　□統計品目番号<br>□内国消費税等の適用区分及び税率　□他法令　について照会します | | 製造地<br>製造者 |
|---|---|---|---|

| 品名、銘柄<br>及び型番 | | 単価 | | 輸入申<br>告予定<br>官署 |
|---|---|---|---|---|

| 照会貨物 | □到着　□未到着 | 参考資料（返却の要・否） | 見本・写真・図画・カタログ・説明書・分析成績・その他（　　） |
|---|---|---|---|

| 輸入契約の時期、輸入の予定時期、<br>数量及び金額並びに特別注文、投<br>資又は長期契約の予定の有無 | 照会貨物に係る事前教示実績（有・無）<br>(事前教示番号　　)<br>類似貨物に係る輸入実績（有・無）<br>(輸入申告番号　　) |
|---|---|

照会貨物の説明（製法、成分割合、性状、構造、機能、用途、包装等）

税関の的確な判断を仰ぐため、くわしい商品の情報を書く。添付資料や商品サンプルを付けることもある

関税率表適用上の所属区分等に関する意見（□有　□無）

税関の回答を公開してよいか　　　　　　「否」の場合の理由

| 非公開期間の要否<br>（原則公開です。<br>裏面注意事項3参照） | | 要・否 | 非公開理由 | | |
|---|---|---|---|---|---|
| 非公開期間 | （　　　）日（180日を超えない期間） | 続 | 補足説明書 | 要求・提出、　枚 |

(注) 裏面の確認書にも記入をお願いします。また、注意事項をよくお読みください。　　　　　　(規格A4)

## CHECK! 税関の価格審査の基準とは？

輸入時の価格審査の基準は主に4点です。1つ目は、同時期、同種、類似取引価格との比較。2つ目は、輸入後の国内での再販売価格からの逆算。3つ目は、輸出地での製造原価からの積算。4つ目は、比較可能な別商品との品質差などからの評価です。納税額を低くするために、実際より低い金額で申告する輸入者を厳しく取り締まっています。

# 輸入申告において優遇される特例輸入者制度

Point!
☑ 輸入申告で優遇措置を受けられる特例輸入者制度
☑ 早く商品を受け取れる輸入許可前引取承認申請制度

## ▶ 特例輸入者の利点

　130ページで特定輸出者の制度について書きましたが、それと対応するのが**特例輸入者**制度で、やはりAEOの一環として、近年できた制度です。特定輸出者と同様、貨物への安全対策及び組織内の法令遵守体制が整備されているかを、申請を受けた税関が審査して決定します。申請の書式は、特定輸出者申請と共通のものです。

　**特例輸入者になれば、貨物の輸入地到着前に輸入申告が可能となり、関税、消費税の納入前に、貨物を国内に引き取ることができます**。ただし、納税は輸入申告日の翌月末までに行う必要があります。また、特例輸入者になれば、商品貨物が到着する輸入ポイント以外の税関に対しても、輸入納税申告ができるという利便性も、享受することができます。

## ▶ 従来からある輸入許可前貨物引き取り制度

　特例輸入者制度ができる以前からの制度に、**輸入許可前引取承認申請制度**があります。**工場の在庫不足や、商品の緊急販売を要するときなど、輸入商品を早急に引き取りたい輸入者が、理由を書いた承認申請書を税関に提出します**。税関に承認されれば、特例輸入者と同等の措置が受けられ、早期の貨物引取が可能です。納税の支払期限は、輸入申告許可日の翌月末までで、これも特例輸入者制度と同等です。

　1つ違うのは、未納税額相当の担保あるいは銀行の保証状を、税関に提出する必要があることで、納税とともにこれらは解除されます。

▶ 輸入者の特例

# ❶特例輸入者の3つの特典

1 貨物の輸入地**到着前**の輸入申告
2 **納税前**の貨物の引き取り
3 **輸入ポイント以外**の税関への輸入納税申告

# ❷輸入許可前引取承認申請制度の流れ

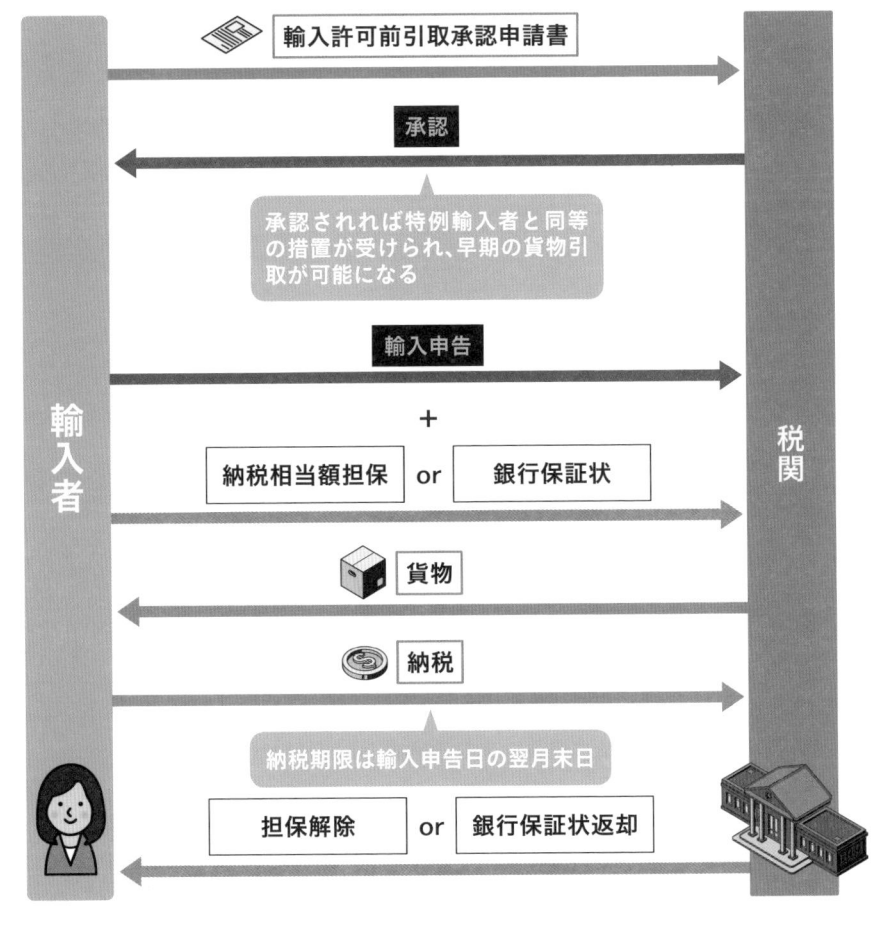

輸入許可前引取承認申請書

承認

承認されれば特例輸入者と同等の措置が受けられ、早期の貨物引取が可能になる

輸入申告

＋

納税相当額担保 or 銀行保証状

貨物

納税

納税期限は輸入申告日の翌月末日

担保解除 or 銀行保証状返却

輸入者

税関

# 保税地域は
# 税関が定めた特別区域

Point! ☑ 保税地域は通関時の一時的な保管場所
☑ 貯蔵、加工、展示などもできる保税地域もある

## ▶ 保税地域の定義

これまで何度も保税地域という言葉が出てきましたが、ここで改めて説明します。**保税地域とは、輸出入の行われる港湾や空港内などにある、税関が定めた一定の特別区域です。**保税地域に置かれた貨物は輸出用、輸入用を問わず外国貨物とみなされ、税関の許可なくして移動させることはできません。保税地域は、輸出入申告許可手続きをするため、一時的に貨物を置く場所であると同時に、長期的に外国貨物として蔵置し、それらの貯蔵、加工、展示などの機能も持ち合わせています。

## ▶ さまざまな保税地域の種類

保税地域にもいくつかの種類があります。

1つ目は**指定保税地域**です。**国、地方公共団体が保有、管理する輸出入通関のためだけの区域で、貨物の置ける期間は1カ月になります。**

2つ目は**保税蔵置場**です。船会社やフォワーダーなどが管理する場所で、税関長の認定を受けます。輸出入申告のときを含めて3カ月間貨物を置くことができ、税関の許可を得ればさらに2年間の蔵置が可能です。

3つ目は**保税工場**です。輸入商品に加工などの付加価値を付け、直接輸出できる工場などを税関が認定します。蔵置期間は2年間です。

4つ目は**保税展示場**です。国際博覧会や見本市などの会場で、外国貨物のまま展示を可能とする場所を税関が認定します。

そのほか複合的な総合保税地域や特殊貨物用の他蔵置場所もあります。

▶ 保税地域の種類

## 保税地域とは……

税関が定めた一定の特別区域。保税地域に置かれた
貨物は輸出用、輸入用を問わず外国貨物とみなされ、
税関の許可なしに移動させることはできない

| 種類 | 内容 |
|---|---|
| 指定保税地域 | 国、地方公共団体が保有、管理する輸出入通関ためだけの区域<br>貨物保管限度は1カ月間 |
| 保税蔵置場 | 船会社やフォワーダーなどが管理する場所<br>短期保管限度は3カ月間／長期保管限度は2年間<br>（さらに延長申請できる制度もある） |
| 保税工場 | 輸入商品を外国貨物のまま、加工などにより付加価値を付ける場所。そのあと、直接輸出できる工場などを税関が認定する<br>貨物保管限度は2年間 |
| 保税展示場 | 国際博覧会や見本市などの会場。外国貨物のまま展示を可能とする場所として税関が認定する<br>貨物保管限度は展示会開催期間をもとに税関長が設定 |
| 総合保税地域 | 保税蔵置場、保税工場、保税展示場の機能を備えた保税地域（243ページ参照） |
| 他蔵置場所 | 保税地域に持ち込めない特殊貨物を置く一時的な保税場所を税関長が認める |

9

輸入実務

輸入実務② 輸入申告と関税

---

## CHECK! 保税地域間で物資を運ぶ保税運送

保税地域は通常国際港湾や空港内施設にありますが、保税工場や保税展示場は、それらから離れている場合もあります。港湾や空港とこれら保税地域の間で物資を運ぶのが保税運送で、そのためには税関の承認が必要ですが、AEO制度によって認定された特定運送者には不要です。

# chapter9
# 87
# 貨物を保税地域に長期間蔵置する

Point! ☑ 保税地域内に貨物を蔵置するために税関の承認を得る
☑ 許可なく保税地域内に貨物を置くと収容される

## ▶ 保税地域に貨物を長期間置くケース

通常は、荷卸しされて保税地域に搬入された商品貨物は、輸入申告、納税手続きを経て国内に持ち込まれ、輸入者によって使用されます。

しかし、輸入申告手続きがなされず、商品貨物が外国貨物の状態で保税地域に置かれる場合もあります。受け取った貨物に欠陥や損傷が見つかり、そのまま輸出地に積み戻す場合が、それにあたります。また、備蓄原油や船舶、航空機などの修理部品として、長期間にわたり保税蔵置が必要な物品もあります。これら長期間、保税蔵置の必要な商品貨物は、198ページで述べた保税蔵置場に移され、3カ月置くことができます。

また、**それ以上の蔵置が必要な場合は、税関の承認を得ることで、2年間の蔵置が可能**です。さらなる蔵置が必要な場合は、蔵置期間延長承認を税関に申請する制度もあります。

## ▶ 許可なく貨物を保税地域に置くと収容される

輸入地の保税地域で、輸入申告をせず貨物を置く場合、それなりの理由があれば、税関の承認を得て長期間の蔵置が可能ですが、輸入者が何らかの理由で貨物を引き取らないこともあります。税関の承認がなくても、保税蔵置場には3カ月は貨物を置くことができますが、期限を過ぎても税関への蔵置承認申請のない場合、貨物は**収容**の対象となり、収容倉庫に移されます。**収容倉庫に移って4カ月たっても引き取られない貨物は、公売（競売）などによって処分されます。**

▶ 保税地域への長期保管

税関の承認を得ることで長期間の蔵置が可能になる

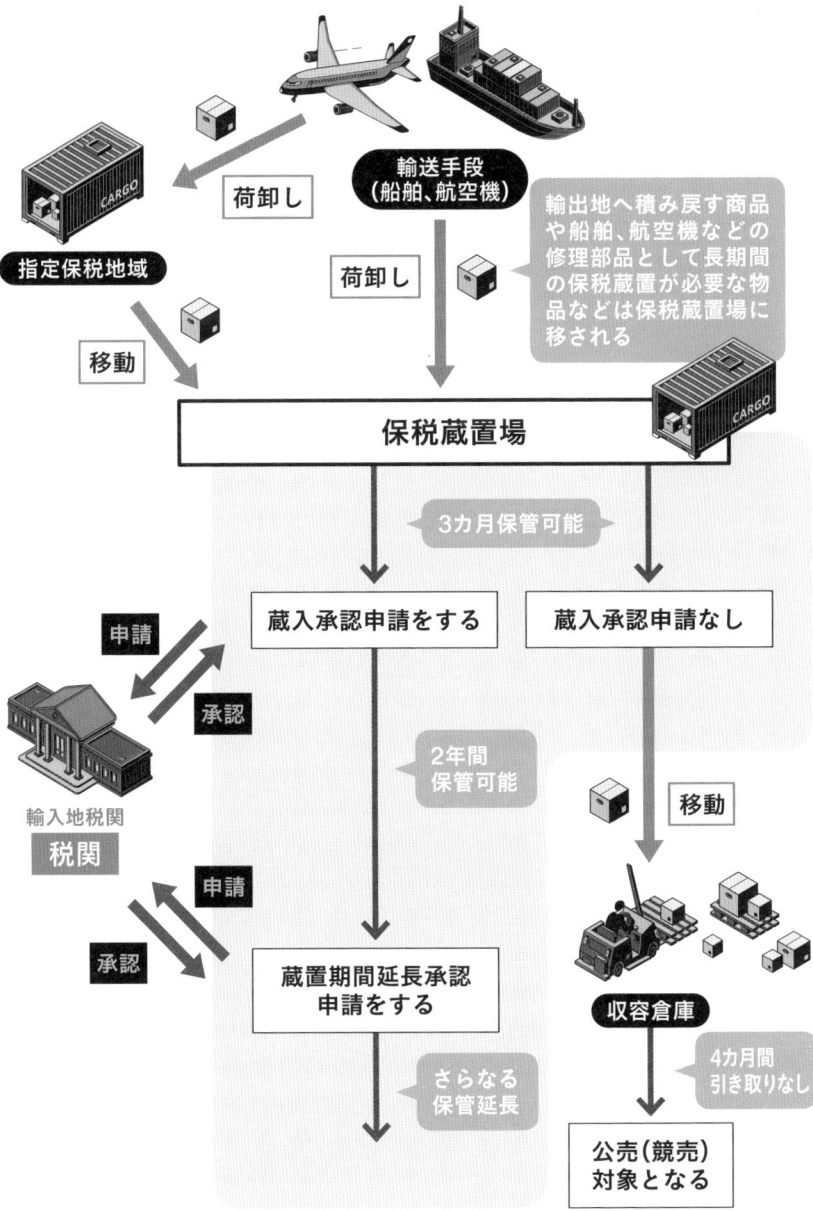

201

# 保税地域内の作業には
# 税関の許可が必要

Point! ☑ 保税地域での加工、再輸出は税関に報告する
☑ 保税地域を展示場として利用するには税関の許可を得る

## ▶ 保税工場での作業と再輸出

輸入ポイントで荷卸しされた商品貨物を**輸入手続きしないまま税関認定の保税工場へ運び、商品に付加価値を付けた上で再輸出することができます**。保税工場が、国際港や国際空港の区域から離れている場合は商品を**保税輸送**して保税工場に運びます。保税工場で加工後再び保税輸送して港や空港に戻し、そこから輸出手続きをして、国外に持ち出します。

これら一連の実務には、商品の保税工場への移入、工場への保税輸送（往復）、工場内で行う作業（**保税作業**）の内容と経過、作業終了届など、それぞれ税関への報告と承認が求められます。また保税工場における作業のうち、一部を工場外（非保税地域）で行う場合も、全作業の30％以内を目安に、税関の承認を条件として認められます。保税工場内での作業対象物品の蔵置期間は、2年が限度となっています。

## ▶ 保税展示場での実務

国際見本市などで海外から展示品を一時的に持ち込む場合、展示品すべての輸入通関手続きをするのでは、手間と費用の負担がたいへんです。そこで、展示場を保税地域に認定してもらい、**展示品を外国貨物のまま保税輸送して、会場での保管、開梱、展示、補修、手入れ、使用など諸作業の許可を、税関から得ます**。展示品を一時的に場外に持ち出すことも、税関から持ち出し許可を得ることで可能になります。また、開催期間中に展示品の国内への売却があった品物は、改めて輸入手続きをする必要があります。

## ❶保税工場内で作業する際の実務

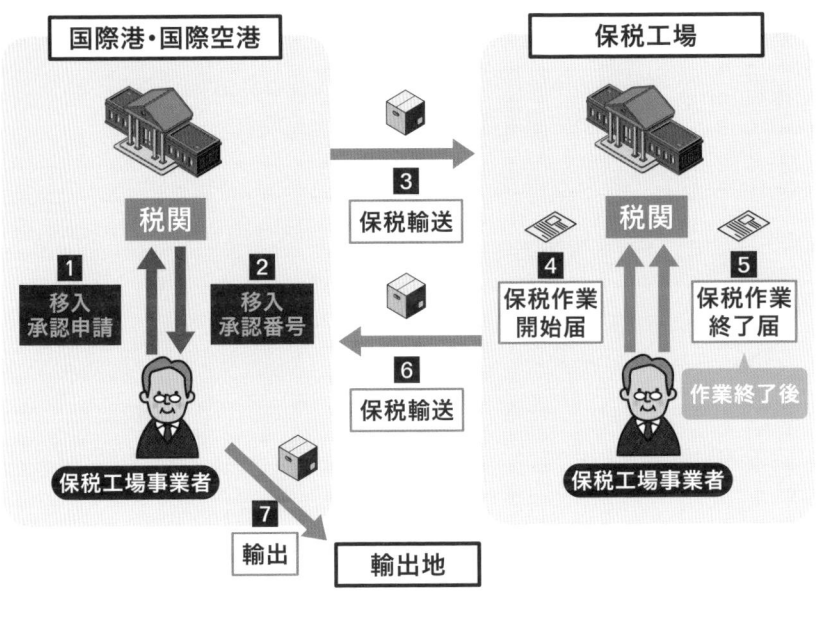

## ❷保税展示場での実務

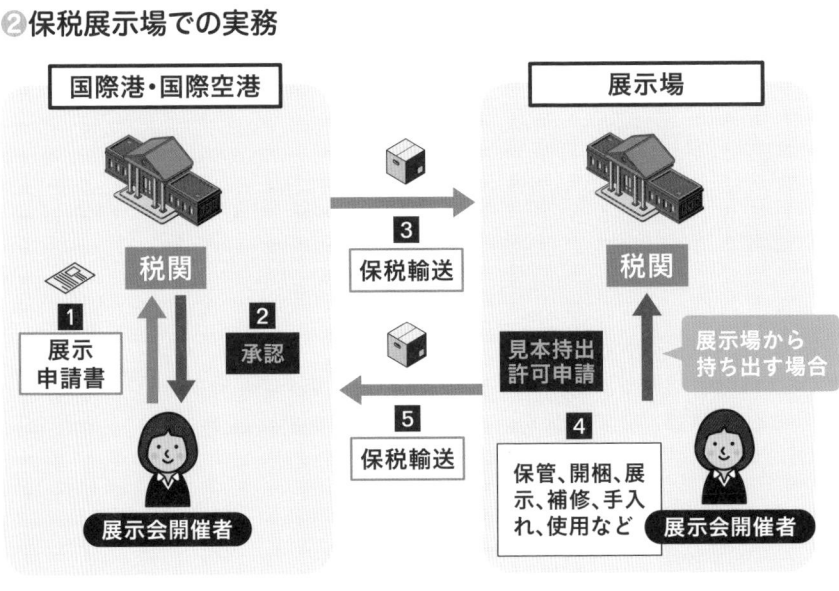

# 税関の承認に必要な
# 申請書の総括

Point! ☑ 税関の承認は外航輸送手段の管理以外のすべてに必要
☑ 税関承認申請書類は280種類以上ある

## ▶ 税関承認の必要な行為について

　本書ではこれまで、税関の承認が必要な、さまざまなケースについて説明してきましたが、どのような場合に税関承認が必要なのかを、整理してみましょう。税関は財務省の管轄下におかれ、輸出入に関わる貨物の流れ、それらを運ぶ外航輸送手段、また国境通過に伴う税金の管理、貿易に携わる事業者の輸出入に関わる諸手続きなどを管理する行政機関です。

　貿易実務者としては、**船舶、航空機などの外航輸送手段の管理を除くすべての税関管理と関わりを持っており、それらの行為を、税関の承認のもとに行う必要があります**。特に輸出入ポイントでの実務を行うフォワーダーにとって、税関は常に仕事の対面にある存在となります。

## ▶ 税関承認申請書類の様式について

　何らかの**税関承認を申請するための書式は、税関様式の名前で整理されています**。184ページで、関税に関する3つの法律について書きましたが、それぞれの法律に関わる申請書が分類されています。

　関税法に関わる書式は「**税関様式C第xxxx号**」で整理され、200を超える申請書があります。関税定率法関連は「**税関様式T第xxxx号**」で整理されて約60、関税暫定措置法関連は「**税関様式P第xxxx号**」で25前後の申請書があります。第xxxx号の部分は4桁の数字になっており（枝番付きもある）、申請事由に応じて番号が右ページのように分類されています。税関申請は、NACCSを利用したオンラインでの手続きが可能です。

# ❶貿易実務に税関の承認は欠かせない

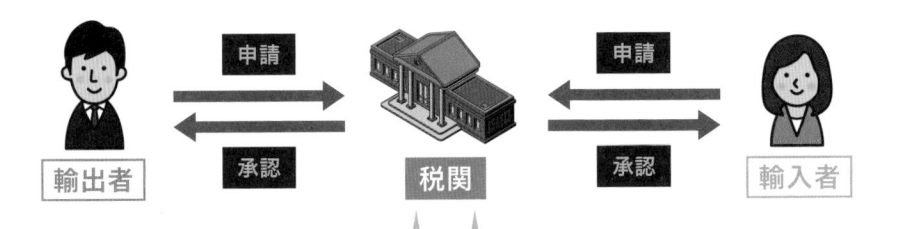

**税関の役割**
輸出入に関わる貨物の流れ、それらを運ぶ外航輸送手段、国境通過に伴う税金の管理、貿易に携わる事業者の輸出入に関わる諸手続きなどを管理する行政機関

**貿易実務者の手続き**
税関が管理する行為のうち、船舶、航空機などの外航輸送手段の管理を除くすべてを、税関の承認のもとに行う必要がある

# ❷申請事由ごとの税関承認申請書類書式

税関様式C第xxxx号の形で整理される。アルファベット部分は関係する法律により異なり、号数は4桁の数字で分類されている

| 番号 | 申請事由 |
|---|---|
| 1000番台 | 関税関係 |
| 2000番台 | 船舶、航空機などの輸送手段関係 |
| 3000番台 | 輸出入貨物の扱い関係 |
| 4000番台 | 輸出入貨物の輸送関係 |
| 5000番台 | 輸出入申告関係 |
| 6000番台 | 輸出入貨物の収容、留置関係 |
| 7000番台 | 税関人事関係 |
| 8000番台 | 税関事務関係 |
| 9000番台 | 特別輸出入、税関関係書類保存関係 |

# chapter9
# 90
# 商品に損傷があった場合の保険会社へのクレーム

Point! ☑ 貨物損傷を発見したら早急に保険会社へクレーム
☑ 保険会社のクレーム判定は立ち会い検査と写真判定

## ▶ 輸入者に求められる速やかなクレーム提出

輸入者は**受け取った商品に損傷がある場合、早急に保険会社に対してクレーム手続き**を行います（**保険クレーム**）。特にコンテナごと商品を受け取るFCL貨物では、早急にデバンニングして中の商品の状態を確かめ、3日以内に少なくとも保険会社へ**予備クレーム**を行う必要があります。

正式なクレーム手続きとしては、保険会社所定の**輸入貨物事故報告書**に記載し、保険証券、Ｂ／Ｌコピー、インボイスに加え、いずれもリマークつきの、在来船貨物の場合はカーゴボートノート、コンテナ船LCL貨物の場合はデバンニングレポートを、保険会社に提出します。さらには、商品の損傷状況を示す写真の添付も求められるでしょう。貨物の事故報告書は、船会社にも同時に送られます。

## ▶ 保険会社の以降の対応は

輸入者からのクレーム手続きを受けた保険会社は、船会社を入れた立ち会い検査を行います。また、損傷の程度によっては立ち会い検査をせずに、写真のみで判定することもあります。**損傷原因の特定、損傷商品の処理方法（修理、廃棄など）を検討して損害額を決め、輸入者からの請求書を待って、保険金を輸入者に支払います**。保険会社は保険金を支払ったことで**代位求償権**を獲得し、本来の損傷発生の責任者である船会社に対して、損害賠償の請求を行うことになります。

▸保険クレーム

# ❶保険クレームが必要な場合

| 貨物の種類 | 状況 |
|---|---|
| FCL貨物 | 自らのデバンニングにより損害発見 |
| LCL貨物 | デバンニングレポートにリマークあり |
| 在来船貨物 | カーゴボートノートにリマークあり |

# ❷保険クレームから保険金受け取りまでの流れ

上記に該当する場合、早急に保険会社にクレーム手続きを行う

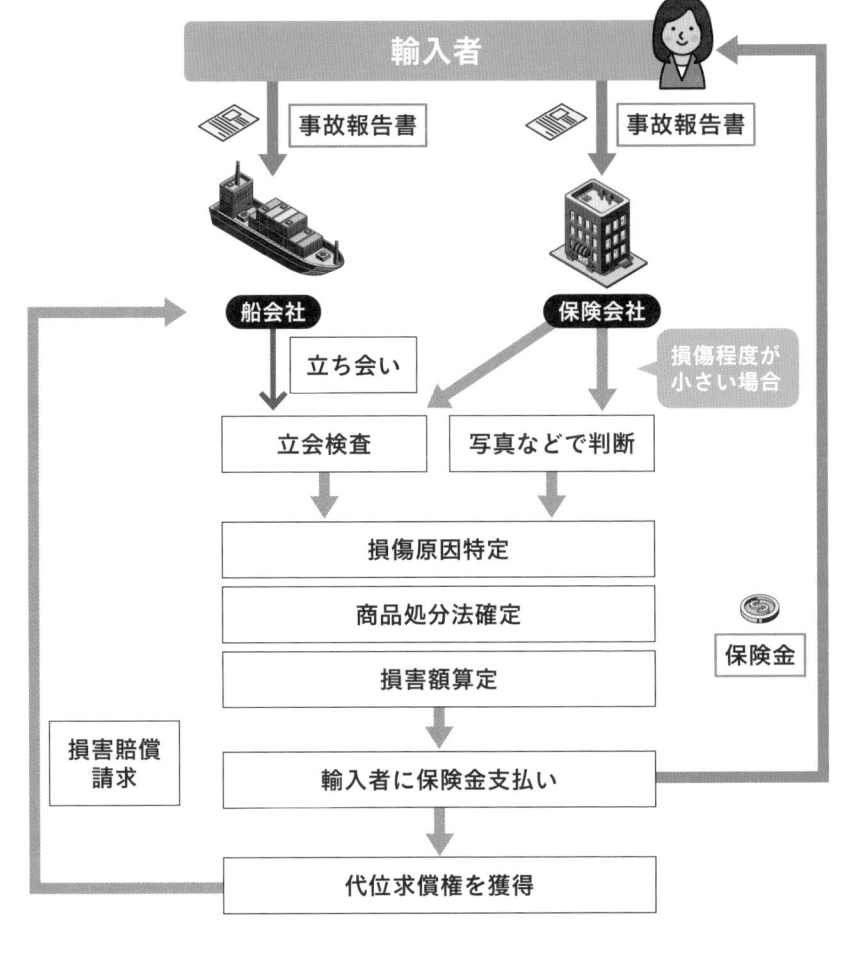

# chapter9 91
# 輸出者に対する 商品クレームの解決方法

Point! ☑ 商品不良が見つかったら商品クレーム
☑ 商品クレームの解決は当事者間の話し合いが基本

## ▶ どのようなクレームの場合があるか

保険クレームは保険会社に対して行いますが、**商品クレーム**は輸入者が輸出者に対して行います。それは、受け取った商品に問題があった場合ですが、もっとも多いのは商品の不良に対するものです。

**輸出者の手を離れた時点ですでに存在している、商品の形状、材質、色、寸法、重量などの契約との相違に対し、商品クレームは発生します**。商品を受け取ってすぐに認められるものと、使い始めた途中で判明する不具合の両方とも、商品クレームの対象となります。

商品不良以外のクレームの対象としては、数量違い、納期遅れ、梱包や船積み書類の不備、さらには、納期遅れと関連した**価格クレーム（マーケットクレーム）**などがあります。

## ▶ 当事者間で解決しない場合は？

商品クレームは、**輸出者、輸入者の当事者間で話し合って解決する必要があります**。話し合いは、契約条件に照らして行われます。

契約条件にクレーム処理方法が規定されていればよいのですが、そうでない場合、双方の利害関係が衝突することだけに、なかなか決着がつかないことも少なくありません。特に、契約時に想定していなかったような事態に絡む場合は厄介です。輸出入者当事者間で解決できないようなクレーム案件は、第三者の**斡旋**を依頼します。それでも決着がつかないときは、**仲裁**の機能を持つ公的機関に持ち込むか、裁判で争うことになります。

▸商品クレーム

# ❶商品クレームの解決手段

**商品クレームの解決にはまず話し合いから始める**

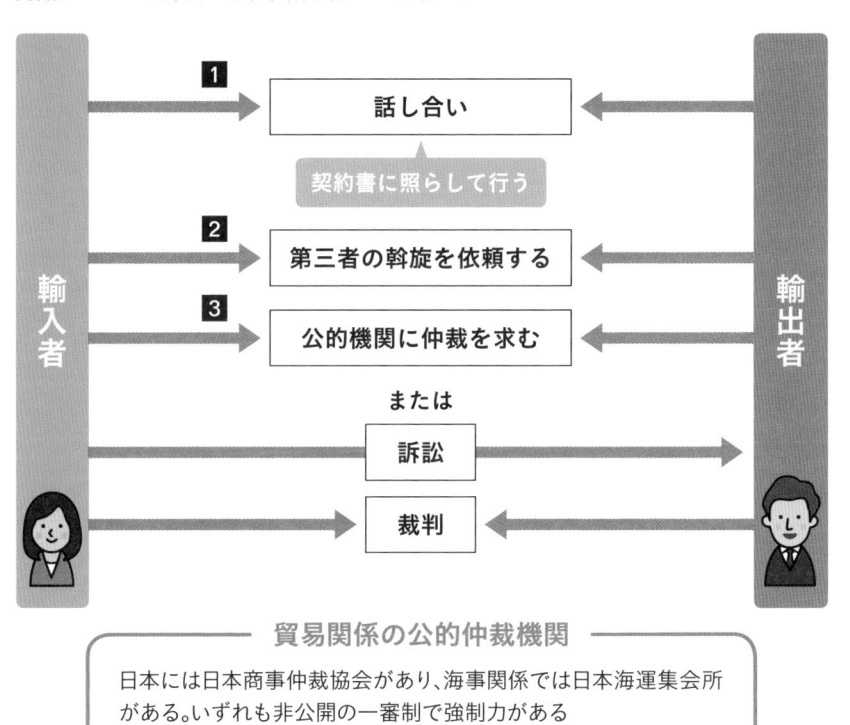

貿易関係の公的仲裁機関

日本には日本商事仲裁協会があり、海事関係では日本海運集会所がある。いずれも非公開の一審制で強制力がある

# ❷商品クレームを避けるための契約時の要点

- ●商品の規格や使用方法につき、厳正な規定を行う
- ●品質保証期間を定める
- ●クレーム処理方法(修理、代品、金銭解決)を決めておく
- ●どこの法律で解決するか決めておく
- ●解決のための斡旋者や公的仲裁機関を具体的に定める

# 商品クレームの解決が一番難しい

208ページで**商品クレーム**について書きながら、現役時代のことをいろいろ思い浮かべました。そして、商品クレームの解決が、貿易実務の中でいちばん難しいということを思い出しました。「商品クレームを片付けられるようになったら、一人前の貿易実務者だ」と、先輩社員にいわれた言葉も思い出しました。

筆者は主に輸出実務の担当でしたが、商品クレームは忘れたころにやってきます。商品の出荷が終わり、代金も回収して、これで一件落着。その案件のことは忘れて、別の案件に取り組んでいるときに、商品クレームは突如降りかかってきます。

契約通りの商品を、契約通りに出荷していれば問題はないはずですが、実際の物事はそう単純にいくとは限りません。特に厄介なのは、輸入者が商品を使い始めてから起こすクレームです。角度60°まで曲げても大丈夫な規格の材料を輸出したはずなのに、輸入者から「そこまで曲げたら、途中で折れちゃった。これは欠陥商品だ！」などといわれるのです。こちらとしては、「そんなハズはない。そっちの曲げ方が悪いんじゃないの？」といった応酬になります。

この場合、「商品規格の内容は保証するけど、そちらの使い方までは保証しない（specification only guarantee but usage not guarantee）」という条件を契約に入れて、輸入者に了承させる必要があります。

いやらしいのが、**マーケットクレーム**です。商品の出荷は契約通りだったのに、積んだ船が輸入港の混雑で到着が遅れたのを理由に、輸入者から、「商品の売り時を逃して、市場価格が下がってしまった。そっちの責任だから値段を引いてくれ」などといってきます。この場合、「到着遅れはこちらの責任ではないのだから」と突っぱねるべきですが、輸入者からの代金が未回収の場合、厄介な問題となる可能性があります。

# chapter 10

**書類** 貿易書類の書き方・読み方

貿易実務の基本はモノ、カネ、書類です。モノとカネの動きに必ず付いてくる書類を総まとめします。貿易実務の基本である、書類の書き方そして読み方について説明します。

書類

# 貿易書類作成は
# 共通項目を軸に行う

Point! ☑ 貿易書類では多くの共通項目がある
☑ 貿易書類に応じて記載内容を変える

## ▶ 引き合いから船積み書類まではほぼ同じ書式

53ページで輸入者が書く引き合いの必要項目について書きました。それに応じて輸出者の書くオファーについて、55ページで解説しています。両方の書類を比べると、多くの記載項目が重なっています。

そして、67ページに掲載した契約書のひな形を見てください。各書類とも、記載内容はその役割によって多少違いますが、ほとんどの項目が共通しています。さらには、フォワーダーへ輸出手続きの代行を依頼する船積み依頼書と、それに基づいて作成される船荷証券や、インボイス、梱包明細などの船積み書類の記載項目も、多くが共通です。

**貿易書類の種類は多くても、記載すべき項目の多くは共通しているので、ワンライティングで作成可能です。** つど各過程に応じ記載内容を少し変えるだけで、多様な貿易書類ができ上がります。

## ▶ 書類を貫く基本的な項目とは

引き合いには、欲しい商品の記載と数量、そしてそれをいつ、どこで欲しいのかが書かれています。それに対してオファーでは、価格と支払い条件が加わります。商品、価格、納期、受け渡し条件、目的地、支払条件が出揃えば、これらの項目が、以降作成される貿易書類の基本的な構成要素となります。そして**書類ごとの目的やタイミングによって、これらの基本項目の内容が変えられ、あるいは削除され、そしてさらなる項目が追加されることで、さまざまな書類が作成されていきます。**

▶書類の共通項目

## ❶貿易書類は共通項目が多い

### 貿易書類
引き合い、オファー、船積み依頼書、船積み書類（船荷証券、インボイス、梱包明細など）

種類が多い貿易書類だが、記載すべき項目の多くは共通しているため、ワンライティングで作成可能

## ❷貿易書類の共通項目となる記載事項

引き合いとオファーの項目がその後の基本的な構成要素となる

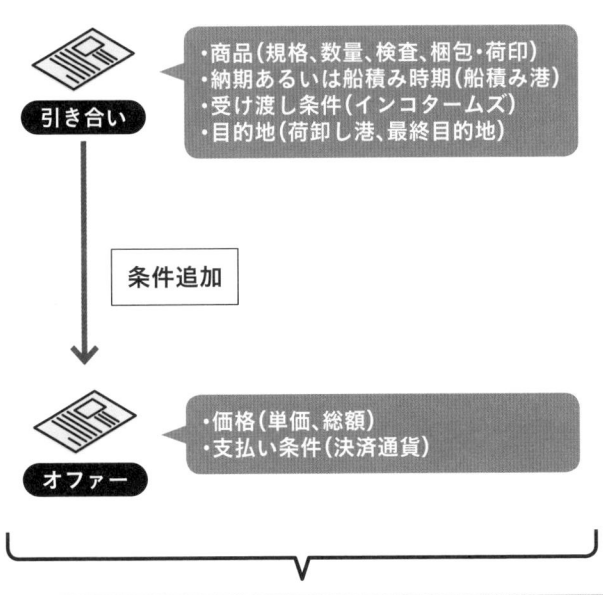

**引き合い**
・商品（規格、数量、検査、梱包・荷印）
・納期あるいは船積み時期（船積み港）
・受け渡し条件（インコタームズ）
・目的地（荷卸し港、最終目的地）

条件追加

**オファー**
・価格（単価、総額）
・支払い条件（決済通貨）

書類の目的やタイミングによって、上記の基本項目の内容の変更、削除あるいは追加されることでさまざまな書類が作成できる

書類

# 書類を書くうえで英語力は必要か

(Point!) ☑ 英語書類では使う言葉が限られている
☑ まずは基本項目の名称を英語で覚える

## ▶ 英語が苦手でも貿易実務ができる訳

「私は英語が苦手だから、貿易実務は無理！」と考える人は多いかもしれません。「貿易の相手は外国人だから、英会話に自信がない。貿易書類はほとんど英語で書かれているから、作れないし読めない」などと思いがちです。しかし、**現在はメールでほとんど商談を進めるため、英会話力はさほど要らないでしょう。**

メールのやり取りをする状況も、多くの場面は本書にほぼ書かれており、使うべき言葉は限られています。何度も貿易商談を繰り返していれば、文章や単語は自然と身に付き、たとえ会話が必要なときでも、メールで覚えた書き言葉をそのまま話し言葉にすれば相手に通じるでしょう。英語の書類についても、書類の構成要素は多くが重なっているので、それら項目名を英語で覚えれば、読み書きもすぐに慣れるはずです。

## ▶ まずは基本項目の名称を覚える

**貿易書類を構成する基本項目の名称を、まず英語で覚えましょう。**各項目に記載すべき文言は大方決まっているので、すぐに覚えられるはずです。貿易実務でよく使う英単語は本書の巻末にまとめてありますので、辞書代わりに利用してください。実務で使う名詞以外の言葉なども、場面が限られるために、数は多くありません。実務に携わる各自の大きな課題は、商品にまつわるさまざまな記述です。これは千差万別なので、ご自身の扱う商品に関わる単語や表現を、自ら習得する必要があります。

# ❶貿易に高い英語力は必要ない

メールが中心

国内貿易実務者　　　　　　　　　海外貿易実務者

英会話が苦手でも読み書き英語が中心だから大丈夫

実務は狭い範囲での反復作業。やり取りの多くはメールであり、書類で使う言葉も限られる

読み書き英語は話す英語にも活用できるため、会話が必要な場面もメールのやり取りで覚えた言葉で十分

ネイティブイングリッシュは不要。ジャパニーズイングリッシュで通用する

# ❷貿易英語習得における課題

各自の扱う商品に関する英語表現能力を養う

**品質、規格、用途、市場動向**などに付随する言葉を覚える

たとえば品質では……
錆びる、溶ける、強い、もろい、色、味、効率、害毒などの英語

まずは貿易書類を構成する基本項目の名称を英語で覚える

# 交わす相手によって異なる書類の整理

Point! ☑ 自ら作成する書類と書式に従う書類がある
☑ 取引先以外はフォワーダーが代行することが多い

## ▶ 取引先以外と交わす書類のほとんどは日本語

ここまでは主に、輸出者、輸入者の間でやり取りされる書類について説明しました。貿易書類は取引先と交わすものが中心ですが、貿易実務上さまざまな違う相手と交わす書類も必要です。**輸出入者間で交わす書類は当事者自らが作成しますが、それ以外の書類の多くは、申告、申請、依頼などを目的として相手先の定型書式に記載するのが普通です。**

輸出入者間は違う国の人同士なので、書類の多くは英語になりますが、それ以外の書類は日本語のものが中心です。それに既存の書式があるので、その各項目欄に書き込むだけで事足ります。書き込む主な内容も、輸出入者間で交わした書類の構成要素となるものなので、利用する頻度の高い書類では、その作成はルーティンワークとなるでしょう。

## ▶ 船積み依頼書の作成は慎重に

貿易の取引先以外と取り交わす書類の相手先は多様ですが、中心となるのは、輸送関係、支払い関係、輸出入手続き関係、許認可関係、保険関係などです。輸送関係や輸出入の手続き関係では、多くの場合フォワーダーが書類を代行作成してくれます。したがって、**フォワーダーに正しい書類を作成してもらうために、その内容を正確に指示する船積み依頼書（S／I）は、特に慎重に作成する必要があります。**輸出入者自身でやり取りする書類の相手先は、銀行、政府省庁、保険会社などですが、船積み書類作成を依頼する相手先はほかにもあります。

▶貿易関連書類の流れ

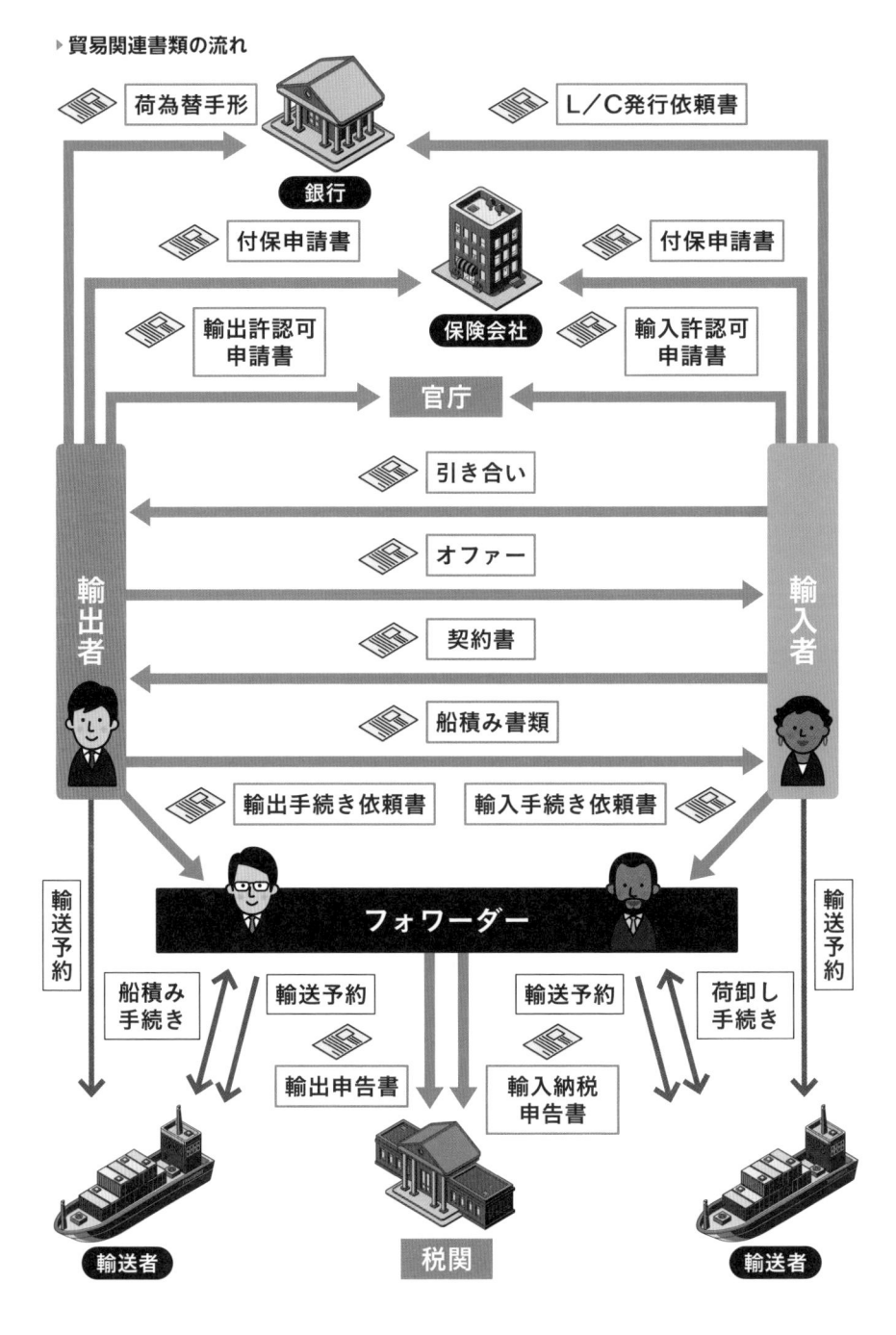

荷為替手形

L／C発行依頼書

銀行

付保申請書

付保申請書

保険会社

輸出許認可
申請書

輸入許認可
申請書

官庁

引き合い

オファー

契約書

船積み書類

輸出手続き依頼書

輸入手続き依頼書

輸出者

輸入者

フォワーダー

輸送予約

輸送予約

船積み
手続き

輸送予約

輸送予約

荷卸し
手続き

輸出申告書

輸入納税
申告書

輸送者

税関

輸送者

書類

# 最重要書類である
# 契約書作成時の注意点

Point! ☑ 契約書には裏面約款が必要不可欠
☑ P／Oだけでは契約書にならない

## ▶ 文章契約書の作成はプロに任せる

契約書については64および66ページで書きましたが、最も重要な書類なので、ここでさらに加筆します。67ページに契約書のひな形を載せました。これは契約書の定型書式に必要事項を書いたものですが、本格的な契約書としては、これだけでは不十分です。

**すべての契約に共通するさまざまな場合を想定した恒久的な諸条件を、契約当事者間で合意しておく必要があります**。多くの場合、これらの条件が契約書書式の裏面に書かれているので、裏面約款と呼ばれますが、外国人に対する文言としては、General Terms & Conditionsで通用します。裏面約款は通常文章形式になっていて、独特の法律的ないい回しがあり、法律に通じた人に作成してもらうのがよいでしょう。多くの裏面約款の文章は似通っているので、それらを参考にある程度は書けますが、輸出入者それぞれの事業者としての立場は違うので、その立場の利益を守るための条件を文章化するには、やはり専門家と相談するのがよいでしょう。

## ▶ P／Oは契約書か

輸出者が海外の顧客から、**P／O**（purchase order）を契約書代わりにもらうことがあります。これは注文書（発注書）のことですが、通常は商品名、数量、価格、納期、支払い条件などが書かれた簡単なものです。これだけでは契約書にはならず、**注文書の裏に細かく諸条件（裏面約款）が書かれていなければ、そのP／Oのもととなる基本契約書が別途必要です**。

▶ P／Oのひな形

# NOLL Furniture Inc.

3259 ○ ○ ○ ○ Road, West Kuching, Malaysia
Phone:342-△△△△,URL:http://www.nolfur.com

## PURCHASE ORDER

| Seller's Name & Address | | Purchase Order Number | Date |
|---|---|---|---|
| Tanisoko Shoji & Company, LTD.<br>1-13 ○ ○ ○ ○ Nakahara-ku<br>Kawasaki, Japan | | NOFUR-20924 | March 31 2020 |

| Shipping Mark | Commodity & Quantity | Quantity (metric ton) | Price CIF Singapore | Amount |
|---|---|---|---|---|
| NOFUR<br>HRC<br>TSC20924<br>COIL NO<br>KAWASAKI<br>KUCHING | Hot Rolled Steel Sheet in Coil<br>JISG3131-2011<br><br>3.5mm x 1120mm x 2500mm<br><br>Other Conditions as per the Basic Contract NFTS023 on March23,201 | 250M/T | (in US$)<br>362<br>per M/T | (in US$)<br>90,500<br><br>**Total Contract Amount**<br>CIF Kuching<br>US$90,500 |

商品の価格を書く

商品の内容や大きさなどの詳細を書く

| Time of Shipment | Port of Shipment |
|---|---|
| end Aug 2020: 100 M/T<br>end Sep 2020 :200 M/T | Kawasaki, Japan |

| Inspection | Port of Destination |
|---|---|
| as per the Basic Contract NFTS023 on March23,2019 | Kuching, Malaysia |

目的地となる輸入港を書く

| Marine Insurance | Packing |
|---|---|
| as per the Basic Contract NFTS023 on March23, 2019 | as per the Basic Contract NFTS023 on March23,2019 |

| Payment | Other terms and conditions |
|---|---|
| By Irrevocable Letter of Credit payable at sight to be opened by April 15,2020. | as per the Basic Contract NFTS023 on March 23,2019 |

for NOLL Furniture INC
SIGNED

契約書として使う場合は裏面約款（そのほかの条件を裏面に箇条書き）が必要

P／Oに書かれていない条件は、別途結ばれている基本契約書に従うと記載されている（青字部分）

10 書類 貿易書類の書き方・読み方

219

書類

# L／Cの機能と L／C発行依頼書の書き方

(Point!) ☑L／Cには取り消し不能という基本条件がある
☑L／C発行依頼書で重要なのは船積み期限

## ▶ L／Cはすぐ読めるようになる

L／C（信用状）については80～85ページで説明しましたが、貿易決済に関わる最重要書類として、貿易実務者が知るべき要点を加筆します。貿易実務の初心者にとって、L／Cは最も読みにくい書類です。しかし、そこに記載される用語の意味を知れば、内容は類似しているので、すぐに読めるようになります。L／Cは輸入者の取引銀行が発行しますが、その内容は輸入者が銀行に提出するL／C発行依頼書に従います。

L／Cには通常「irrevocable」という言葉が付随します。これは「**取り消し不能**」という意味で、輸入地の銀行から一旦発行されたL／Cは、その期限内であれば、取り消しすることはできません。取り消しのできるL／Cもありますが、**輸出者の立場としては、L／C決済条件の契約でirrevocable L／Cの発行を、必ず輸入者に要求すべきです。**

## ▶ L／C発行依頼書に記載する基本事項

輸入者はL／Cの発行依頼者で、L／C上で「applicant」と書かれます。輸出者はそのL／Cの受益者という意味で、「beneficiary」となります。**大事なのは、輸出者が契約通りに商品を出荷することなので、L／Cの船積み期限を決めます**。そして代金請求のための荷為替手形の輸出地銀行への提出期限として、L／Cの有効期限を決めます。輸入者がスムーズに商品を受け取るために、必要な船積み書類もL／Cの中で規定します。右ページの書類は実際のL／C発行依頼書です。

## ▶L／C発行依頼書の読み方

「取り消し不能」を意味する

通知銀行(輸出地銀行)に指定がある場合は記入する

受益者(輸出者)名を記入する

開設依頼者(輸入者)名を記入する

輸入者がスムーズに商品を受け取るために、必要な船積み書類を定める

書類
# 行政機関に対する 許認可申請書類

> **Point!**
> ☑ まず扱う商品が許認可の対象か確認する
> ☑ 許認可申請はNACCSでオンライン化されている

## ▶ 貿易取引に対して厳格化する行政許認可

　昨今の世界情勢変化の中で、貿易取引に対する行政の取り締まりが厳しくなっています。実務者として留意すべきキーワードは、テロ問題、環境問題、そして伝染病などの健康問題です。**まず輸出入者は、扱う商品が許認可の対象なのか、輸出入申告の前によくチェックすべきです**。これらについては106、108、166ページで、外為法関連を中心に説明しました。

　輸出入手続きに関しては、財務省管轄下の税関が、多くの申告、承認事項に関わってきますが、動植物、食品を扱う場合は、178ページで説明した農水省や厚労省管轄の検疫制度をクリアする必要があります。これらの手続きには相手国の証明書類などを求められることもあり、契約段階から知る必要があります。

## ▶ シングルウィンドウ化された行政許認可手続き

　以前はいちいち関連の役所に書類を持ち込んで、申請手続きを行っていましたが、現在は26ページで書いたように、ネット上でのオンライン手続きが可能になっています。**いずれもNACCSのシステムから入って、手続きが可能となりました**。経済産業省管轄の外為法関連の輸出入許認可申請は、JETRASというシステムで処理します。農水省管轄の動物検疫にはANIPASというシステムがあり、同省管轄の植物検疫は、PQ-NETWORKというシステムで処理します。厚労省管轄の食品関連検疫については、FAINSという食品監視支援システムがあります。

▶行政機関の許認可

# ❶貿易に関わる行政機関の許認可制度

| 時期 | 法律 | 管轄 | 許認可制度 |
|---|---|---|---|
| 輸出入以前 | 外為法 | 経産省 | 輸出許可・承認<br>輸入割当・承認・事前確認 |
| | 外為法以外の法律 | | 銃砲刀剣類所持、毒物・劇物、火薬類、化学物質、印刷等の模造、薬品、高圧ガスなどの取り締まり（166ページ参照） |
| 輸出入申告時 | 関税三法 | 財務省 | 税関への諸承認・申請<br>（204ページ参照） |
| | 家畜伝染病予防法 | 農水省 | 動物検疫 |
| | 植物防疫法 | 農水省 | 植物検疫 |
| | 食品衛生法 | 厚労省 | 食品検疫 |

# ❷手続きのオンラインシングルウィンドウ化

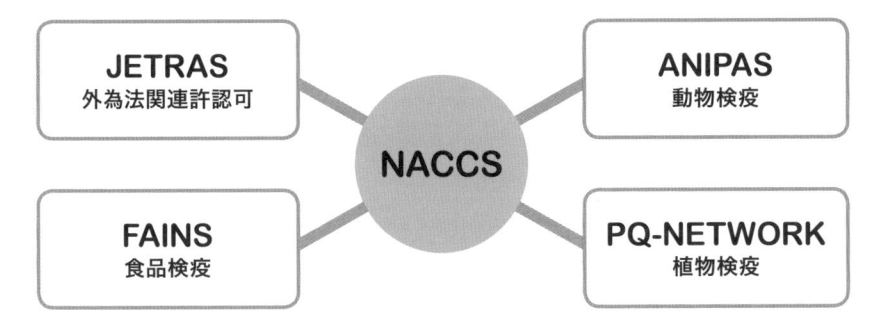

オンライン化された手続きはすべてNACCSを窓口として行える

書類
# B／Lの記載内容と
# 保険証券との相違点

Point! ☑ 荷受人欄の内容によりB／Lの性格が変わる
☑ 保険証券は有価証券ではない

## ▶ S／Iから続くB／Lまでの一気通貫

B／L（船荷証券）は、最重要の船積み書類として、146、148ページで説明しました。この書類の所持者が、商品貨物の所有権を持つという有価証券ですが、この書類のポイントは、荷受人と通知人に記載する内容です。通知人は通常輸入者かそのフォワーダーの名が書かれますが、荷受人の欄を何と書くかによって、B／Lの性格が変わります（148ページ参照）。

これらの欄の記載内容は、輸出者がフォワーダーに出すS／I(船積み依頼書)によって決定されます。税関の輸出許可が出たあとに発行される**S／O**や**M／R（コンテナ船の場合はD／R）そして、それらと引き替えに発行されるB／Lは、書類の目的によって記載内容に一部違いはありますが、書式はどれも共通したもの**になっています。

## ▶ 保険証券は有価証券か

貿易実務に登場するもう1つの証券に、保険証券（insurance policy）がありますが、こちらはB／Lのような有価証券ではありません。保険を掛けたときに保険会社より発行され、保険クレームに必要な重要書類です。

しかし、**保険証券の所有者にクレームの権利はあっても、保険証券は対象貨物の所有権を証する書類ではありません**。ただし保険を掛ける者と危険責任を負う者の分かれるC型受け渡し条件の場合（76ページ参照）、保険証券を受け取った輸出者は、輸入者が保険クレームできるように、それを裏書譲渡する必要があります。

▶M／Rと保険証券

# ❶M／Rのひな形

| Sipper: | | 荷受人を誰にするかで B／Lの機能が変わる | ○○○ **SHIPPING CO. MATES RECEIPT** | | |
|---|---|---|---|---|---|
| Consignee: | | | | | |
| Notify Party: | | 通知人を書く（輸入者 かフォワーダー） | | | |
| (Local Vessel) | | FROM | | | |
| Ocean Vessel | | Port of Loading | | | |
| Port of Discharge | | For Transhipment to | | Final Destination | |
| Marks & Numbers | No of Pkgs | Description of Goods & Kind of Pkgs | | Gross Weight | |
| | | 梱包後の重量を記載 （船賃の算定基準） | | | |
| Total Number of Packages or Units (in words) | | この部分の記載がクリーンB／Lで は消される（146ページ参照） | | | |
| Remarks | | | | | |
| Hatch No. | | | | | |
| Received In All | | | Date | | この部分はB／L と異なる |
| ───サイン─── Checker 立会人 | | ───サイン─── Checker 航海士 | | | |

# ❷保険証券の一部

保険クレームに必要な書 類だが、対象貨物の所有 権を証する書類ではない

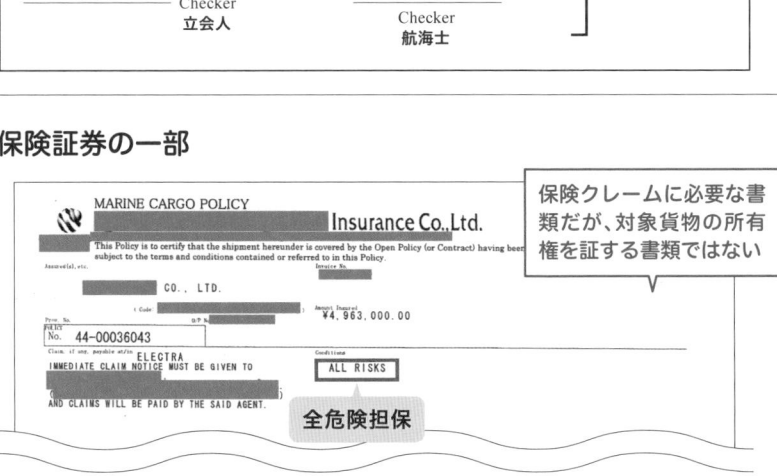

```
     MARINE CARGO POLICY
                              Insurance Co.,Ltd.
        This Policy is to certify that shipment hereunder is covered by the Open Policy (or Contract) having been
        subject to the terms and conditions contained or referred to in this Policy.
Assuvedal, etc.                                        Invoice No.

             CO., LTD.
        < Code                              G/P No.
Prem No.                                    Amount Insured
                                            ¥4,963,000.00
POLICY
No.   44-00036043
Claim, if any, payable at/in  ELECTRA        Conditions
IMMEDIATE CLAIM NOTICE MUST BE GIVEN TO      ALL RISKS
AND CLAIMS WILL BE PAID BY THE SAID AGENT.
```

全危険担保

書類

# 輸送者が発行する貨物の運送状の種類

Point! ☑ 運送状には有価証券とそうでないものがある
☑ 近距離貿易の増加により簡便な海空運送状が一般的に

## ▶ 譲渡性可否による運送状の分類

運送状とは輸送会社が発行する貨物の預かり証ですが、船舶会社の発行するB／Lは有価証券で、航空会社が代理店経由で発行するエアウェイビル（AWB）は有価証券ではないと、138ページで説明しました。また160ページで書いたように、船会社発行だが有価証券でない**シーウェイビル（SWB＝海上運送状）**もあります。**有価証券かどうかの違いは、譲渡性（negotiable）の可否にあります。**

さらに、小口航空貨物を運ぶ利用航空運送業者（混載業者）と対比される業者に、小口の船舶貨物を扱う**外航利用運送業者（NVOCC**＝Non-Vessel Operating Common Carrier）もあり、利用航空運送業者がハウスAWBを発行するように、外航利用運送業者はハウスB／L（非有価証券）を発行します。

## ▶ どの輸送方法と運送状を選ぶか

**航空貨物取引の増加や近距離貿易の増加により、簡便な海空の運送状が近年の貿易取引の中で一般化してきています。**

また、149ページに書いたサレンダーB／Lは、地域限定的な変則方法にまつわるリスクが指摘されています。海空運送状の問題点は、オーダーB／Lのように貨物所有権の譲渡可能なしくみができないため、取引相手と条件によっては、代金回収のリスクが残ることです。貿易実務者は、簡便性とリスク度合いを見極め、輸送方法と運送状形態を選択する必要があります。

▶ 運送状の種類とAWBのひな形

# ❶発行者ごとの運送状の種類

| 発行者 | 運送状 | 機能 |
|---|---|---|
| 船会社 | B／L（船荷証券） | 有価証券 |
| | サレンダーB／L（149ページ参照） | 元地回収により有価証券機能消失 |
| | SWB（海上運送状） | 非有価証券 |
| 外航利用運送業者（NVOCC） | ハウスB／L | 非有価証券 |
| 航空会社 | AWB（航空輸送状） | 非有価証券 |
| 利用航空運送業者（混載業者） | ハウスAWB | 非有価証券 |

# ❷AWBのひな形

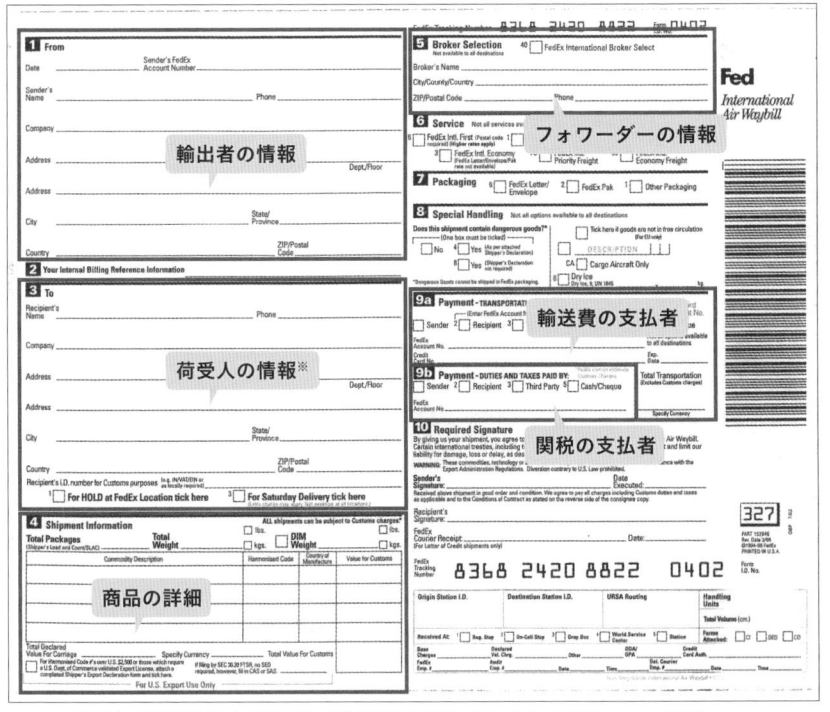

※AWBの荷受人は通常輸入者だが、輸出者の現地代理人や銀行にすることもできる（158ページ参照）

10

書類

貿易書類の書き方・読み方

227

書類

# インボイスの種類と契約書との相違点

Point! ☑ インボイスは出荷状況を知らせる船積み書類
☑ インボイスはタイミングや機能で4種類に分かれる

## ▶ インボイスと契約書の違い

151ページにインボイスのひな形を掲載しましたが、67ページに掲載した契約書のひな形と書式が似通っています。すなわちインボイスの記載事項は、定型書式のある契約書の表面に書く内容とほぼ一致します。インボイスは、**輸出者が契約に基づいた商品の出荷状況と基本的な契約条件を書いて出荷後に輸入者に送る書類で、日本語では送り状と呼ばれます。**

契約書との違いは、契約時には判明しなかった商品の最終数量、それに伴う契約の最終金額、輸送手段の詳細とその出発、到着予定日時、さらにはL／Cで指示された情報（L／C番号など）が書き込まれます。インボイスは、輸出者の輸入者に対する代金請求書の機能を帯びる場合もあります。

## ▶ コマーシャルインボイスとさまざまなインボイス

**多くの場合、船積み書類としての使われるインボイスは正式にはコマーシャルインボイス（商業送り状）と呼ばれます。**そのほかにもいくつかのインボイスがあり、輸出申告時に税関に対して提出する、金額をFOBベースで記載した通関用インボイス（132ページ参照）があります。

また、契約締結前後に輸入者側の手続き上の必要性から輸出者が発行し、仮契約書的位置付けとなる、**プロフォーマインボイス**（proforma invoice）や、やはり輸入者側の要請で、船積み書類として要求される領事インボイス（150ページ参照）などがあります。これらの記載事項は、いずれもほぼ重なっています。

▶インボイス

## ❶契約書とインボイスの相違点の例

| 項目 | 契約書 | インボイス |
|------|--------|-----------|
| 数量 | 100t±5% | 101.62t |
| 金額 | US$50,000 | US$50,810 |
| 船積み時期 | 7月末 | 「○○丸」横浜●出港：7月24日(B/L DATE) |
| L／C番号 | 無記載(L/C発行時期明記) | L／C番号　A6-9238 |

## ❷発行時期によって変わるインボイスの種類

[契約締結後に発行]

**プロフォーマインボイス**
約締結前後に輸入者側の手続き上の必要性から、輸出者が発行し仮契約書的位置付けとなる

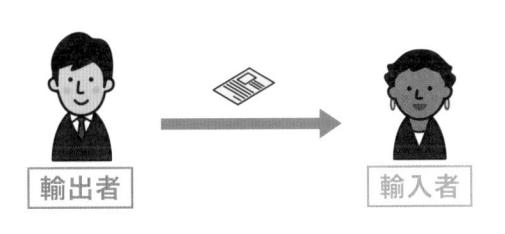
輸出者 → 輸入者

[輸出通関時に発行]

**通関用インボイス**
金額をFOBベースで記載し、輸出申告時に税関に対して提出する

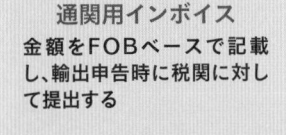
フォワーダー
輸出者の代行 → 税関

[船積み後に発行]

**コマーシャルインボイス**
通常のインボイスとして船積み書類に使われる

輸出者 → 輸入者

**領事インボイス**
輸入者側の要請により船積み書類として要求される

在輸出国の輸入国公館
大使館
総領事館 → 輸出者 → 輸入者

# 梱包状態を知らせる
# パッキングリストの作成方法

Point! ☑ パッキングリストは商品を準備し梱包した人が作成
☑ パッキングリストはインボイスと違い価格が入らない

## ▶ P／LとCLPは違う

　パッキングリスト（梱包明細）は、インボイスと並び、輸入者から必ず要求される船積み書類で、仕事の現場ではよく**P／L**（packing list）と略されます。輸出者が出荷した商品をどのような梱包状態で送ったか、商品を受け取る輸入者側で、開梱や仕分け整理しやすくするための書類です。136ページで解説した**CLPは、コンテナの中に詰められた梱包貨物の明細で、それら梱包貨物の中身の明細を示しているのがパッキングリスト**です。

　パッキングリストは商品製造者など、商品を準備して梱包した人が作成します。商社が輸出者の場合、パッキングリストの書式に必要事項を書き、商品欄に「詳細添付」と記載して、商品の準備者から受け取った梱包明細を付けて、書類の体裁を整えます。

## ▶ パッキングリストとインボイスの違い

　パッキングリストのひな形を右ページに掲載しました。**一見インボイスの書式と似ていますが、パッキングリストには価格や総額が入りません。**またインボイスに書かれる商品の量（重量、容積など）は、商品そのものの数値（ネット）ですが、パッキングリストには、梱包前のネットの数値と、梱包後の数値（グロス）を並べて書きます。リストは英語で作る必要があります。輸出商品を持つ商品の準備者は、たとえ商社経由で輸出していても、英文のパッキングリストを作るようにすべきです。

# ❶ パッキングリストとCLPの相違点

[CLP]

[パッキングリスト]

コンテナの中に詰められた梱包貨物の明細を示す

梱包貨物それぞれの中身の明細を示す

# ❷ パッキングリストのひな形

## PACKING LIST

| Seller's Name & Address<br><br>Donkey Tractor Company LTD.<br>16 ○○○○ Street , Kuching , Malaysia | | | Invoice Number<br>DT-86PL1 | | Date<br>April 16,2020 |
|---|---|---|---|---|---|
| | | | Contract Reference Number<br>DT-2086 | | |
| Buyer's Name & Address<br>○○ Trading Co. LTD.<br>8-2-43, △△-choo, Showa-ku, Nagoya, Japan | | | Country of Origin of Goods<br>Malaysia | | |
| | | | Country of Final Destination<br>Japan | | |
| Shipping Mark<br>Container No. | Description of Godds | | Quantity<br>(in Number) | Net Weight<br>(in KGS) | Gross Weight<br>(in KGS) |
| DTC<br>DT-2086<br>NAGOYA<br><br>C/No.<br>1-150<br>151-202<br>203-287 | 1x40' Container | 梱包明細記載欄 | ネット、グロス重量併記 | | |
| | C/No.1-150 (Steel Frames)<br>DTC-34B Tractor parts | 鉄枠固定の貨物明細 | | 8,800 | 10,600 |
| | C/No151 to 202 (Loose)<br>Front Tyres Removed From Tractors | | 40 | 価格、総額記載なし | |
| | C/No.203 to 287 (Loose)<br>Rear Tyres Removed From Tractors | 固定なし貨物明細 | | 1,600 | 1,600 |
| | TOTAL | | 100 | 10,800 | 12,600 |
| Name of Carrier ( Vessel/Flight Number/etc.)<br>"IMAICHI MARU" | | | Port of Loading & Date of Shipment<br>Kuching, Malaysia April 15, 2020 | | |
| Inspection<br>Manufacturer's Inspection prior to shipment to be final. | | | Port of Discharge<br>Nagoya, Japan | | |
| Marine Insurance<br>All Risks, War & SRCC to be covered by the Seller. | | | Packing<br>Bare Bundle or Bare in Loose | | |
| Payment<br>By Irrevocable Letter of Credit payable at sight (L/C Number KMB-6702-2020) | | | Other terms and conditions<br>as per the Contract of DTC-2086 of January 11,2020 | | |
| Signature<br>for Donkey Tractor Company.<br>**SIGNED** | | | | | |

10

書類

貿易書類の書き方・読み方

書類

# グローバル化により
# 複雑になる原産地証明書

Point! ☑ 原産地が微妙な場合はあらかじめ税関に相談
☑ EPA締結国への輸出は特定原産地証明書が必要

## ▶ 経済グローバル化と原産地証明

　世界経済のグローバル化によって、商品の生産工程が複数の国境を越えることが普通になっています。A国とB国から原材料を仕入れ、C国で最終加工された商品の原産地はどこか。基本的には、商品の最終加工地を原産国とするのが一般的ですが、商品ごとの付加価値基準、関税分類の変更具合、加工の程度などで、品目ごとに協定のある場合があり、微妙な商品を扱う場合は、あらかじめ税関に相談するのがよいでしょう。

　原産地証明書は多くの輸入申告に要求され、原産国次第で許認可や関税の扱いが変わります。輸出入者は契約に先立ち、よく打ち合わせしましょう。

## ▶ 原産国によって変わる書式

　通常の貿易取引に適用されるのは非特恵原産地証明書で、全国の商工会議所で発行してもらえます。

　昨今、日本はEPA（経済連携協定）を多くの国や地域と結んでおり、それら締結国への輸出の場合は、特定原産地証明書が必要になります。この証明書を発行できるのは、全国26カ所にある日本商工会議所に限られています。EPAにおける相手国、地域との取り決めに則した原産地証明を発行、あるいは相手に発行してもらう必要があります。また特恵税率（188ページ参照）の適用国からの輸入申告の場合、輸出国発行の一般特恵制度原産地証明書（様式A GSP＝Generalized System of Preference）を、輸出国側から発行してもらう必要があります。

▶ 原産地証明書

# ❶原産地証明の種類

| 原産地証明 | 概要 |
|---|---|
| 非特恵原産地証明書 | 全国の商工会議所で発行 |
| 特定原産地証明書 | EPA締結国向け輸出の場合に、日本商工会議所で発行 |
| 一般特恵制度原産地証明書<br>(様式A GSP) | 特恵関税対象国にて発行 |

# ❷原産地証明書のひな形

<table>
<tr><td colspan="2"></td><td colspan="2">商工会議所　原産地証明書</td></tr>
<tr><td rowspan="2">CERTIFICATE OF ORIGIN<br>issued by<br>THE ◎CHAMBER OF COMMERCE & INDUSTRY</td><td>No. & Date of Invoice<br>5455SSP<br>April 15th, 2020</td><td colspan="2">Ref No.　　4644</td></tr>
<tr><td></td><td colspan="2">Date</td></tr>
<tr><td>Buyer<br>Obrigado Irmanos LTD<br>2304 ○○○○ El Dorado, Sao Paulo Este, Brazil<br>Consignee (if other than buyer)　輸入者の情報を記載</td><td>Country of Origin<br>JAPAN</td><td colspan="2">Country of Destination<br>BRAZIL</td></tr>
<tr><td></td><td>Remarks</td><td colspan="2"></td></tr>
<tr><td>Means of Transport and Route<br>Shipped per<br>"KASADO-MARU"　Onor about April 14th, 2020<br>From<br>Chiba, Japan<br>To<br>Santos, Brazil</td><td colspan="3">Terms of Payment　支払い条件を記載<br>By at sight L/C<br>(L/C no.DKC-320020)</td></tr>
<tr><td>Marks and Numbers<br><br>&lt;OIL&gt;<br><br>SANTOS<br>Coil No.1-16<br>MADE IN JAPAN　輸出者の宣言</td><td colspan="3">Number and Kind of Packages: Description of Goods Quantity<br>Hot Rolled Steel Sheet in Coil as per JIS G3323 SPH 5.0mm x 1250mm x 2500mm 58 Coils 301.345 M/T Steel Bandle with Skid<br>商品の詳細を記載　商工会議所の証明</td></tr>
<tr><td>Declaration by the Exporter<br>The undersigned, duly authorized by the company, swears that the above mentioned goods have been produced or manufactured in Japan.<br><br>Place and Date:　Takimachi, April 15th, 2020<br><br>輸出者名(SIGNED)</td><td colspan="3">Certification<br>The ◎ Chamber of Commerce& Industry hereby certifies on the basis of relative invoice and other supporting documents, that the above mentioned goods are of Japanese origin to the best of the knowledge and belief.<br><br>The ◎ Chamber of Commerce & Industry</td></tr>
<tr><td>Name and Signature of the Exporter</td><td colspan="3">No. Date, Signature and Stamp of Certifying Authority</td></tr>
</table>

10

書類　貿易書類の書き方・読み方

# 貿易のトラブルQ&A

貿易実務のモットーは、「転ばぬ先の杖」を、十分に準備しておくことです。さまざまなリスクを想定して、それを防ぐ手立てを講じておきましょう。

## Q1 輸入者がL／Cを発行してくれなかったら？

### A. L／Cの発行が遅れる分、納期が遅れることを伝えましょう

**部下** A社からまだL／Cが届きません。契約の発行期限はとっくに過ぎています。このままだと、約束の納期に間に合いません

**上司** A社を督促しているのか？

**部下** もちろん、何度もやってますが『チョット待って』というばかりです。どうもL／Cの発行銀行との間に問題があるみたいです

**上司** 輸出予定のモノはまだ作り始めていないよな？

**部下** ハイ！でもこのままだと、契約納期に間に合わなくなります

**上司** 仕方ないさ。L／Cなしで船積みしたら、カネを取りっぱぐれるぞ！L／Cが来るまで、絶対作り始めちゃダメだ！

上司のいう通り、L／Cが来るまで、絶対にモノを作り始めないことです。そして輸入者にその旨を伝え、L／Cの発行が遅れる分、納期が遅れることを伝えるべきです。それも、L／Cをいつまでも待たず、期限をハッキリと示します。そして、その期限までにL／Cが発行されなかったら、契約のキャンセルを告げます。輸入者がL／C以外の支払い条件への変更を要求してきたら、前金以外の条件は拒否すべきです。もし商品をL／C発行前に作り始めていたら、その商品は売り先のない在庫になってしまう可能性があります。たとえ、ほかの売り先に転売できても損失が発生する確率は高いでしょう。

➡**80**ページ参照

**Q2** 契約の納期が過ぎているのに、
商品が届かなかったら？

A. 到着が遅れた場合の損害はクレームとして請求します

部下　部品（商品）がまだ届きません！あの部品の在庫はほとんどありません。これ以上遅れると、工場が止まってしまいます

上司　それは困ったなあ。先方は何ていってるんだ？あれは確か初めての取引先だったよナア？

部下　それが……返事が来なくて。前金も払っているし……

上司　なにっ！何で初めての取引先に先払い条件で契約したんだ！

最初の取引先に大事な部品供給を期待して、先払い条件で契約するなんてあり得ません。価格が魅力的だったのでしょうか。せめてL／C決済にしておけば、輸出者は商品の出荷なしに代金取り立てができないので、商品は来なくても代金は払わなくて済みます。商品が来ないということは、輸出者の怠慢、悪意なのか、それとも天変地異や社会的混乱から輸出が出来なくなったかです。前者の場合は、まず前金での契約はあり得ません。後者の場合に備えては、貿易保険でリスクをカバーしておきます。商品未着ではなく、何らかの理由でデリバリーが遅れる場合もあります。その場合は、それによる被害を計算して、商品クレームとして輸出者側に請求します。極めて正確な納期が要求されるケースでは、遅延に対する罰則条件を盛り込むように、契約前に輸出者側と交渉しておくべきです。

➡**114**ページ参照

**Q3** よくわからない会社から引き合いが来たら？

A. 満足な返事がもらえなかったら、オファーしてはいけません

商社からの引き合いの場合は、輸出商品が、最終的に誰にどのように使われるかを確かめるべきです。

➡**46**ページ参照

## Q4 梱包不十分での破損はどこにクレームする？

### A. 梱包不十分による破損は輸出者にクレームしましょう

部下 課長大変です！先日到着した商品が壊れてまして……

上司 保険会社にクレームしたんだろ？

部下 したんですが、保険会社は受け付けてくれないんです。破損の原因は梱包不十分のようで、その場合は免責だそうです

梱包が不十分だったために商品が壊れた場合、確かに保険クレームの免責条項となります。FCLの場合で、輸出地でのコンテナ内の貨物固定（ラッシング）の不備による破損も免責です。したがって、これは商品クレームになりますが、本当に梱包やラッシングの不備かどうかは、微妙な問題です。輸出者にクレームしても、「いつも通りの梱包をしている。今まで破損なく到着していたよ」や「輸送途中の手荒な荷扱いとか、航海中の荒天が原因ではないか」と、いわれるかもしれません。そのため、特に壊れやすい商品については、契約時に輸出入者間で梱包条件をよく打ち合わせしておく必要があります。できるだけ頑丈にしたいですが、梱包費がかさみ、重量や容積が増えて輸送費も高くなるかもしれません。輸入地での開梱作業も大変かもしれません。梱包やラッシングのプロを抱えるフォワーダーに相談したり、輸出地での適正な梱包、ラッシング状態を、その証拠写真として残しておいたりする配慮が必要です。

→208ページ参照

## Q5 輸出品を積んだ船会社が、航海中に倒産したら？

### A. 荷主が自らの費用負担で積み荷を処理します

これはB／L約款で定められていますが、大問題です。輸送を依頼する会社の選択は、十分注意する必要があります。

→104ページ参照

## Q6 相手の英語が聴き取れなかったら？

### A. 大事なことは絶対に書面化しましょう

上司 ─ この件大切なことだから、メールじゃなく電話で相手に伝えておいて

部下 **ワッ、わかりました。でも、相手の英語わかりにくくて……**

上司 キミ、貿易を担当してるんだから、それじゃ困るよ。それに今度相手が来て大事な商談をやるけど、キミがミーティングを取り仕切らないと

貿易に携わっている人の多くは、英語を話すはずです。それでも話し手によって英語は千差万別で、聞き取りが難しいことは少なくありません。相手とのコミュニケーションは、なるべくメール交換に拘り、その英語の訓練を積むべきです。上司から電話連絡を指示されたときは、まず指示内容をメールで相手に送り、その後電話します。相手も先に要件がわかっているので、話は通るでしょう。電話のあとも、その内容や結論をメールして、相手の確認をとります。相手としても、意思疎通を確かめられるやり方なので異議はないはずです。電話でなく、ミーティングの場合、身振り手振りなどの非言語や筆談、図示などが使える分、コミュニケーションは楽です。しかし大事な決め事の際は、議事録を作成し、双方が確認のサインをすることで、誤解からつながるトラブルに備えます。異文化の人を相手とする貿易でもっとも気を付けるべきは誤解を防ぐための措置で、共通語である英語による書面化が最良の手段です。

➡**214**ページ参照

## Q7 輸出品が返品されてきたら？

### A. 輸入関税及び消費税は免除されます

商品が輸出時と同じ状況で返品された場合、税金が免除されます。輸出時と同じ形状であることを、税関に証明する必要があります。

➡**192**ページ参照

**Q8** L ／ Cの船積み期限に間に合わなくなったら？

A. **多少の遅れなら、輸入者にL ／ Cをアメンドしてもらいましょう**

または、ケーブルネゴに応じてもらいます。船会社に補償状を入れてB ／ Lの
バックデートを頼むのは違法とみなされます。

➡**120、155**ページ参照

**Q9** オファーの延長をしてもらえなかったら？

A. **どうしても欲しい商品なら値上げOKを輸出者に打診しましょう**

長期の延長要求は無理でしょうが、数日間の延長も認められなかったら、強力
な競争相手がいるかも。値上げを認める交渉もひとつの手です。

➡**58**ページ参照

**Q10** 計算を間違えてファームオファーを出したら？

A. **相手がオファーを受ける前に、急いで訂正をします**

大問題です。訂正を受け入れてくれない輸入者もあるでしょう。ファームオ
ファーを出すときは、最大限の慎重さが要ります。

➡**54**ページ参照

**Q11** 経費節約でフォワーダーを使いたくないときは？

A. **個人で輸出入通関手続きをすることはできます**

しかし、フォワーダーを使わなければNACCSが使えないので、紙の書類を税
関に提出します。可能ですが、かなり面倒くさいです。

➡**128、182**ページ参照

**Q12　インコタームズをよく知らない相手だったら？**

A. **契約書の受け渡し場所を明確にしておきましょう**

コンテナ輸送の条件は比較的新しいので、相手が知らない可能性があります。
「FOB（CIF）コンテナヤード渡し」などと明確にしておきましょう。

➡**70**ページ参照

**Q13　最初L／Cで取引した後
D／Aに変更要求が来たら？**

A. **ケースバイケースですが、なるべく断りたいです**

D／Pではどうか打診してみましょう。もしD／Aを受けざるを得ないときは、
与信の枠を設けて、リスクマネー額を管理します。

➡**86**ページ参照

**Q14　輸出ポイントの港や空港に運ぶ途中商品が
損傷したら？**

A. **輸出者が保険クレームをします**

海上保険は輸出者の出荷場所からカバーされますが、輸出ポイントまでの輸送
中は、EXW以外では、輸出者に危険責任があります。

➡**72~79**ページ参照

**Q15　輸入者が引き合い商品の用途を
教えてくれなかったら？**

A. **条件内ならクレームを受け付けないと契約にうたいます**

サンプル取引も受け付けない。それでも契約したい相手であったら、輸出者は
商品の規格など、保証できる条件を付けましょう。

➡**210**ページ参照

国際協定や機関、書類など貿易を始めるうえで知っておきたいキーワードや紙面の制限上、本文中に説明が足りなかったと思われるキーワードを一覧にしました。意味がわからないものや曖昧なものは確認しておきましょう。

| FTA | Free Trade Agreement（自由貿易協定）の略。2国間での協定を軸としている。国連加盟国の大部分が加盟するWTOでは、加盟国すべての合意がなくては、物事を決めることができず、地域自由貿易地域も通常数カ国以上の加盟国で構成されるため、意見の纏まらないことがある。その一方で、FTAは利害関係が限定されるため、急速に世界に広がった。きっかけは1990年代初頭ソ連の崩壊後に、旧同盟国の東欧諸国が次々と西側諸国との協定締結。FTAは隣接国同士だけでなはなく、遠く離れた国同士でも結ばれる。FTAは単に貿易拡大のためだけでなく、政治的、軍事的に意義を見出した国同士が、戦略的に締結する場合もある |
|---|---|
| EPA | Economic Partnership Agreement（経済連携協定）の略。日本では、2国間あるいは地域とのFTAをEPAと呼ぶ。自由貿易の促進のみならず、投資、サービス、技術、人材、文化交流などに幅を広げた協力関係を目指すものをEPAと呼び、FTAの拡大版ともいえる。ただし、EPA的内容の協定をFTAと呼ぶこともあり、双方の言葉の使い分けは曖昧。日本政府がEPAと位置付ける2国間協定には、ASEANやEUといった地域との協定もある。また2020年に締結したアメリカとの協定は日米貿易協定として、EPAとは別扱いにされる |
| GATT | 読みはガット。General Agreement on Tariff&Trade（関税と貿易の一般協定）の略。第2次世界大戦終了後、世界に西側自由経済圏と東側社会主義経済圏が対立する東西冷戦の分断構造が生じる。1948年、西側の結束を促し自由貿易化を推進するために、GATTが誕生した。GATTの基本精神は、加盟国同士が最良の貿易条件を与え合う最恵国待遇と、国内企業と差別しない内国民待遇。当時敗戦国だった日本は、GATT加盟に苦労したが、1963年に差別待遇を受けない通常の加盟国となる。GATTはその後、ラウンドと呼ばれる多角的一括交渉方式を重ね、加盟国間の自由貿易化を促進。1994年をもってその役割を終えた |

| | |
|---|---|
| **ICC**<br>（協会貨物約款） | 1982年に作られた貨物保険約款（ICC＝Institute Cargo Clause）。従来の条件（All RISKS、WA、FPA）に対応して、それぞれ、ICC（A）、（B）、（C）が作られた |
| **ICC**<br>（国際商業会議所） | 1919年設立。約130カ国の7000社以上が参加する世界経済機構。国際取引、投資の秩序安定化のためのルール作りや政策提言を行う。本部はパリ |
| **L／Gネゴと<br>ケーブルネゴ** | 一般に些細なディスクレの場合、L／Gネゴを使い、輸入者の意向確認が必要なディスクレの場合はケーブルネゴとなる。L／Gネゴでは輸出者にリスクが残る |
| **SWIFT** | 国際金融取引における送金などの事務処理自動化促進のために構築された、銀行間の世界的ネットワークシステム |
| **TPP** | Trans-Pacific Partnership Agreement（環太平洋経済連携協定）の略。世界貿易の秩序とルールを主導すべきWTOの立場が、加盟国間の利害対立の中で揺らいでいる一方で、限定地域間の自由貿易協定の動きが活発化。日本は環太平洋21の国と地域が加盟するAPEC（Asia-Pacific Economic Corporation＝アジア太平洋経済協力会議）に参加し、域内の自由貿易協定づくりを模索してきたが、その間一部のAPEC参加国同士による、自由貿易地域づくりを柱とする動きが生まれ、日本もこれに参加。その後、交渉を主導してきたアメリカが抜けたが、APEC参加国のうちの日本を含む11カ国の間で、2018年末にTPPが発効した |
| **WTO** | World Trade Organization（世界貿易機構）の略。GATTから役割を引き継ぎ、1995年に発足。WTO誕生の背景には、東西冷戦の終結と発展途上国の台頭がある。GATTよりさらなる貿易自由化を目論んだWTOの多角的貿易交渉は、加盟国間の対立が収まらず、無期延期状態に追い込まれた。WTOでは、全加盟国の合意がなければ、物事が決められないしくみになっており、さまざまな立場を主張する加盟国間の対立の中で、WTOの存在意義が問われている |

| 為替 | 本来は遠隔地間の決済手段で、送金のための順為替と、受け取りのための逆為替がある。通貨交換の意味もある |
|---|---|
| 規格とスタンダード | 意味が重なる場合もあるが、規格（specification）は特定物品の品質を限定範囲の数値で表す一方、スタンダード（standard）は、平均的な標準値で表す場合が多い |
| 検数人 | 荷物の船積み及び荷卸しに立ち会い、正確な荷物の積み卸しが行われたことを確認する人。荷物の重量や容積を確認する検量人もいる |
| 国際複合一貫物流業者 | 海陸空複数の輸送手段を用いて、荷送り人から荷受け人まで一貫して荷物輸送を請け負う業者。ユーラシア大陸、北米大陸横断など、長距離輸送を担うものもある |
| コルレス銀行 | 外国送金する際の中継点となる外国の銀行。お互いに特定口座（コルレス口座）を持ち合って、その口座を通じて、資金のやり取りを行う |
| コンファーメーション付きL／C | コンファームド（confirmed）L／Cという。L／C発行銀行の支払い保証に疑問があるとき、より信用度の高い銀行にさらなる支払い保証を付けてもらうL／C |
| 梱包 | 荷扱いで配慮すべきは、運搬、移動のしやすさにある。荷物の下にフォークリフトの爪が入る工夫や、輸入者側設備能力（クレーンの能力など）がポイントとなる |
| 三国間貿易 | 三国の絡む貿易形態。日本の貿易業者が、2つの外国を結んで行う仲介貿易をいうことが多く、外国間貿易ともいう |
| 信用状統一規則 | 国際商業会議所が、L／Cの解釈や内容などを定めた国際ルール。必要に応じて改訂するが、最新版は2007年改訂のUCP600 |
| 信用調査会社 | 企業や個人の主に財務状態をベースにした信用調査を業務とする会社。世界最大の信用調査会社Dun＆Bradstreet社（米）の出すダンレポートが有名 |

| スルー B ／ L | 日本から本船で直行できない仕向地までをカバーするB／L。日本から直行できる港で積み替えられ、内航船や鉄道などで向かう主に内陸地までの輸送をカバーする |
|---|---|
| 総合保税地域 | 通関のほか、蔵置、加工、展示の複合機能を備えた保税地域。国際空港、港湾などの隣接地にあり、ファズ（FAZ ＝Free Access Zone）の名称で知られる |
| 知的財産権 | 知的活動が生み出したアイディアやモノの創作者の利益を守る権利で、貿易に関わる知的財産権として、特許、商標、意匠、実用新案をカバーする工業所有権がある |
| 仲介料 | 商社などの仲介者への報酬。通常は成功報酬が前提で、報酬額は取引額の一定割合、あるいは依頼者の価格に仲介者が任意で仲介料を上乗せする場合もある |
| 手形 | カネの支払いを約束するために振り出す約束手形と、相手からカネを取り立てるために振り出す取り立て手形がある。荷為替手形は取り立て手形 |
| 独占禁止法 | 私的独占の禁止及び公正取引の確保に関する法律。特定の海外代理店一社に市場での独占販売権を与えると、この法律に抵触する恐れがある |
| 日本貿易保険 | 貿易保険引き受けを業務とする、政府全額出資の株式会社。2017年に独立行政法人より移行。日本政府が再保険を引き受ける |
| 値探り | 購買の意思がないのに引き合いを送り、輸出者にオファーを出させて、市場価格を調べたりする行為 |
| フォースマジュール | 自然災害や社会情勢の激変などにより、貿易当事者が契約を履行できなくなった場合免責となることを定めたもので、不可抗力条項と訳される |

| 不定期船傭（用）船 | 大量貨物や特殊貨物を不定期船（tramper）で運ぶとき、傭船契約（charter party）を船会社と結び、船の傭船期間、航路、積み卸し条件などを決める |
|---|---|
| リマーク | 損傷として記載されるリマーク内容は、航海前の船積み時は軽微で、船会社もクリーンB／L発行に応じやすいが、航海後の荷卸しの際は、クレーム対象となる損傷が多い |

▶ **特殊貿易形態**

本書で扱ってきた通常の貿易とは違う4つの貿易形態を紹介します。

| 仲介貿易 | A国の輸出者から商品を買ったB国の輸入者が、今度は輸出者となって、C国の輸入者にその商品を売る貿易形態。B国の業者がA国とC国の業者を仲介するが、商品はA国からC国に直接送られる。B国の業者が契約者になる場合とならない場合がある |
|---|---|
| 中継貿易 | 仲介貿易と異なり、商品が一旦B国に送られ、改めてC国へ輸出される貿易形態で、B国が中継地になる貿易形態 |
| 委託加工貿易 | A国から原材料をB国に送り、そこで加工した最終製品を再びA国に送り返す貿易形態。A国からB国に送る原材料が、有償の場合と無償の場合がある。無償の場合、AのBに対する支払いは、加工費だけになる。委託加工貿易には、3か国以上の絡む貿易形態もある |
| プラント貿易 | 機械、設備といったモノの貿易だけでなく、設計、建設、据え付けなど役務の供与というサービス貿易を絡めた、海外での総合建設事業の取引。設計、資機材供給、建設、据え付けをして、プラント（建設物）を買い手に引き渡す方式をフルターンキー契約という。プラント引き渡し、稼働の後も売り手側で一定期間操業してから引き渡すBOT契約や、そのまま売り手側で操業を続けるBOO契約という方式もあり、発展途上国のインフラ施設の建設事業などに採用される |

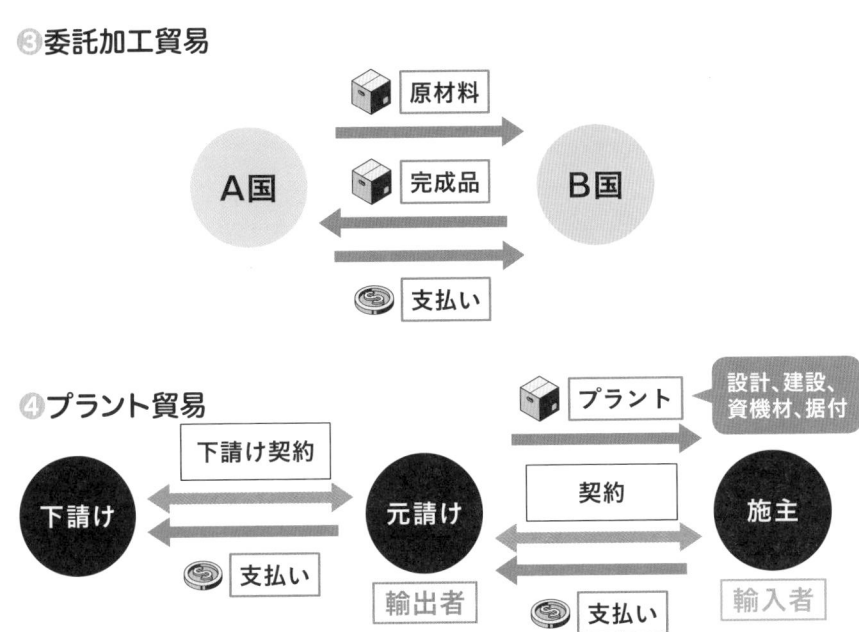

❶仲介貿易

❷中継貿易

❸委託加工貿易

❹プラント貿易

245

# 索引

# 貿易用語
# 英語表記一覧

■著者紹介

## 布施　克彦（ふせ　かつひこ）

1947年東京生まれ。一橋大学商学部卒業後、総合商社勤務。主に鉄鋼貿易業務に従事。その間、ナイジェリア、ポルトガル、アメリカ、インドで計15年勤務。1999年退社後、2003年より著述業、NPO活動などを開始。著書に『図解入門ビジネス 貿易実務の基本と仕組みがよ〜くわかる本[第4版]』『図解入門ビジネス 貿易書類の基本と仕組みがよ〜くわかる本 [第4版]』（ともに秀和システム）、『英語が苦手な人の貿易実務』（ソシム）、『65歳からでは遅すぎる!!』（海竜社）、『世界の常識vs日本のことわざ』（PHP新書）など多数。

- ■ 装丁　　　　　　井上新八
- ■ 本文デザイン／DTP　竹崎真弓（株式会社ループスプロダクション）
- ■ 本文イラスト　　vectorpouch、Kip
- ■ 担当　　　　　　伊藤　鮎
- ■ 編集　　　　　　佐藤太一（株式会社ループスプロダクション）

図解即戦力
貿易実務が
これ1冊でしっかりわかる教科書

| 2020年 8月26日　初版　第1刷発行 |
| 2023年 5月23日　初版　第2刷発行 |

著　者　　布施克彦
発行者　　片岡　巌
発行所　　株式会社技術評論社
　　　　　東京都新宿区市谷左内町21-13
　　　　　電話　03-3513-6150　販売促進部
　　　　　　　　03-3513-6160　書籍編集部
印刷／製本　株式会社加藤文明社

◆ お問い合わせについて

・ご質問は本書に記載されている内
　容に関するもののみに限定させて
　いただきます。本書の内容と関係
　のないご質問には一切お答えでき
　ませんので、あらかじめご了承く
　ださい。

・電話でのご質問は一切受け付けて
　おりませんので、FAXまたは書面
　にて下記問い合わせ先までお送り
　ください。また、ご質問の際には
　書名と該当ページ、返信先を明記
　してくださいますようお願いいた
　します。

・お送りいただいたご質問には、でき
　る限り迅速にお答えできるよう
　努力いたしておりますが、お答え
　するまでに時間がかかる場合がご
　ざいます。また、回答の期日をご
　指定いただいた場合でも、ご希望
　にお応えできるとは限りませんの
　で、あらかじめご了承ください。

・ご質問の際に記載された個人情報
　は、ご質問への回答以外の目的に
　は使用しません。また、回答後は
　速やかに破棄いたします。

◆ お問い合せ先

〒162-0846
東京都新宿区市谷左内町21-13
株式会社技術評論社　書籍編集部
「図解即戦力
貿易実務が
これ1冊でしっかりわかる教科書」係
FAX：03-3513-6167
技術評論社ホームページ
https://book.gihyo.jp/116